高顿教育
GOLDEN EDUCATION

最新版

U0888512

Python金融编程
快速入门与项目实操

Python JINRONG BIANCHENG KUAISU RUMEN YU XIANGMU SHICAO

高顿财经研究院 | 编

SPM
南方出版传媒
广东经济出版社
·广州·

图书在版编目（CIP）数据

Python 金融编程快速入门与项目实操 / 高顿财经研究院编 . — 广州 : 广东经济出版社 , 2021.4

ISBN 978-7-5454-7716-0

Ⅰ. ① P… Ⅱ. ①高… Ⅲ. ①软件工具—程序设计—应用—金融—分析 Ⅳ. ① F830.49

中国版本图书馆 CIP 数据核字（2021）第 054175 号

策划编辑：王春蕊
责任编辑：刘亚平 冯 颖
责任技编：陆俊帆
封面设计：汤惟惟

Python 金融编程快速入门与项目实操
Python JINRONG BIANCHENG KUAISU RUMEN YU XIANGMU SHICAO

出版人	李 鹏
出版发行	广东经济出版社（广州市环市东路水荫路 11 号 11 ~ 12 楼）
经销	全国新华书店
印刷	上海龙腾印务有限公司
	（上海市宝山区南蕴藻路 487 号 1 号楼-3）
开本	787 毫米 × 1092 毫米 1/16
印张	18.5 插页 1
字数	468 千字
版次	2021 年 4 月第 1 版
印次	2021 年 4 月第 1 次
书号	ISBN 978-7-5454-7716-0
定价	78.00 元

图书营销中心地址：广州市环市东路水荫路 11 号 11 楼
电话：（020）87393830 邮政编码：510075
如发现印装质量问题，影响阅读，请与本社联系
广东经济出版社常年法律顾问：胡志海律师

前　言

乘上时代浪潮，不落后很必要！

2016 年 3 月，由谷歌旗下 DeepMind 研发的人工智能机器人阿尔法围棋（AlphaGo）战胜了围棋世界冠军李世石，从而宣告一直被视为人工智能禁地的围棋领域也最终被攻克，同时标志着人工智能时代离我们越来越近。随着人工智能技术的不断发展，国内外各行各业、各年龄段人士再次掀起了一波编程学习的浪潮，金融行业当然也不例外。近年来在金融领域兴起的大数据分析、机器学习、区块链技术等各种金融科学技术，都必须以金融编程能力为基础来寻求最佳解决方案。更重要的是，金融编程技术不再被视为只有专业技术人员才需要掌握的必备技能，随着金融科技在行业内的广泛运用，即便没有专业技术的金融从业人员，也需要具备基本的金融编程思维才能对其所面对的业务有更加深入的理解。可以预见，**金融编程将逐渐成为新一代金融从业人员的必备技能之一**。

金融大明星 Python，前来为您开路！

据不完全统计，全世界的编程语言有 600 多种。学习金融编程，从哪一种语言开始最合适呢？目前，金融行业运用较多的编程语言包括 Python、C++、C#、Matlab 与 R 语言。这些编程语言各有优势，但不可否认 Python 语言近年来广为流行，大有赶超其他语言的趋势，它被很多人称为金融编程的第一语言。2017 年，在由国际电气和电子工程师协会（IEEE）颁布的年度编程语言排行榜中，Python 力压 C++、C、Java 与 C# 等传统编程语言夺得榜首，并在接下来的 2018—2020 年连续三年位居榜首。**Python 因其简洁性、可移植性和易学性受到金融业内人士的青睐**，Python 的第三方库也为近年来金融领域兴起的人工智能、机器学习以及区块链技术的实现提供了极其便捷的解决方案。如果您还没有任何编程经验，那么将 Python 作为您学习的第一种编程语言是一个很好的选择。

我们不走寻常路，金融编程应该这样学！

一位零编程基础的金融从业人员怎样才能最有效地开启金融编程之旅呢？诚然，市面上不乏优秀的金融编程书籍，但**真正适合“从零开始学”的金融编程书籍少之又少**。多数金融编程类书籍通常在开头几章介绍 Python 或其他编程语言的基本用法，然后立马切换到大段大段复杂且缺少详细解释的程序教学上。这样的写作模式使得这类书籍更像是一本编程语言的操作手册。**这对于**

有编程经验的金融从业人员来说也许比较高效，却忽视了对零基础学习者编程思维的培养。尤其对于完全没有编程经验的“小白”来说，阅读这类编程书籍往往会陷入一个“从入门到放弃”的痛苦过程。

我们编写本书的目的就是**尝试解决这一困境**。本书具有以下四个方面的特色：

本书特色

- ❶用金融实例系统讲解 Python 编程中的基本概念，注重编程思维的培养
- ❷面向零编程基础的读者，对每段代码的讲解更为详细
- ❸作为 Python 金融编程入门书籍，案例简单易学
- ❹用案例、项目及课后习题辅助学习，帮助读者实现从入门到精通的自我进阶

内容至上，系统的 Python 知识带您快速入门！

本书分为三个部分（具体可见本书附带的 Python 金融编程核心内容框架图）。第 1 部分为第 1 章到第 13 章，主要介绍 Python 编程所必须了解的基本概念及相关操作：包括变量、赋值输入与格式化输出、注释、条件语句、循环语句、函数、列表、元组、字典、类等。学完本部分内容，您将储备开发复杂金融程序所需要的基本知识，并**具备独立开发金融小程序的能力**。

第 2 部分为第 14 章到第 16 章，主要讲述 Python 在金融编程中常用的两个利器——NumPy 与 Pandas 库的基本使用方法。学完本部分内容，您将对如何运用金融数据有初步了解，具备分析、处理金融数据的能力。

第 3 部分为第 17 章到第 18 章，详细介绍了两个完整金融编程项目的实现。在这两个项目中，一个涉及金融理论的编程实现，另一个涉及投资策略的实现。学完本部分内容，您能将前两个部分学到的知识学以致用，**体会金融编程的整个过程**。

在本书的三个部分中，第 1 部分与第 2 部分用到的例子是相对简单的，我们希望读者能够较为顺利地阅读完前两个部分，具备金融编程的基本知识。虽然前两个部分的正文难度不大，但在每一章后面，我们为读者准备的大量的思考题与编程题中，有一部分题目是有一定难度的，同时第 3 部分的两个项目也具有一定的挑战性。我们建议读者在使用本书的过程中**不要机械地将书中的代码“抄入”您的程序中**，而是能够合上书本，自行编写程序，实现相应功能。只有这样，您才能真正地从金融编程入门走向能力提高。

高顿财经研究院
2021 年 4 月

目　录

第 1 部分　基础知识

第 1 章　初识编程和 Python …… 3

1.1　程序与编程语言 …… 3

1.1.1　什么是程序 …… 3

1.1.2　编程语言的分类 …… 3

1.2　Python简介 …… 6

1.2.1　什么是 Python …… 6

1.2.2　Python 的特点 …… 7

1.2.3　为什么金融行业人士喜欢使用 Python …… 8

1.3　安装Python及相关软件 …… 9

1.3.1　版本选择：Python 3 …… 9

1.3.2　Anaconda 简介 …… 9

1.3.3　安装 Anaconda …… 9

1.3.4　检查是否安装成功 …… 11

思考与练习 …… 14

第 2 章　Python 程序实例分析 …… 15

2.1　第一个Python小程序 …… 15

2.1.1　编写 Hello World 程序 …… 15

2.1.2　运行 Hello World 程序 …… 15

2.1.3　使用集成开发环境运行 Python 程序 …… 18

2.1.4　使用第三方工具包 …… 22

2.1.5　学会使用 Python 的帮助文档 …… 24

2.2　案例：汇率换算 …… 25

2.2.1　程序开发过程 …… 25

2.2.2　Python 程序的基本元素分析 …… 27

思考与练习 …… 30

第 3 章　变量与数据类型 …… 31

3.1　变量的定义与运用 …… 31

3.1.1　为什么需要使用变量 …… 31

3.1.2 变量的赋值 …… 32
3.1.3 变量的命名规则 …… 35
3.1.4 多变量的赋值 …… 35
3.2 数据类型：数字 …… 37
3.2.1 数字的基本类型 …… 37
3.2.2 数字类型的基本操作 …… 38
3.2.3 布尔类型 …… 41
3.3 数据类型：字符串 …… 43
3.3.1 字符串的基本定义 …… 43
3.3.2 字符串的基本操作 …… 45
3.3.3 字符串的内置函数 …… 45
3.3.4 字符串的内置方法 …… 45
3.4 数据类型的相互转换 …… 49
3.4.1 查看数据类型 …… 49
3.4.2 整数与浮点数之间的转换 …… 50
3.4.3 整数、浮点数与布尔类型之间的转换 …… 51
3.4.4 数字与字符串之间的转换 …… 51
3.5 案例：计算资金的时间价值 …… 53
思考与练习 …… 54

第 4 章 赋值输入与格式化输出 …… 56
4.1 赋值输入 …… 56
4.1.1 input() 语句的使用 …… 56
4.1.2 如何获取数字类型的输入 …… 57
4.2 格式化输出 …… 57
4.2.1 format() 方法概述 …… 57
4.2.2 输出内容的序号设置 …… 59
4.2.3 文本内容的格式化输出 …… 60
4.2.4 数字内容的格式化输出 …… 61
4.2.5 格式化修饰符和标记的混合使用 …… 62
4.3 print()函数 …… 63
4.3.1 print() 函数与 format() 方法的结合使用 …… 63
4.3.2 print() 函数的换行属性 …… 63
4.3.3 利用 print() 函数同时打印多个表达式 …… 64
4.4 案例：现值计算器升级版 …… 64
思考与练习 …… 66

第 5 章　使用注释及其他编程规范……67
5.1　注释的介绍与运用……67
5.1.1　为什么需要使用注释……67
5.1.2　单行注释……68
5.1.3　多行注释……68
5.1.4　代码块……69
5.2　编程规范……69
5.2.1　标识符……69
5.2.2　基本代码格式……69
思考与练习……70

第 6 章　条件语句……71
6.1　程序的结构……71
6.1.1　流程图的介绍……71
6.1.2　程序的基本结构……72
6.1.3　程序的控制语句……73
6.1.4　关系运算……73
6.2　条件语句的分类……75
6.2.1　if 语句：单分支结构……75
6.2.2　if-else 语句：双分支结构……77
6.2.3　if-elif-else 语句：多分支结构……78
6.3　条件语句实例操作：最优投资组合的判断……81
6.3.1　遍历判断……81
6.3.2　树形判断……83
6.3.3　贪婪算法……84
6.3.4　内置函数 max()……85
思考与练习……86

第 7 章　循环结构……87
7.1　循环结构概述……87
7.2　遍历循环结构：for语句……87
7.2.1　基本 for 语句……87
7.2.2　for-else 语句……91
7.3　条件循环结构：while语句……91
7.3.1　基本 while 语句……91
7.3.2　while-else 语句……94
7.4　循环嵌套……94
7.4.1　for 循环嵌套……94

7.4.2 while 循环嵌套 ······ 96
7.5 转向语句 ······ 98
7.5.1 break 语句 ······ 98
7.5.2 continue 语句 ······ 100
7.6 空语句：pass语句 ······ 101
思考与练习 ······ 102

第 8 章 函数 ······ 103
8.1 函数概述 ······ 103
8.1.1 函数的基本概念 ······ 103
8.1.2 函数的功能 ······ 103
8.1.3 函数的来源 ······ 105
8.2 函数的定义及调用 ······ 105
8.2.1 函数的定义 ······ 105
8.2.2 函数的调用 ······ 105
8.2.3 函数的简单应用 ······ 106
8.3 函数的扩展 ······ 106
8.3.1 函数的参数 ······ 106
8.3.2 函数变量的作用域 ······ 108
8.4 匿名函数 lambda() ······ 110
8.4.1 匿名函数概述 ······ 110
8.4.2 匿名函数的优缺点 ······ 110
8.5 内置函数 ······ 111
8.6 实例操作 ······ 112
思考与练习 ······ 114

第 9 章 列表 ······ 115
9.1 列表概述 ······ 115
9.1.1 列表的形式 ······ 115
9.1.2 列表的特征 ······ 115
9.2 列表的基本操作 ······ 116
9.2.1 列表的创建 ······ 116
9.2.2 列表的拼接 ······ 117
9.2.3 列表的重复 ······ 118
9.2.4 列表的访问 ······ 118
9.2.5 列表的修改 ······ 120
9.2.6 列表的遍历 ······ 121
9.2.7 列表的成员检查 ······ 125

9.3 列表的函数与方法……125
9.3.1 列表的基本运算……125
9.3.2 列表的处理……126
9.4 元组……132
9.4.1 元组与列表……132
9.4.2 元组的创建……132
9.4.3 元组的基本操作……133
9.4.4 元组的函数……135
9.5 实例操作……135
思考与练习……137

第 10 章 字典……138
10.1 字典的概述……138
10.1.1 字典的形式……138
10.1.2 字典的特征……138
10.2 字典的基本操作……139
10.2.1 字典的创建……139
10.2.2 字典的访问……140
10.2.3 字典的添加与修改……141
10.2.4 字典的遍历……142
10.2.5 字典的成员检查……142
10.3 字典的函数与方法……143
10.3.1 对字典的处理……143
10.3.2 对字典元素的处理……146
10.4 实例操作……150
思考与练习……151

第 11 章 包与模块的导入……152
11.1 Python程序的组织结构……152
11.2 创建模块……153
11.3 导入模块……154
11.3.1 导入同级目录下的模块……154
11.3.2 导入不同级目录下的模块……155

第 12 章 面向对象……157
12.1 面向对象程序设计……157
12.1.1 类与对象的基本概念……157
12.1.2 类的举例……157

12.2 类的运用 ······158
12.2.1 创建类······158
12.2.2 类的实例化······160
12.2.3 设置类的默认参数 ······161
12.2.4 查看类的类型······162
12.3 类的继承 ······162
12.3.1 继承类的简介······162
12.3.2 继承类的语法······163
12.3.3 继承类的运用······163
思考与练习 ······166

第 13 章 异常处理 ······167
13.1 例外情况与异常信息 ······167
13.1.1 程序的例外情况······167
13.1.2 异常信息······168
13.2 常见的异常处理 ······169
13.2.1 单异常处理······169
13.2.2 多异常处理······174
13.3 实例操作 ······174
思考与练习 ······178

第 2 部分 Python 金融编程的常用库

第 14 章 NumPy 数据结构及运用 ······181
14.1 NumPy库的简介及导入 ······181
14.1.1 NumPy 库的简介 ······181
14.1.2 NumPy 库的导入 ······182
14.2 数组的创建及其基本属性······182
14.2.1 一个简单的运用场景 ······182
14.2.2 直接创建数组并查看其基本属性 ······183
14.2.3 创建等差数组······186
14.2.4 创建随机数组······188
14.2.5 创建特殊数组······190
14.2.6 根据已有数组创建新数组 ······192
14.2.7 数组类型的设定与转换 ······194
14.3 数组的索引与切片······196
14.3.1 简单索引······196

14.3.2 切片与赋值……197
14.3.3 间隔索引……198
14.3.4 二维数组的索引与切片……199
14.3.5 布尔索引……200
14.3.6 智能索引……202
14.4 数组的形态操作……202
14.4.1 数组的重排……202
14.4.2 数组的转置……203
14.5 数组的运算……203
14.5.1 数组和标量之间的运算……203
14.5.2 数组和数组之间的运算……204
14.5.3 通用函数……205
14.6 数组的遍历……208
14.6.1 索引遍历……208
14.6.2 元素遍历……208
思考与练习……209

第 15 章 Pandas 基础：如何分析金融时间序列数据……210
15.1 Pandas库的简介与导入……210
15.2 金融时间序列数据的导入……211
15.2.1 数据的基本描述……211
15.2.2 时间序列数据的导入……212
15.3 Series与DataFrame……214
15.3.1 为什么需要 Series 与 DataFrame……214
15.3.2 DataFrame 的基本介绍与索引……215
15.3.3 利用 DataFrame 全方位了解数据……218
15.3.4 DataFrame 的运算……220
15.4 利用DataFrame处理金融时间序列数据……223
15.4.1 时间序列的差分与滞后处理……223
15.4.2 时间序列缺失值的处理……224
15.4.3 时间序列的排序……227
15.4.4 累计成交量、最新市值与移动平均线……229
思考与练习……232

第 16 章 数据可视化输出……233
16.1 Matplotlib模块简介……233
16.2 各类图形的绘制……233
16.2.1 折线图……233

16.2.2 散点图 ……238
16.2.3 柱状图 ……241
16.2.4 同时绘制多种图像 ……242
16.3 实例运用 ……248
16.3.1 实例一：欧式期权价值与标的资产价格 ……248
16.3.2 实例二：欧式看涨期权与行权价格 ……250
思考与练习 ……252

第 3 部分 实战项目

第 17 章 期权定价模型 ……255
17.1 理论背景知识 ……255
17.1.1 股票期权的定义 ……255
17.1.2 期权的分类 ……255
17.1.3 影响期权合约定价的因素 ……255
17.1.4 BSM 期权定价模型 ……256
17.1.5 期权的风险指标 ……256
17.2 上证50ETF与上证50ETF期权 ……256
17.3 项目的实现 ……258
17.3.1 工具包的导入 ……258
17.3.2 看涨期权的定义 ……258
17.3.3 期权的初始化 ……261
17.3.4 实例化运用 ……261
17.3.5 风险分析 ……265
17.4 总结 ……269

第 18 章 寻找最优投资组合 ……270
18.1 理论模型 ……270
18.1.1 背景知识 ……270
18.1.2 马科维茨的均值－方差模型 ……270
18.2 模型的实现 ……272
18.2.1 导入模块 ……272
18.2.2 导入数据 ……273
18.2.3 投资组合产品的权重模拟 ……274
18.2.4 确定投资组合的有效前沿 ……276
18.2.5 加入无风险资产后的最优市场组合 ……279
18.2.6 最优组合的资产配置 ……281
18.3 总结 ……282

第 1 部分
基础知识

Python

第 1 部分介绍 Python 语言的基本概念与编程的基本方法，内容主要包括 Python 变量命名、输入与输出、常用函数及数据处理方法等。学完第 1 部分，读者将掌握用 Python 编程需要用到的基本语句和方法，未来高阶编程操作都将基于这一部分介绍的概念解决问题。

第 1 章　初识编程和 Python

学习目标：

◆ 了解程序的定义。
◆ 熟悉 IPO 编程范式。
◆ 理解编程语言分类的三个维度。
◆ 了解“Python 之禅”。
◆ 理解 Python 语言的特点。
◆ 掌握 Python 与 Anaconda 的安装过程。

1.1　程序与编程语言

1.1.1　什么是程序

计算机程序是指一系列能被计算机识别并执行的指令集合，它告诉计算机要做什么，要怎么做。设计并创建程序的过程被称为“编程”。

一般而言，编写程序都可以按照“输入—处理—输出”（Input-Process-Output，IPO）编程方法的运算模式进行。具体而言，计算机程序对得到的输入按照一定的方法处理，从而得到输出结果，如图 1.1 所示。

图 1.1　IPO 编程方法

在上述 IPO 编程过程中，**计算机处理输入数据的方法通常被称为“算法”**，这是编程过程中最核心的部分。做个类比，如果我们把编程看作烹饪的话，各种食材就是输入，秘制的菜谱就是算法，而最终烹饪出来的菜品就是输出数据。不难看出，烹饪过程是否高效、菜品味道是否与众不同，都和菜谱（算法）密切相关。

特别是对于金融编程来说，输入数据通常具有特定结构，如时间序列数据、面板数据等；处理过程中往往会用到一些特定的方法、库与金融模型；输出结果也往往需要根据经济或金融理论来解读。

1.1.2　编程语言的分类

如前文所述，程序就是一系列指令。要让计算机识别这些指令，就必须使用计算机能“读懂”的语言即所谓的编程语言来撰写程序。Python 就是众多编程语言中的一种。而每种编程语言都有自己的语法与语义。在具体学习 Python 语言之前，我们先整体介绍一下编程语言。

编程语言通常可以从以下三个维度来进行分类。

1. 低级语言与高级语言

低级语言是指接近计算机底层的语言，形式上接近机器指令，可直接用于计算机硬件操作。

低级语言又可分为机器语言与汇编语言。**机器语言采取二进制的形式，是计算机唯一能够理解的语言**。由于采用二进制，机器语言在形式上就是一串 0 与 1 组成的代码（计算机可通过识别开关的物理状态是开还是关，来判断是 1 还是 0）。

机器语言虽然可以被计算机直接识别，但对编程者来说不易操作。于是，在机器语言的基础上，人们又引入了汇编语言。**汇编语言采用助记符**来对应机器语言中的二进制代码，使编程者相对容易理解和记忆。然而，对于不同类型 CPU，汇编语言与机器语言之间的对应方式通常是不同的，从而导致汇编语言在不同类型 CPU 之间的可移植性较差。

高级语言是高度封装的编程语言，其语法规则接近人类的自然语言。例如，在高级语言中，执行加法运算的代码非常简单且直观，通常为 1 + 1；对于汇编语言来说则为 add 1, 1（add 为助记符）；对于机器语言来说则为一串 0 与 1 组成的代码。**高级语言的优点在于，同一种编程语言在不同计算机上的表达形式是一致的**。金融实务中最常使用的语言基本上都是高级语言，如 C、C++、Java、C#、Matlab、Python 等，如图 1.2 所示。

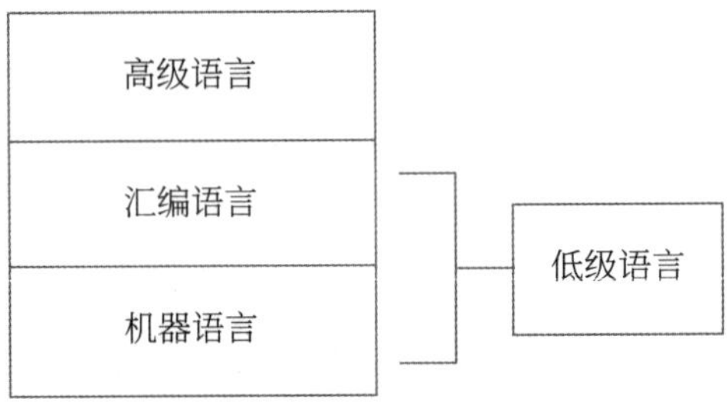

图 1.2　低级语言与高级语言

提示

即便有一天计算机可以“读懂”人类的语言，人类的语言仍然不太适用于编程。这是因为计算机需要我们给出明确的指令，而不是模棱两可的说法。例如，我们说“中国男足大败阿根廷男足”。在语义上，这句话实际上有两种理解方式，一种是中国男足以大比分击败了阿根廷男足；另一种则是中国男足以大比分败给了阿根廷男足。虽然在现实中，我们都知道第一种语义的可能性几乎为 0，但计算机是无法根据语境去理解、分析人类语言的。

2. 编译型语言与解释型语言

虽然高级语言更接近人类的自然语言，但必须经过一个“翻译”的过程，即将高级语言“翻译”为计算机可识别的机器语言。根据“翻译”的方式，又可将编程语言分为编译型语言与解释型语言。

编译型语言利用编译器将源代码（高级语言）**一次性地**转化为目标语言（机器语言），如图 1.3 所示。而**解释型语言**则利用解释器将源代码**逐条**转化为目标代码并运行，如图 1.4 所示。由于编译型语言直接将源代码一次性转化为机器语言，因此相较于解释型语言来说，运行速度更快。相应地，逐条转化目标代码的解释型语言虽然运行速度相对较慢，但可以动态交互，在代码开发上的效率更高。常见的编译型语言包括 C、C++ 等，常见的解释型语言包括 JavaScript、Python 等。

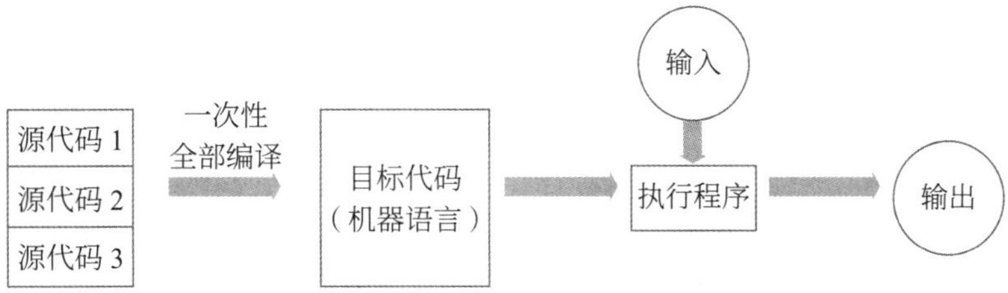

图 1.3　编译器编译过程示意图

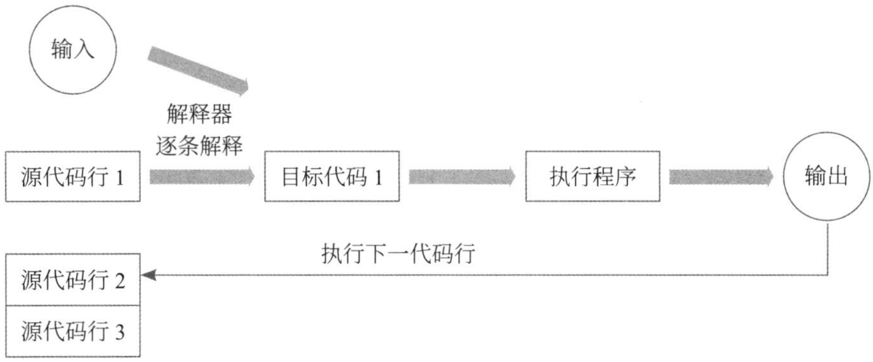

图 1.4　解释器解释过程示意图

提示

我们可以进行一个非常形象的类比：编译型语言就像一次性翻译外文资料，而解释型语言就像逐句同声传译。

3. 面向过程语言与面向对象语言

面向过程是一种以过程为中心的编程思想，C 语言与 Fortran 语言就是常见的面向过程语言；而**面向对象则是以对象事物为中心的编程思想**，C++、Java 与 Python 是常见的面向对象语言。我们可通过一个实例来理解这两种编程思想的异同。

例如，我们需要通过编程来实现利用股票交易软件购买股票的操作。

对于面向过程的语言来说，我们会将这整个操作分解成一系列要完成的任务，再通过编写函数来完成相应的特定任务。具体而言，我们可将上述操作拆分为以下 3 个任务：

任务 1：输入账号密码登录股票交易软件。

任务 2：输入购买股票的代码、数量与价格。

任务 3：当符合条件时，配对完成交易。

由此可见，**面向过程语言的核心问题聚焦于函数**。

提示

上述有关任务分解的描述，就是所谓的“伪代码”。“伪代码”通过语言描述来明确计算机要做的事情。

知识链接

函数是指一段连续的、用于实现某一特定功能的代码，也称为子程序。有关函数的详细介绍可参看第 8 章。

对于面向对象语言来说，我们以对象作为基本的程序结构单元，定义每个对象的属性及相关操作。具体而言，利用面向对象语言，实现上述操作会进行这样的处理：

步骤 1：定义股票对象，定义股票交易软件对象。

步骤 2：定义股票对象的属性（如每个股票对象都具有代码属性、所在交易所属性等）及相关操作（如买股票操作）。

步骤 3：设计并编写程序语言实现购买股票的操作。

Python 语言虽然是按照面向对象的思想来设计的，但兼有面向过程语言的优点。

提示

乍一看，相比于面向过程语言，面向对象语言多了一个定义对象的环节，这似乎多此一举。但实际上，在某些场景下，这种编程思想可以大大地简化编程流程。例如，如果我们不是对 1 只股票进行买卖操作，而是对 1 000 只股票进行买卖操作。这 1 000 只股票虽然具有相同的属性结构，但各自特征不同。此时，若要逐一定义每个股票的相关变量则较为烦琐。因此，我们可以先定义股票对象的统一结构特征，之后生成每一股票对象时，再对股票对象的属性进行赋值。读者可以在学习过程中慢慢体会面向对象的编程思想。

根据以上三个维度对 Python 进行归类：Python **是一种面向对象的、解释型的高级语言**。

1.2 Python简介

1.2.1 什么是Python

Python 的诞生之年为 1990 年。当时“Python 之父”荷兰人吉多 · 范 · 罗苏姆（Guido van Rossum）为了打发圣诞节无聊的时间，参照以教学为目的的 ABC 语言，开发了 Python 语言。Python 在英文中是“蟒蛇”的意思，尽管现在 Python 的粉丝们都把蟒蛇视作 Python 的吉祥物，但实际上这并不是 Python 语言以此命名的原因。由于吉多 · 范 · 罗苏姆钟情于一个曾经风靡全球的英国六人喜剧团——巨蟒（Monty Python），故以此命名 Python 语言。大概也是受这个喜剧团的影响，幽默与简洁是 Python 天生的风格。

Python 最初被设计用来编写自动化的脚本，后经过不断发展，成为一种高级的多用途编程语言。Python 还是一个开源项目，人们可以基于 Python 开发自己的项目和工具包，并将其分享给更多的人使用。

时至今日，Python 已成为当下最流行的程序设计语言之一。2020 年，在由国际电气和电子工程师协会颁布的年度编程语言排行榜中，Python 再次荣登榜首。国内知名人气网站“豆瓣”与“知乎”都是用 Python 编写的。

1.2.2　Python的特点

Python 能成为最流行的编程语言之一，与其特点密不可分。在 Python 社区中流传着这样一句名言："Life is short, use Python."（人生苦短，请用 Python）。这句名言充分体现了 Python 语言简洁、易学的特点。在 Python 的交互模式下输入命令 import this 后回车，将可以看到所谓的"Python 之禅"，如图 1.5 所示。

```
PS C:\Users\gaodun> python
Python 3.6.2 (v3.6.2:5fd33b5, Jul  8 2017, 04:14:34) [MSC v.1900 32 bit (Intel)] on win32
Type "help", "copyright", "credits" or "license" for more information.
>>> import this
The Zen of Python, by Tim Peters

Beautiful is better than ugly.
Explicit is better than implicit.
Simple is better than complex.
Complex is better than complicated.
Flat is better than nested.
Sparse is better than dense.
Readability counts.
Special cases aren't special enough to break the rules.
Although practicality beats purity.
Errors should never pass silently.
Unless explicitly silenced.
In the face of ambiguity, refuse the temptation to guess.
There should be one— and preferably only one —obvious way to do it.
Although that way may not be obvious at first unless you're Dutch.
Now is better than never.
Although never is often better than *right* now.
If the implementation is hard to explain, it's a bad idea.
If the implementation is easy to explain, it may be a good idea.
Namespaces are one honking great idea — let's do more of those!
>>>
```

图 1.5　"Python 之禅"

知识链接

如何进入 Python 的交互模式，将在第 2 章 2.1 节详细介绍。

"Python 之禅"不仅全方位体现了 Python 语言的思维方式，而且体现了其组织与构成代码的方式。读者可在以后的学习与使用中细细品味其中每一句话的含义，将其作为编写代码的指导原则。我们这里选取其中三句进行解读。

（1）Simple is better than complex. Complex is better than complicated.

Python 崇尚用简洁、清晰明了的方式呈现代码。如果在某些情况下，复杂不可避免的话，那么退而求其次，我们要保证代码之间的关系明确、结构清晰。

（2）Readability counts.

Python 的编程风格非常强调可读性。一个大型的量化投资程序往往由多人合作完成。如果代码的可读性很差，将会大幅降低协作效率。即便某些程序是由一人独立编写完成的，为了方便日后维护，仍要保证程序的可读性。可读性较差的代码，时间一久甚至有可能连编写者自己都读不懂了。

（3）Now is better than never. Although never is often better than "right" now.

马上动手做好于什么都不做。然而，如果未进行深思熟虑的构思，就立马开始编写代码，还不如不动手。Python 提倡先明确程序要做什么，然后进行规划分解任务，而不是立马一头钻进代码编写中。这和我们写文章之前要先列大纲是同一个道理。

结合“Python 之禅”以及 Python 语言自身的一些特征，我们将 Python 的特点归纳如下：

（1）开源性（Open Source）。开源性最大的特征就是“开放”。任何人都可以获取软件的相关源代码，并可在符合版权规定的范围内学习、修改甚至再发布。Python 具有开源性，存在丰富且强大的标准库或模块供用户使用。

（2）免费。不同于 MATLAB 或 SAS 等付费软件，Python 是免费的。因此，用户在使用上并不会受限于所在学校或公司是否订购。

（3）易学习。Python 是一门非常接近自然语言的编程语言。相比于其他编程语言，Python 学习难度较低（这一特点对于非计算机专业人群来说尤为明显），其简明、轻快的风格也使得用其编写的代码可读性极高。

（4）简洁性。语法简洁是 Python 语言的一大特征，在实际编程中，利用 Python 语言编写的程序代码行数通常仅为其他语言编写代码行数的五分之一，甚至更少。

（5）可移植、可扩展。Python 甚至可以作为不同编程语言的“黏合胶水”，轻松实现集成 C 语言、Java 语言或 C++ 语言代码的目的。除此之外，Python 能轻松移植到不同操作系统上，如 Windows、macOS、Linux。

（6）具有强大且丰富的标准库和第三方库，如 NumPy、Pandas 等。

1.2.3 为什么金融行业人士喜欢使用Python

近年来，随着金融科技（FinTech）的兴起与普及，传统金融行业受到的冲击是颠覆性的。金融科技（FinTech）由金融（Finance）与科技（Technology）两个词组合而成，其内涵却并非两者的简单相加。实际上，金融科技涉及四大领域，包括人工智能（Artificial Intelligence）、大数据（Big Data）、云计算（Cloud Computing）以及分布式账本技术（Distributed Ledger Technology），业内俗称“ABCD”。据行业专家估计，在未来几十年间，随着金融科技的发展和金融科技技术的普及，全球将有 200 万到 600 万个工作岗位消失。越来越多的经济金融问题，如股票选择、量化投资、养老保险等，都能通过金融科技的相关技术寻求更优的解决方案。

Python 是实现金融科技产品的第一语言，其简洁性、可移植性以及易学性受到金融业内人士的青睐，越来越多的人开始采用 Python 构建项目。目前，市面上有很多第三方机构免费提供基于 Python 语言的数据分析工具（如 NumPy、Pandas 等）供开发者使用。以 Pandas 为例，AQR 资本管理公司于 2008 年 4 月开发该工具包，并随后将其开源。Pandas 最初就是专门针对金融数据而设计的，可以有效地处理金融时间序列数据。Pandas 这个名称就来源于经济金融中最常处理的数据类型：面板数据（Panel Data）。同时，许多金融数据供应商（如 Wind、Choice 等）也都提供了 Python 接口，大大简化了日常金融数据分析与建模工作。此外，当下最热门的人工智能与机器学习领域也有许多基于 Python 开发的应用框架可供开发者使用，比如谷歌（Google）的 TensorFlow、脸书（Facebook）的 PyTorch、用于大数据分析的 Spark 等。随着大数据时代的来临，不难预测，Python 会被越来越广泛地运用。

以往人们对 Python 的诟病主要在于其运行速度。相比于一些编译型语言（如 C 或 C++），作为解释型语言的 Python 在特定情况下的运行速度确实比较慢。但是，通过与 NumPy、Pandas 等高性能库的结合，Python 的运行速度已得到大幅提升。更重要的是，随着计算机硬件性能越来越强大，在编程语言的运行速度与开发效率之间，人们通常会更注重后者，而开发效率高正是 Python 语言的特点。因此，对于一般的金融从业人员而言，在大多数使用场景下，Python 运行速度相对较慢的缺点是可以忽略的。

综上所述，作为金融从业人员，如果以往没有任何其他语言的编程经验，Python 无疑是起步阶段的最优选择。

1.3　安装Python及相关软件

1.3.1　版本选择：Python 3

本书中所有代码与示例都基于 Python 3.8 版本。

此外，本书涉及的其他主要第三方库的版本如表 1.1 所示：

表 1.1　本书其他主要第三方库的版本

第三方库	版本
Matplotlib	3.3.2
NumPy	1.19.2
Pandas	1.1.3
Scipy	1.5.2

1.3.2　Anaconda简介

安装 Python 本身并不复杂，与安装一般软件并没有太大的区别。开发者只需在官网下载最新的 Python 3 安装软件，双击【开始安装】后，一直单击【Next】就能完成安装。然而，较为烦琐的是，安装 Python 后还需逐一安装诸如 Pandas 之类的库或是各种集成开发环境（Integrated Development Environment，IDE）。**一种更加简便的方法就是直接安装 Anaconda，无须再单独安装 Python。**

Anaconda 是一个开源的 Python 发行版本，包含了 Pandas 等许多常用工具包和 Spyder 等集成开发环境。同时，一些操作系统已内置了 Python 环境，而 **Anaconda 所建立的 Python 环境是与系统的 Python 环境完全独立的**。因此，安装 Anaconda 能避免由 Python 版本更新所带来的一些兼容问题。

简而言之，安装 Anaconda 可以一步到位，免去逐个安装工具包的麻烦。

1.3.3　安装Anaconda

安装 Anaconda 的具体操作步骤如下：

（1）从 Anaconda 的官网（https://www.anaconda.com/distribution）下载 Anaconda 安装包，注意选择 Python 3 版本。

（2）下载好安装包后，双击下载的安装程序，开始安装（注意选择“对所有用户安装”），如图 1.6 所示。

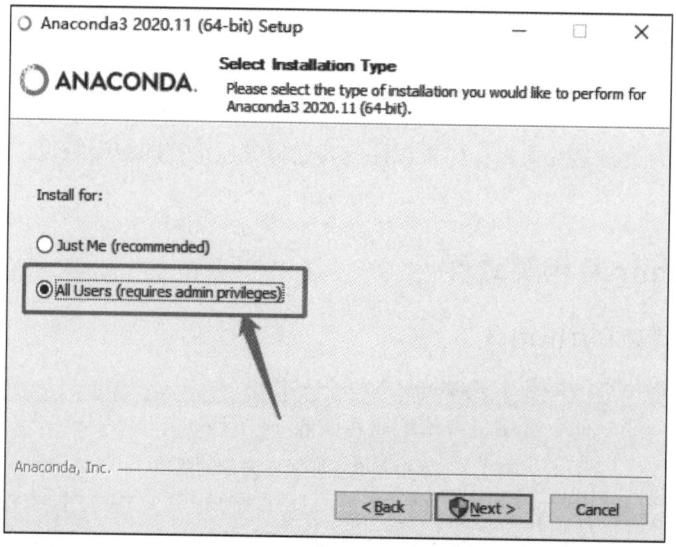

图 1.6　安装引导过程的初始页面

（3）安装程序会要求输入安装路径。一般情况下，使用默认路径即可，如图 1.7 所示。

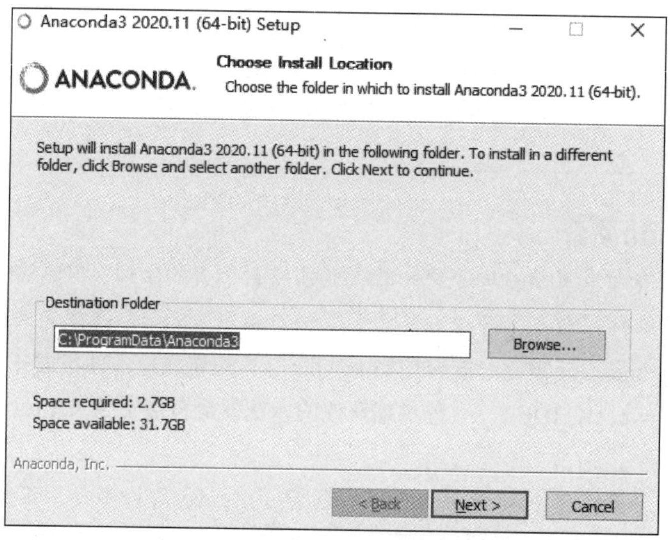

图 1.7　安装引导过程的路径选择页面

（4）对话框中出现一个高级选项，需要勾选高级选项中的这两个选择框，如图 1.8 所示。一般来说，安装程序默认第二个选项【Register Anaconda 3 as the system Python 3.8】处于勾选状态。我们需要自行勾选【Add Anaconda 3 to the system PATH environment variable】选项。程序可能会给一个提示，不用理会，直接选择【OK】即可。

提示

在 Windows 操作系统中设定 Path 环境变量有助于更有效地运行程序。例如，当系统运行一个程序但用户没有指明程序所在的完整路径时，系统除了在当前目录下面寻找此程序外，还会到 Path 中指定的路径去寻找。

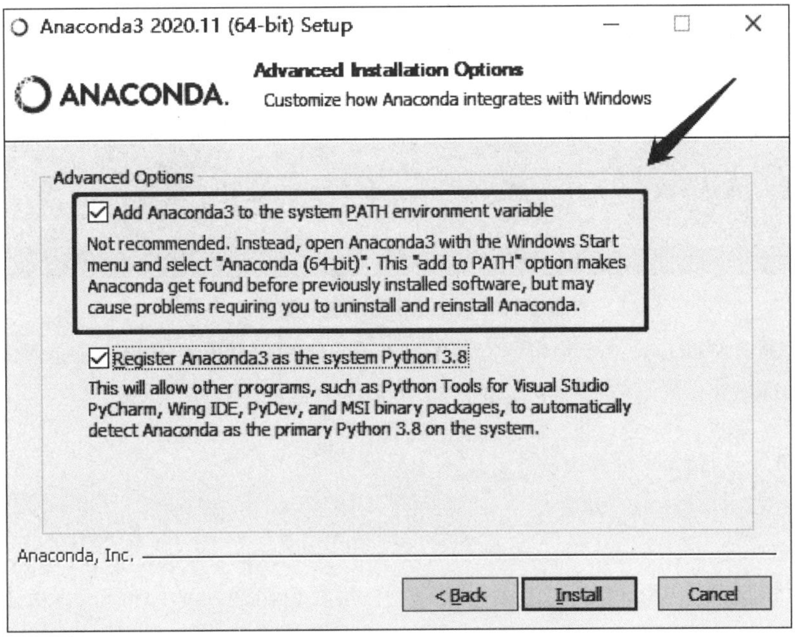

图 1.8　安装引导过程中的高级选项

（5）点击【Install】后，程序开始安装。

1.3.4　检查是否安装成功

鼠标右键单击电脑桌面下方任务栏中最左端的 Windows 图标，在右键菜单栏中选择【Windows PowerShell（管理员）】。打开命令行窗口后，输入 python 后按回车键。若出现图 1.9 所示的 Python 版本信息，则说明 Anaconda 已经安装成功了。输入命令 exit() 退出 Python 环境。

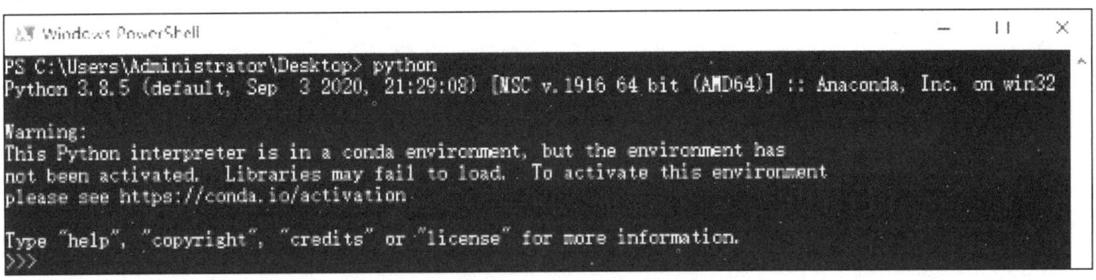

图 1.9　检测 Anaconda 是否安装成功

提示

Windows PowerShell 是一种命令行外壳程序和脚本环境，其界面工作环境类似于以前的 DOS 系统。

如果在之前的安装过程中忘记勾选【Add Anaconda 3 to the system PATH environment variable】选项，那么 Anaconda 的安装路径将不会被添加到操作系统的环境变量中，之后使用 Python 命令后会出现图 1.10 所示提示。

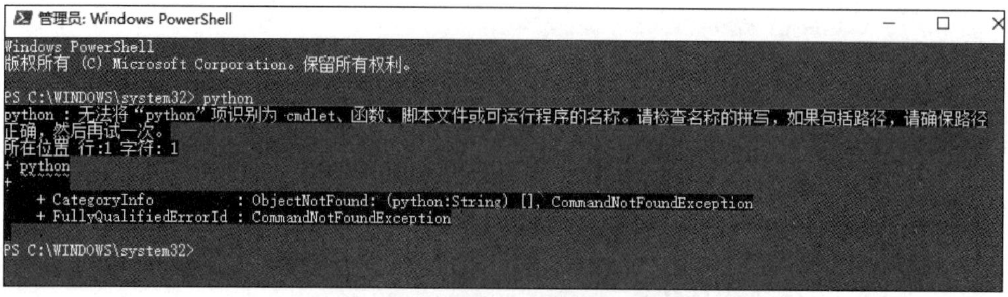

图 1.10　Anaconda 安装失败提示

解决该问题有两种方法：一是将已安装的 Anaconda 卸载，重新安装；二是手动添加环境变量。手动添加环境变量的具体操作步骤如下：

提示

这些操作步骤在不同操作环境下的显示可能有所不同。

（1）使用快捷键【Win+R】调出运行窗口。在运行窗口输入 sysdm.cpl，点击【确定】，如图 1.11 所示。

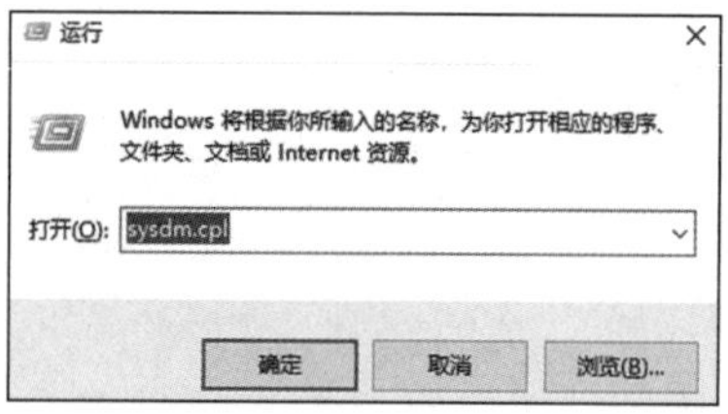

图 1.11　调出运行窗口

（2）在弹出的【系统属性】窗口中选择【高级】选项卡，如图 1.12 所示。

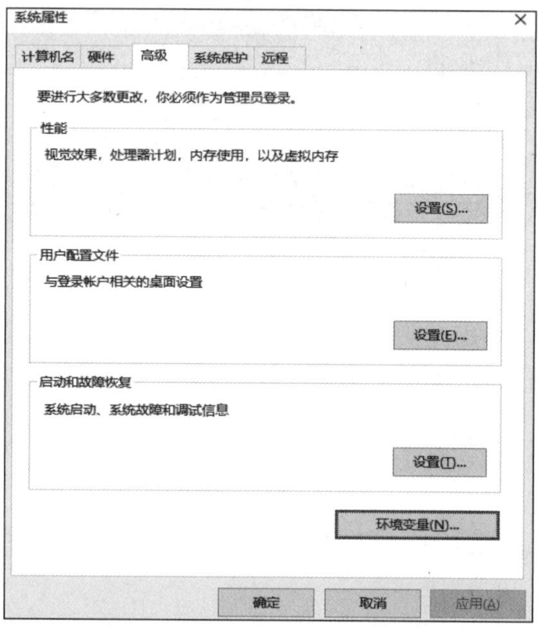

图 1.12　【系统属性】中的【高级】选项卡

（3）点击【环境变量】，在弹出的【环境变量】窗口中，找到【系统变量】下的“Path”，点击【编辑】，如图 1.13 所示。

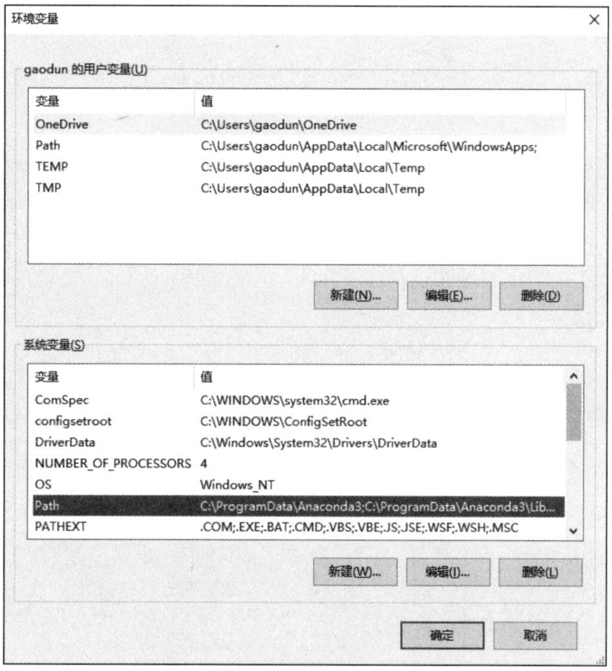

图 1.13　【环境变量】窗口

（4）在弹出的【编辑环境变量】窗口中，点击【新建】，将 Anaconda 的安装路径添加到列表中。最后，点击【确定】即可，如图 1.14 所示。

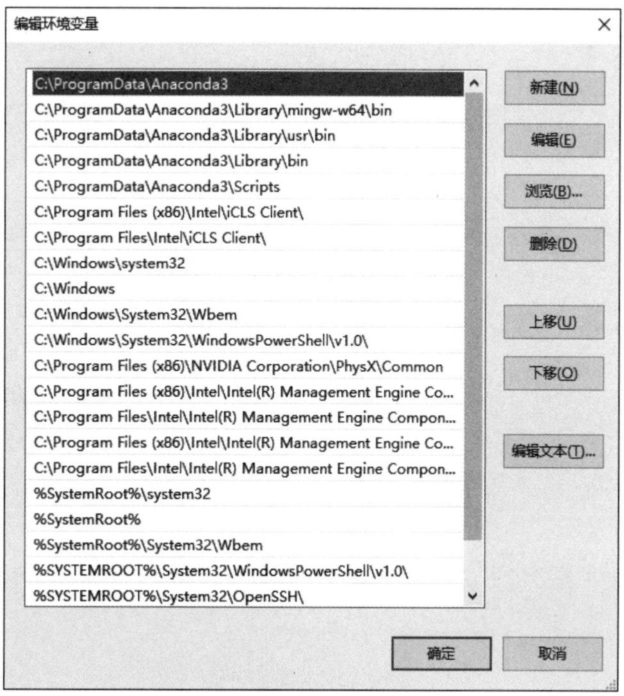

图 1.14　【编辑环境变量】窗口

（5）设置好环境变量后，再次通过命令行调用 Python 程序，确认 Anaconda 能否正常运行。

至此，我们已经通过安装 Anaconda 实现了 Python 以及金融编程常用库与集成开发环境 IDE 的安装。从下一章开始，我们就可以编写 Python 程序了。

思考与练习

（1）简述IPO编程方法。

（2）阐述编译型语言与解释型语言的定义与区别。

（3）阐述面向过程语言与面向对象语言的定义与区别。

（4）列举Python语言的至少三个特点。

（5）动手安装Anaconda。

第 2 章　Python 程序实例分析

学习目标：

- 理解运行 Python 程序的两种方式：交互式与文件式。
- 熟悉 Spyder 的应用界面。
- 掌握使用 Spyder 运行 Python 程序的方法。
- 掌握如何导入第三方工具包。
- 熟悉开发程序的六个阶段。
- 了解 Python 程序的基本元素。

2.1　第一个Python小程序

2.1.1　编写Hello World程序

从本章开始，我们将开始编写程序。本节我们先从一个最简单的 Python 小程序开始，逐渐熟悉 Python 程序的运行方式。下一节我们会以一个稍微复杂的汇率换算小程序为例，剖析 Python 程序的基本组成元素。

第一个小程序的目标是在屏幕上打印输出“Hello World”字样。该例在布莱恩·克尼汉（Brian W. Kernighan）和丹尼斯·里奇（Dennis M. Ritchie）合著的 *The C Programming Language* 一书中被首次使用，并广泛流传。如今打印“Hello World”几乎成为所有编程语言书籍的第一个例子。虽然本书的主题是金融编程，但仍然尊重这一传统。

在 Python 中，要实现在屏幕上打印输出“Hello World”非常简单，仅需要一行代码，此代码非常直观，如下：

```
print("Hello World")
```

提示

这里有两点需要注意：（1）print() 语句是将“Hello World”字样打印输出到屏幕上，而不是真的接入打印机打印；（2）print() 语句中的括号与双引号不会在屏幕上输出，这两个符号的含义会在后文中详述。

2.1.2　运行Hello World程序

运行 Python 程序的方式有两种：交互式与文件式。**交互式**是指用户输入每条代码后，Python 解释器立马运行该条代码，并将输出结果反馈给用户；**文件式**是指用户将程序所有代码编写在一个或多个文件中，随后启动 Python 解释器批量执行文件中的代码。

不难看出，两种运行方式各有优缺点。**交互式适用于用户调试少量代码，**用户可以把编程过程中的一些零散思路通过交互的方式马上实现，以验证其有效性。在验证思路有效后，再将代码整理并封装为**文件形式，以便从整体上调试与维护程序**。

1. 交互式运行 Hello World 程序

我们先以交互的形式运行 Hello Word 程序，其操作步骤如下：

（1）启动 Windows 操作系统命令行工具。在 Windows 10 操作系统中，可以按第 1 章介绍的方法打开 Windows PowerShell。在其他版本的 Windows 操作系统中，也可以按【Win+R】键，输入 cmd 后按回车键，进入命令提示符模式，如图 2.1 所示。

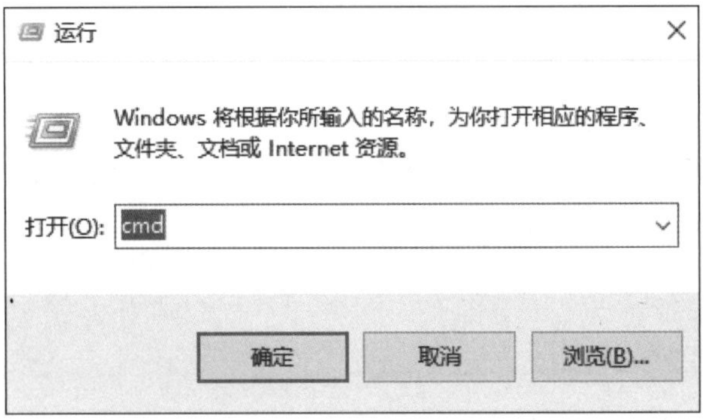

图 2.1 输入 cmd 进入命令提示符模式

（2）在上个步骤中，不论以哪种形式进入命令行工具后，输入命令 python 后按回车键。此时，屏幕会显示所安装的 Python 版本，并在新的一行中出现“>>>”的提示符。“>>>”提示符表明我们可以向 Python 解释器输入命令了。

（3）在“>>>”的提示符后输入命令 print("Hello World") 后回车，屏幕上就会立马显示出 Hello World 了。“>>>”的提示符会在新的一行中出现，等待用户输入下一个命令，如图 2.2 所示。

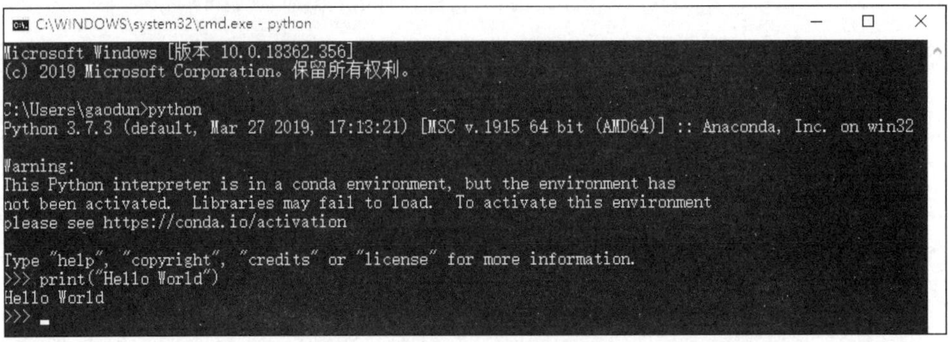

图 2.2 在 Windows PowerShell 中运行 Hello World 程序

2. 文件式运行 Hello World 程序

以文件式运行 Hello World 程序的思想是将 Python 代码保存为以“py”为后缀的文件，并运行该“py”文件，其具体操作步骤如下：

（1）打开记事本，输入 print("Hello World") 语句，如图 2.3 所示，将其保存为以 hello.py 命名的文件，即将默认的“txt”后缀更改为“py”。

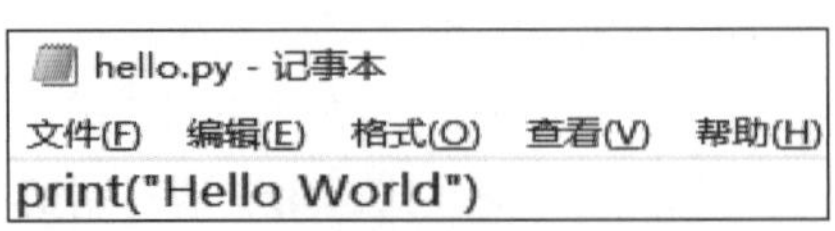

图 2.3 在记事本中编辑 Python 程序

提示

文件后缀名，又称为“扩展名”，是操作系统用来标志文件类型的一种机制。例如，大家常用的 Word 文档的一个名为“交易所放假说明 .docx”的文件，其中“交易所放假说明”为主文件名，“docx”为文件扩展名，意味着这个文件可以用 Office 软件打开。类似地，在“hello.py”这个文件名中，“hello”为主文件名，“py”为文件扩展名，这意味着该文件可以用支持 Python 的程序打开。（注意：不要误把“py”输入成文件名，否则该文件名就变成了“hello.py.txt”。）

（2）在“hello.py”文件所在文件夹的**空白处**按【Shift】键，同时单击鼠标**右键**，在弹出的右键菜单中点击【在此处打开 Windows PowerShell 窗口】。

（3）在打开的 Windows PowerShell 窗口中输入 python.\hello.py 后按回车键，可以看到一行“Hello World”显示出来，如图 2.4 所示。

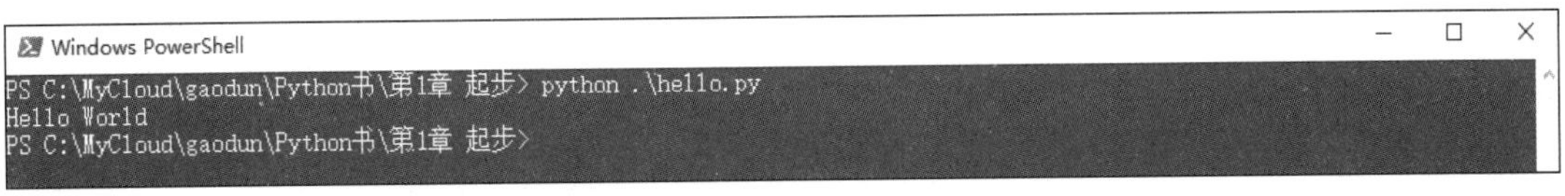

图 2.4　在 Windows PowerShell 中运行 hello.py 程序

提示

如果在步骤（2）弹出的右键菜单中出现的是【在此处打开命令窗口】，那么打开之后出现的是 cmd 窗口，在 cmd 窗口中输入 python.\hello.py 也可以达到同样的效果。

提示

必须在“hello.py”文件所在目录下输入 python.\hello.py 并按回车键才不会报错，否则将显示“(null): can't open file 'hello.py': [Errno 2] No such file or directory”。上述步骤中的步骤（2）就是为了确保在打开 Windows PowerShell 时，地址处于 hello.py 文件所在的目录。

事实上，我们可以在任何地方打开命令行，然后使用完整的路径来指明 hello.py 文件所在的地址，如图 2.5 所示。

图 2.5　在 Windows PowerShell 中运行 Hello World 程序

3. 程序运行机制

通过上述操作，我们编写并运行了第一个 Python 程序。从这个简单的例子中我们不难发现，Python 的语句非常接近人类的自然语言，且十分简洁（如果用 C 语言实现相同功能需要编写数倍行数的语句）。

现在，我们简单地了解一下程序的运行机制。

首先，我们创建了一个后缀名为“py”的文件。后缀名为“py”表示该文件是一个 Python 程序，于是**计算机会使用 Python 解释器来运行这个文件**。

其次，我们在文件中输入 print() 函数，用来显示指定信息。在“hello.py”中，显示的是字符串“Hello World”。

最后，我们在命令行中使用了 Python 命令。Python 命令的空格后是该命令接收的一个参数，用来表示需要运行的 Python 程序。

知识链接

本书后续章节将详细介绍 print() 函数的用法。此处只需简单了解：print() 函数后的括号表示接收的参数，本例中的参数为“Hello World”。用双引号的目的是表示两个引号之间的内容是字符串。有关如何输出信息的更多内容将在第 4 章详细介绍。

提示

Python 程序并不是直接在操作系统上运行的，而总是由 Python 的运行环境（又叫作解释器）运行。

2.1.3 使用集成开发环境运行Python程序

1. 熟悉 Spyder 界面

在上例中，我们是通过记事本编写程序代码后，再使用 Python 解释器来运行的。然而，如果所有代码都通过记事本来编写和维护，尤其对于较大规模的程序而言，操作将会十分不便。通常情况下，开发者会使用**集成开发环境（IDE）**来编写和维护程序代码。

提示

IDE 是提供程序开发环境的应用程序。IDE 同时具备了代码编写、分析、编译与调试等功能，非常便于用户编写程序。（注意：IDE 本身不是一种编程语言，只是一个可以大幅简化编程工作的应用程序。）

安装 Python 软件包后，会出现一个自带的 IDE：IDLE。然而，IDLE 使用起来并不是十分方便，目前市面上比较流行的 Python IDE 包括 Jupyter Notebook、PyCharm、VSCode、Spyder 等。虽然上述几款 IDE 软件各有优劣，但就金融编程初学者所需要用到的功能来看，这几款软件差别不大。Spyder 是 Anaconda 自带的一个 IDE。与其他 IDE 相比，Spyder 的优点在于它模仿了 Matlab 的“工作空间”的功能，可以方便地观察和修改数组数据，便于调试程序。由于在 Python 流行之前，很多金融从业人员都使用 Matlab 进行编程，因此 Spyder 的界面与功能就显得十分友好。**本书接下来的例子和练习都将使用 Spyder 来展示。**

我们可以在【开始】菜单中的 Anaconda 安装目录下找到 Spyder 的启动程序，如图 2.6 所示。

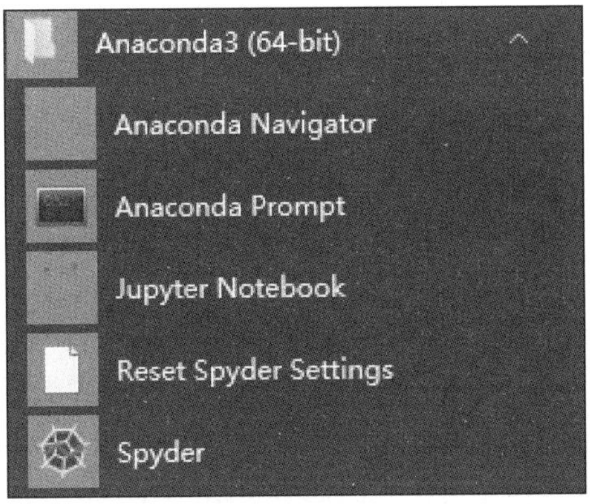

图 2.6　启动 Spyder

启动 Spyder 后可以看到其界面，如图 2.7 所示。

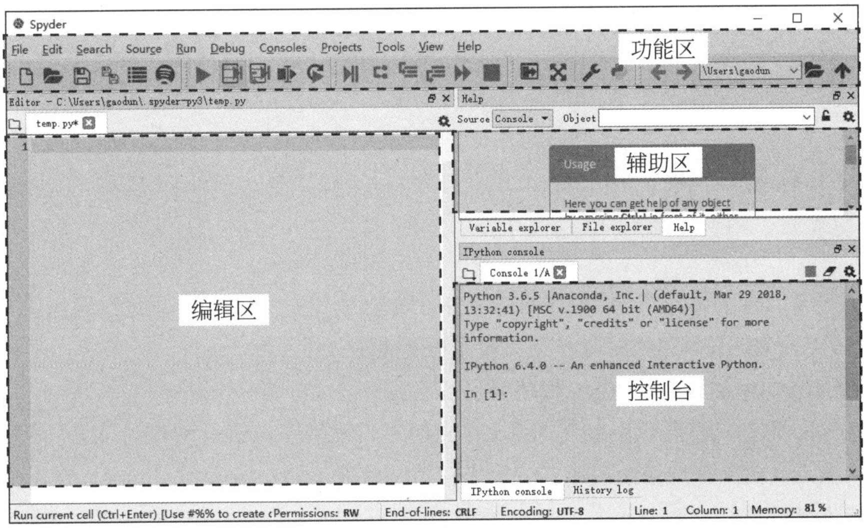

图 2.7　Spyder 界面

该界面主要由 4 个区域组成：

（1）功能区：位于界面最上端，包括通常软件都具有的菜单和快捷按钮等。

（2）编辑区：位于界面左侧，用于编写**文件式**的 Python 代码。

（3）辅助区：位于界面右上部分的区域，包括变量资源管理器、文件资源管理器与帮助 3 个功能窗口。我们可以通过点击相应的选项卡标签实现 3 个功能窗口之间的切换。

①变量资源管理器（Variable Explorer）：用于查看运行环境中的变量。

②文件资源管理器（File Explorer）：用于查看当前文件夹下的文件。

③帮助（Help）：显示和提供帮助信息。

（4）控制台：位于界面右下部分的区域，包括 IPython 控制台与历史记录两个功能窗口。

① IPython 控制台：**交互式命令行窗口**，在该窗口中输入代码之后敲击回车键，之后输入的代码会被立即执行。利用控制台，可以使编程过程中的一些零散思路马上在控制台上实现，以验证其有效性。如图 2.8 所示，我们可以在控制台中输入一些 Python 命令，按回车键后即可马上见到结果。这与前文介绍的在 Windows PowerShell 中输入交互式命令是一样的。

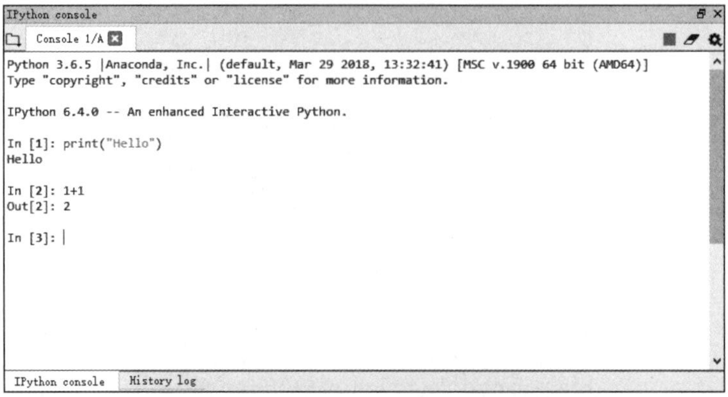

图 2.8 Spyder 的 IPython 控制台

提示

图 2.8 中的"In[2]:"表示该命令是在本次打开 Spyder 后第 2 次输入的，其下方的"Out[2]:"表示第 2 次命令所对应的输出结果。控制台中输入的命令与结构文本会用不同颜色显示，这是为了区分代码的不同部分，方便用户调试程序。例如，如果命令 print("Hello") 被错误地输入为 ptint("Hello")。原本 print 是紫色的，表明其是 Python 的关键字，误输为 ptint 后，则不会显示为紫色。

②历史记录（History log）：记录之前在命令行输入的代码。我们也可以通过键盘的方向键【↑】【↓】调出历史命令。在调试程序时，该功能非常便捷。

2. 使用 Spyder 运行 hello.py 程序

使用 Spyder 时，同样可以用交互式或文件式的形式来运行 Python 程序。

如前文所述，如果采用交互式形式，只需在控制台输入命令 print("Hello World") 后按回车键就能看到输出结果。

如果采用文件式的方式来运行之前的 hello.py 程序，其具体操作步骤如下：

（1）打开文件。

在【文件（File）】菜单下点击【Open】（或使用快捷键【Ctrl+O】），找到 hello.py 的保存路径并打开。此时，如图 2.9 所示，hello.py 文件中的内容就显示在编辑区中了。

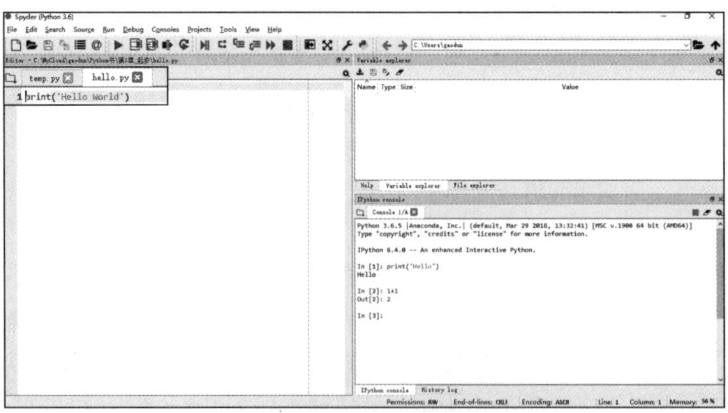

图 2.9 用 Spyder 打开 hello.py 文件

（2）运行程序。

在【运行（Run）】菜单下点击【运行（Run）】（或按下快捷键【F5】）运行程序，**运行结果可以在控制台中查看**，如图 2.10 所示。

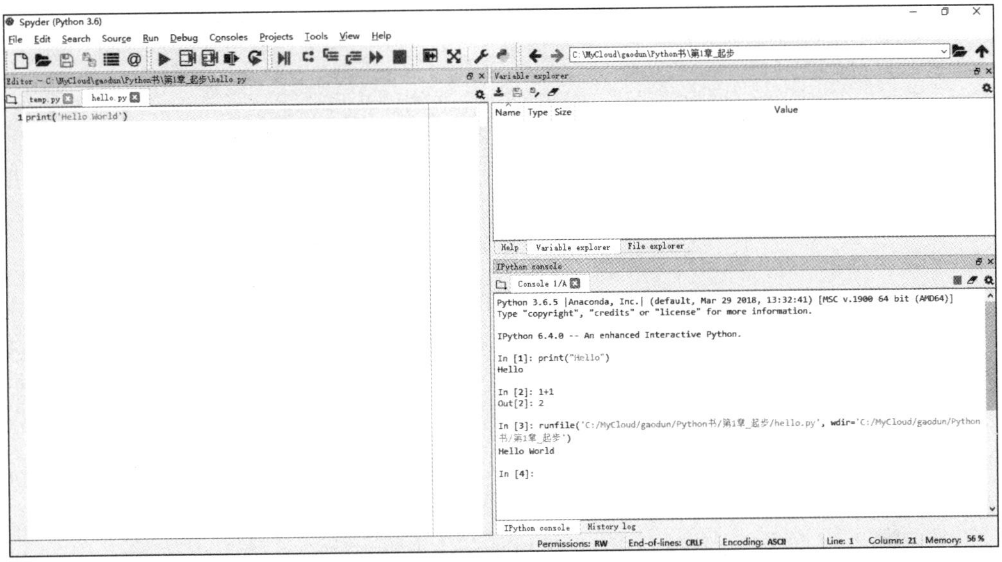

图 2.10　在 Spyder 中运行 hello.py 文件

（3）调试程序。

如果我们在编辑区中输入代码时误将代码输入为 prnt("Hello Word")，代码输入完之后点击【运行（Run）】按钮，那么，如图 2.11 所示，Spyder 会在控制台中报错。

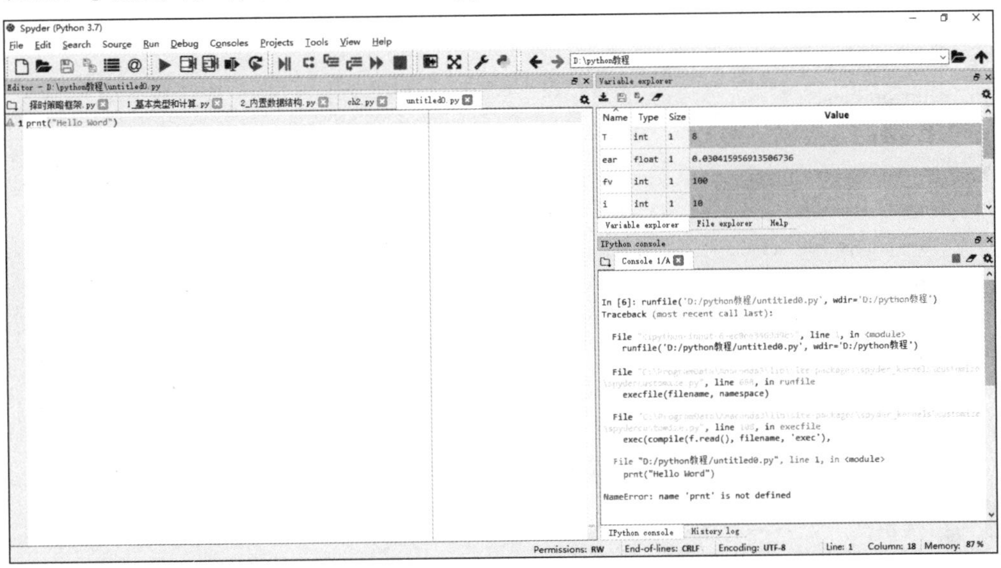

图 2.11　运行 hello.py 报错

如图 2.11 所示，报错信息的文字非常长，目前我们只需关注最后三行即可。其中，File "D:/python 教程 /untitled0.py", line 1, in <module> prnt("Hello Word") 提示了出错代码所属文件的地址以及错误代码在文件中的行号。同时，NameError: name 'prnt' is not defined 提示错误类型是 NameError，表明 prnt 未被定义。

> **提示**
>
> 调试程序是编程过程中不可避免的步骤，即便是再优秀的程序员也会出错。程序员习惯将程序中的错误称为令人讨厌的“bug”（虫子），调试程序就是“debug”的过程。然而，不是每个程序中的错误都能通过运行调试发现。比如，一些程序设计中的逻辑错误。又如，本例中的打印输出信息 World 被误输入为 Word，但调试程序并不会报错。这是因为计算机认为“Word”就是你想输出的信息。这类不报错的错误是很难被发现的。

2.1.4 使用第三方工具包

1. 使用 import 导入第三方工具包

Python 作为编程语言的一大优势就是可借助丰富的第三方工具包来大大简化编程工作。通俗地讲，工具包是一系列函数的集合，即将一些编写好的函数命令封装在工具包中，方便其他开发者直接使用。

实际运用中，在使用工具包中的函数或命令之前，我们需要先将工具包导入（import）具体的程序中去。一般情况下，我们习惯在程序的开头就通过命令语句 import 导入工具包，使得后面的程序都可以使用这些库。具体操作可见下例。

【代码示例 2.1】在程序中导入工具包 NumPy　2.1_ImportModule.py[1]。

```
1   """
2   编写者：高顿财经研究院
3   日期：某年某月某日
4   功能：在程序中导入工具包 NumPy
5   """
6   
7   import numpy
8   
9   print("Hello World")
10  print(' 下面是一个长度为 10 的全零数组 ')
11  a = numpy.zeros(10)
12  print(a)
```

其中：

第 1 行至第 5 行为注释内容，不会被实际运行。

第 7 行：利用命令语句 import numpy 导入 NumPy 工具包。

第 8 行：空一行。这是为了将导入模块部分与下面的主体程序区分开来，方便阅读。

> **提示**
>
> 第 8 行即便不空行，程序也不存在语法错误，但空行是良好的编程习惯。回忆“Python 之禅”的“Readability counts.”。

① “在程序中导入工具包 NumPy”表示对这一代码的功能性描述，“2.1_ImportModule.py”为代码文件名称，需下载本书配套的资料包获取相应文件，此类【代码示例】均在 Spyder 编辑区编写，下同。

第 9 行：利用 print() 函数显示 Hello World。

第 10 行：利用 print() 函数显示文字：下面是一个长度为 10 的全零数组。

第 11 行：使用 NumPy 工具包中的 zeros 方法，创建一个长度为 10 的全零数组。此行的命令 numpy.zeros(10) 表明用点符号来调用 NumPy 工具包中的 zeros 方法。

第 12 行：利用 print() 函数显示该数组。

成功运行上述代码的结果如图 2.12 所示。

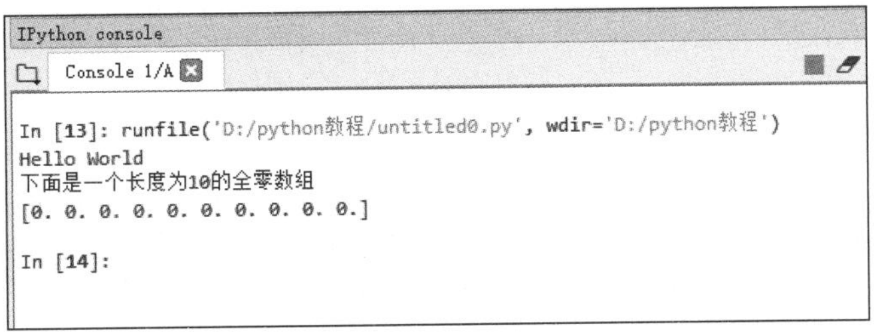

图 2.12　运行代码示例 2.1 的结果

知识链接

数组是一种用来存放一系列数据的数据结构。NumPy 工具包提供了与数组有关的各种功能和运算，相关知识将在第 14 章中详细介绍。

2. 下载并安装其他工具包

虽然 Anaconda 中已经预先安装了常用的工具包，但在实际的金融编程中，有时还需要开发者自己安装一些其他辅助工具包。在这里，我们以安装工具包 Pylearn 为例，介绍两种安装工具包的途径：网络安装和本地安装。

网络安装是指直接在线下载并安装云端的工具包，其具体操作步骤如下：

（1）使用管理员权限打开 Windows PowerShell 命令行窗口。

（2）在命令窗口中，输入 pip install pylearn 之后，系统就会开始下载安装 Pylearn 工具包。

（3）出现图 2.13 中的提示，说明安装成功。

图 2.13　在线安装 Pylearn 工具包成功的提示

提示

pip 是 Python 官方推荐的工具包管理工具，该工具提供了对 Python 各种工具包的查找、下载、安装、卸载的功能。我们安装 Anaconda 后，pip 是其自带的，可直接使用该工具下载工具包。

有时，由于网络原因会导致在线下载安装失败。此时，我们可以先将安装包下载到本地，然后再进行**本地安装**，其具体操作步骤如下：

（1）从 https://pypi.org/project/pylearn/#files 下载 Pylearn 的安装包，保存到 C 盘根目录下（即 C:\）。

（2）使用管理员权限打开 Windows PowerShell 命令行窗口，通过命令 cd.. 切换至 C 盘根目录，如图 2.14 所示。

```
PS C:\WINDOWS\system32> cd..
PS C:\WINDOWS> cd..
```

图 2.14 切换至 C 盘根目录

（3）在命令窗口中，使用“pip install + 文件名”进行安装。例如，下载的安装包名称为“pylearn-0.1.37.tar”且文件扩展名为“gz”（注：根据前述步骤，下载的安装包版本后续可能更新，但不会影响使用），则输入的完整命令为 pip install pylearn-0.1.37.tar.gz，如图 2.15 所示。

```
PS C:\> pip install pylearn-0.1.37.tar.gz
```

图 2.15 本地安装 Pylearn

（4）若开始安装，则界面如图 2.16 所示。

```
PS C:\> pip install pylearn-0.1.37.tar.gz
Processing c:\pylearn-0.1.37.tar.gz
Building wheels for collected packages: pylearn
  Building wheel for pylearn (setup.py) ... done
```

图 2.16 开始安装 Pylearn

2.1.5 学会使用Python的帮助文档

任何一本书都不可能覆盖所有与 Python 有关的内容，因此灵活使用帮助文档对学习 Python 语言至关重要。在 Spyder 的交互模式中输入 help() 后按回车键，可以进入寻求在线帮助的模式，提示符为 help>，如图 2.17 所示。

```
IPython console
Console 1/A

In [3]: help()

Welcome to Python 3.7's help utility!

If this is your first time using Python, you should definitely check out
the tutorial on the Internet at https://docs.python.org/3.7/tutorial/.

Enter the name of any module, keyword, or topic to get help on writing
Python programs and using Python modules.  To quit this help utility and
return to the interpreter, just type "quit".

To get a list of available modules, keywords, symbols, or topics, type
"modules", "keywords", "symbols", or "topics".  Each module also comes
with a one-line summary of what it does; to list the modules whose name
or summary contain a given string such as "spam", type "modules spam".


help>
```

图 2.17 Python 在线帮助

在 help> 提示符后，输入 while 后按回车键，即可查看 while 语句的相关内容，如图 2.18 所示。

```
help> while
The "while" statement
*********************

The "while" statement is used for repeated execution as long as an
expression is true:

   while_stmt ::= "while" expression ":" suite
                  ["else" ":" suite]

This repeatedly tests the expression and, if it is true, executes the
first suite; if the expression is false (which may be the first time
it is tested) the suite of the "else" clause, if present, is executed
and the loop terminates.

A "break" statement executed in the first suite terminates the loop
without executing the "else" clause's suite.  A "continue" statement
executed in the first suite skips the rest of the suite and goes back
to testing the expression.

Related help topics: break, continue, if, TRUTHVALUE


help>
```

图 2.18 利用在线帮助查找 while 语句的相关内容

在 help> 提示符下，输入命令 quit 或再次按回车键就可以退出在线帮助模式。

除了利用在线帮助模式，我们也可以通过 Spyder 菜单栏的【Help】下拉菜单中的帮助手册来查询相关资料。例如，依次点击 Spyder 菜单栏中的“【help】→【Online documentation】→【Python 3 documentation】”，就可以打开 Python 3 的帮助文档，如图 2.19 所示。

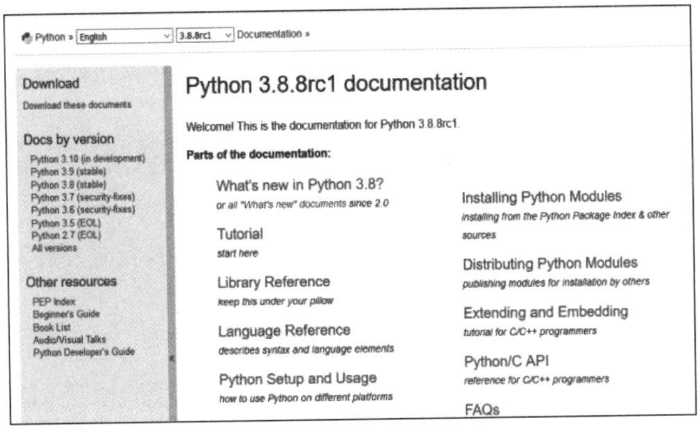

图 2.19　Python 3 的帮助文档

如果阅读英文帮助文档有困难，直接在搜索引擎中输入“Python”以及相关问题的关键词，通常也能快速找到解决问题的办法。

2.2　案例：汇率换算

2.2.1　程序开发过程

本节我们将通过一个汇率换算的实例来介绍 Python 程序设计的 6 个基本步骤和 Python 程序的基本要素。汇率换算是金融实务中最常见的操作之一，我们将通过一个小程序来实现美元与人民币之间的汇率换算。

金融助手

汇率标价法有两种：直接标价法与间接标价法。直接标价法是以一单位外国货币为标准来计算其相当于多少单位的本国货币；间接标价法是以一单位本国货币为标准来计算其相当于多少单位的其他货币。在本例中，人民币为本币，因此直接标价法的标价单位是 CNY/USD。7.0000 CNY/USD 就表示 1 美元可兑换 7 元人民币。（注意：在一些金融市场报价中，CNY/USD 的含义是完全反过来的，我们暂且忽略这些符号上的差异。）

无论程序规模多大，程序设计通常都包括以下 6 个步骤。

1. 分析问题

程序设计切忌一开始就扎进代码里。我们必须先对程序要解决的问题以及想要达到的效果有一个清晰的分析，之后再实际操作。汇率换算这个问题看似简单，但其实有很多种实现方式。例如，最简单的方式就是由用户输入汇率，然后根据用户输入的汇率进行汇率换算。一种更实用的方式是，通过抓取官方网站公布的实时汇率来进行汇率换算。显然，从不同的问题分析角度出发，以上两种方式实现汇率换算的难度有差异，其最终所对应的 IPO、算法以及程序也会各不相同。因此，我们必须在给定技术水平和用户需求的条件下，选择最有效且最合理的问题分析角度，再设计算法实现程序。

2. 确定问题边界

在这一步骤中，我们要确定问题的边界，即准确地描述我们想要程序“做什么”（而不是“怎么做”）。

接上例，不难发现，要实现美元与人民币之间的汇率换算，我们必须明确用户输入汇率数值是用直接标价法还是间接标价法，否则无法确定换算公式。类似地，我们同样要明确处理与输出的边界。

输入：要求用户按照直接标价法输入今日人民币兑换美元的汇率，其单位为 CNY/USD。同时要求用户输入需要换算的人民币或美元金额。

处理：根据用户输入的金额及货币单位，选择适当的货币换算公式并进行换算。

输出：输出另一货币单位下的金额。

3. 算法设计

根据用户输入的金额及货币单位，将其转换为另一货币单位下的相应金额，其转换公式如下：

美元金额=人民币金额 ÷ 直接标价法汇率（CNY/USD）

人民币金额=美元金额 × 直接标价法汇率（CNY/USD）

4. 编写程序

根据 IPO 的描述以及算法设计，在 Spyder 的编辑区编写如下程序：

【代码示例 2.2】美元与人民币汇率的转换　2.2_ExchangeConvert.py。

```
"""
编写者：高顿财经研究院
日期：某年某月某日
功能：实现美元与人民币汇率的转换
"""

# 提示用户输入基本信息
print(" 美元货币单位为 USD，人民币货币单位为 CNY")
print(" 汇率为直接标价法：CNY/USD，其含义为 1 美元 = ？ 元人民币 ")
exchange_rate = input(" 请输入今日汇率： ")  # 汇率标价为：CNY/USD
currency = input(" 请输入带有货币单位的金额：")

# 转换汇率
if currency[-3:] == 'USD':
    rmb = eval(currency[0:-3]) * eval(exchange_rate)
    print(currency + " 相当于 " + str(rmb) + 'CNY')
elif currency[-3:] == 'CNY':
    dollar = eval(currency[0:-3]) / eval(exchange_rate)
    print(currency + " 相当于 " + str(dollar) + 'USD')
else:
    print(" 输入格式错误，请重新输入 ")
```

读者此时读不懂上述代码的含义也没有关系，下一节我们会初步解析上述代码，并在后续章节详细讲解相关知识点。

5. 调试测试

将上述代码输入 Spyder 的编辑区，并将其保存为文件 2.2_ExchangeConvert.py。采用第 2.1.3 节中所介绍的文件式方法运行该程序，输入今日汇率为 7 CNY/USD，输入金额 100 美元；再次运行程序，输入今日汇率为 7CNY/USD，输入金额 700 元人民币。两次运行程序的结果如下所示：

```
In [1]: runfile('D:/Gaodun/python 教程 /python 教材 / 代码实例 /2.2.py', wdir='D:/Gaodun/python 教程 /python 教材 / 代码实例 ')
美元货币单位为 USD，人民币货币单位为 CNY
汇率为直接标价法：CNY/USD，其含义为 1 美元 = ？ 元人民币

请输入今日汇率：7

请输入带有货币单位的金额：100USD
100USD 相当于 700CNY

In [2]: runfile('D:/Gaodun/python 教程 /python 教材 / 代码实例 /2.2.py', wdir='D:/Gaodun/python 教程 /python 教材 / 代码实例 ')
美元货币单位为 USD，人民币货币单位为 CNY
汇率为直接标价法：CNY/USD，其含义为 1 美元 = ？ 元人民币

请输入今日汇率：7

请输入带有货币单位的金额：700CNY
700CNY 相当于 100USD
```

通过运行程序，我们发现，执行结果符合预期。这个例子中的程序较为简单，对于一些较为复杂的程序，很难保证第一次运行就没有任何语法与逻辑上的问题，一般需要多次调试程序以确保程序正确。

6. 维护与升级程序

虽然程序运行结果符合预期，但实际上该程序远不完美。用户在程序的使用过程中可能会提出各种新的需求。例如，能否让用户自由选择汇率的标价方法是直接法还是间接法、输出的金额能否让用户选择保留的小数位数、程序给出的提示信息能否更简洁明了等，这些都是可以改进程序的地方。此外，随着使用场景的改变，用户还有可能对程序提出新的功能要求，这就涉及程序的升级。因此，程序的维护与升级是动态持续的过程。

2.2.2　Python程序的基本元素分析

本节的主要目的是让大家对 Python 程序的基本构成有个整体了解，每个基本元素的具体运用会在后续章节中详细介绍。

1. Python 程序的整体框架

平时我们写文章时会对文字进行分段。一方面是因为每个段落所表达的中心思想不同，另一

方面也是为了方便读者阅读。类似地，在代码示例 2.2 中，我们也利用空行对代码进行分段。代码中的空行并不是 Python 在语法上的要求，而是为了便于使用者阅读、理解代码。例如，代码示例 2.2 可以大致分为三个部分：第 1 行至第 5 行为该程序的功能说明，第 7 行至第 11 行为该程序的输入部分，第 13 行至第 21 行为该程序的算法实现和相应输出。三个部分用空行隔开，清晰明了。

在 Python 中，我们严格使用"缩进"来表明代码之间的层次从属结构。具体而言，在编写代码时，我们可按下一次【Tab】键或四次空格键来实现"缩进"。仍然以代码示例 2.2 为例，示例中的第 14 行、第 17 行与第 20 行，我们通过一个选择判断语句（if-elif-else）来决定应该执行什么样的操作——我们想要判断用户输入的货币单位是美元（USD）、人民币（CNY）还是存在输入错误，以便决定后续应该执行什么样的相应操作。注意，第 14 行、第 17 行与第 20 行的代码均是顶行（没有缩进），这是因为这几行代码属于程序中的第一层的选择判断。如果程序发现用户输入的货币单位为美元（USD），则会转入执行第 15 行与第 16 行代码。第 15 行与第 16 行代码均是缩进编写，表明这两行代码在层次上从属于第 14 行代码，当第 14 行代码中的相关条件满足时才会被执行。类似地，第 18 行与第 19 行代码从属于第 17 行代码，第 21 行代码从属于第 20 行代码，故均缩进编写。而第 1 行至第 13 行的代码都是简单语句，相互之间不存在从属关系，故不能缩进编写。

提示

在其他编程语言（如 C 语言等）中，代码之间的层次从属关系是通过 {} 来表示的，而 Python 则严格用缩进来表示，这样阅读起来更加清晰明了。

2. 注释

为了方便自己和他人理解程序，我们可以在程序代码中添加一些关于程序功能、算法、函数、数据的说明文字，从而加强程序代码的可读性。这些说明文字，我们称之为"注释"。需要注意的是，注释是写给程序代码使用者看的，**计算机在运行程序时会直接忽略注释**。

在 Python 中，添加注释的方式有两种。第一种是通过"#"号来表示：如代码示例 2.2 中的第 7 行与第 10 行。其中，第 7 行为单行注释，"#"号后的整行内容均为注释，用于说明接下来的代码块要实现的功能。第 10 行为行末注释，"#"号前的内容为会被计算机运行的代码，而"#"号后的内容为注释，是对本行代码语句中要求输入货币的标价方法的说明。第二种是通过一对三引号"""""来实现多行注释：如代码示例 2.2 中的第 1 行到第 5 行代码，两个三引号之间的内容就是整个程序的说明文档。

3. 表达式与变量

在计算机中，"表达式"的形式与含义其实和数学中的"表达式"很像，是指产生新数据值的代码片段。最简单的表达式就是字面量，其形式有两种：数字和字符串。如数字 25 就是数字字面量；在代码示例 2.2 中，第 8 行代码 print() 语句中用双引号括起来的内容 "美元货币单位为 USD，人民币货币单位为 CNY" 就是字符串字面量。注意，这里双引号本身不属于字符串的一部分，只是用来提示 Python 双引号中间的内容是字符串。

把字面量表达式和各种操作运算符组合起来可以构建更加复杂的表达式。例如，下列表达式：

```
100 * (1 + 0.1) ** 5
```

在 Python 中，上述表达式代表对 $100\times(1+0.1)^5$ 求值。该表达式在求值过程中的运算顺序与我们在数学中所学的规则是一致的：先计算括号中的式子，然后求 5 次幂，最后乘以 100。

提示

在上述表达式中，数字和操作符中的空格并非 Python 语法的要求，只是为了阅读方便而已。

有时，我们会把表达式的值存放在变量中，使得程序更加灵活且易于修正。如代码示例 2.2 中的第 10 行与第 11 行代码，我们把用户输入的今日汇率数值存放在名为 exchange_rate 的变量中，把用户输入的金额存放在名为 currency 的变量中。在第 15 行代码中，如果金额的货币单位是美元，我们就可以根据输入的汇率和金额，按照表达式 eval(currency[0:–3])* eval(exchange_rate) 计算其转换为人民币的金额，并将该值存放在变量 rmb 中。

4. 函数

函数是一组可实现特定功能的、能重复使用的语句，可以将其看作一段具有名字的子程序。例如，在代码示例 2.2 中，我们调用了三个 Python 内置的函数。第 8 行的 print() 函数将括号中的信息打印显示在屏幕上，第 10 行的 input() 函数可以将括号中的信息显示在屏幕上，同时从控制台获取用户的输入信息，并将用户输入的内容保存在变量 exchange_rate 中。第 15 行我们调用了 eval() 函数，将原本在 currency[0:–3] 中的字符串转换成了数字。

提示

上述几个函数的具体使用方法将会在后续章节中详细介绍。除了使用 Python 的内置函数，我们还能自定义函数以实现特定功能。

5. 组合数据集合

在批量处理一组数据时，Python 具有多种组合数据类型，如字符串、列表、元组、字典等。在代码示例 2.2 中，我们用到了字符串这种组合数据类型。例如，如果我们输入的带有货币单位的金额为 100USD，那么程序会将 100USD 以字符串类型赋值给变量 currency。注意，字符串实际上就是一组字符的序列。如果我们想访问字符串中特定位置的字符，可以按照图 2.20 来索引。

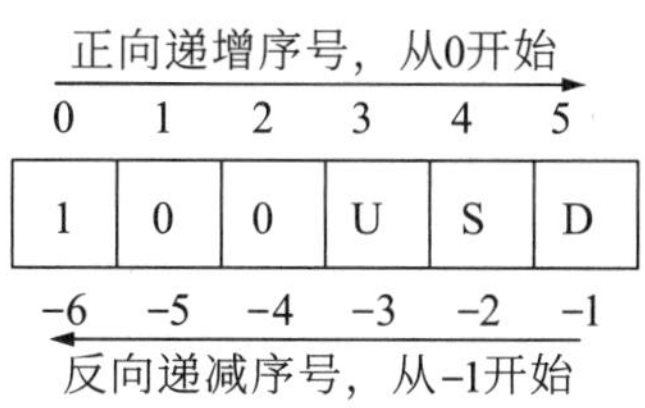

图 2.20　字符串的索引体系

根据图 2.20，currency[3] 表示字符串 “100USD” 从左到右的第 4 个字符（注意正向序号是从 0 开始计数的），即 “U”。currency[–1] 表示字符串 “100USD” 从右到左的第 1 个字符（注意：反向序号从 –1 开始计数），即 “D”。代码示例 2.2 中的 currency[0: –3] 表示字符串 “100”，即从 currency[0] 开始到 currency[–3] 为止组成的字符串（不含 currency[–3]）；currency[–3:] 表示字符串 “USD”，即从 currency[–3] 开始直到字符串末尾组成的字符串。反向递减序号适用于较长的字符串，方便从字符串末尾开始定位。

知识链接

有关字符串索引的详细操作可以参看第 3 章的内容。

6. 顺序结构、分支结构与循环结构

顺序结构、分支结构与循环结构是程序语言的构成结构。在代码示例 2.2 中，第 14 行到第 21 行就是一个分支结构，根据条件判断结果执行不同的指令序列。

以上就是构建 Python 程序的基本元素，我们将在后续章节中详细介绍各基本元素的相关内容。

思考与练习

（1）打开Spyder并熟悉界面，分别使用交互式与文件式模式运行print("Hello World")语句。

（2）使用Python的在线帮助模式查找有关eval()函数的内容。

（3）某证券分析师想提取我国造纸行业所有上市公司近十年的净利润数据并排序。根据程序开发的6个阶段，尝试从多个角度来分析这个问题。

（4）Python程序中的缩进代表什么？为什么我们要在程序中加入空行？

（5）在Python中添加注解的方式有几种？

（6）Python中如何索引字符串中的某个字符或子字符串？

第 3 章　变量与数据类型

学习目标：

- ◆ 理解 Python 中变量赋值的原理。
- ◆ 了解 Python 中同时对多变量赋值的方法。
- ◆ 掌握数据类型的基本分类。
- ◆ 掌握整数类型与浮点类型的基本定义与运算。
- ◆ 熟悉布尔类型的基本定义与运算。
- ◆ 掌握字符串的基本定义与操作。
- ◆ 熟悉不同数据类型之间的相互转化。

3.1　变量的定义与运用

3.1.1　为什么需要使用变量

任何程序都可以分为输入、处理与输出 3 个部分，即 IPO 模式（图 1.1）。当用户输入程序运行所需信息时，计算机通常会先将这些信息读入内存再进行处理。然而，一些输入的信息在后续程序中需要被反复调用。这时我们就必须将输入的信息存储在变量中，以便计算机在下次调用时准确识别。

例如，某项目需要在初期投入 300 万元的研发成本。该项目持续 3 年，预计在第 1 年、第 2 年与第 3 年的年末分别能收到 45 万元、80 万元与 200 万元的回报。假设年化折现率为 10% 且保持不变，该项目是否值得投资？

金融助手

要回答上述问题，不能简单地将未来的现金流流入加总（45 万元 +80 万元 +200 万元）再减去初期投入（300 万元）。由于货币具有时间价值，3 年后的 200 万元并不等于现在的 200 万元，还需要考虑利率的因素。因此，我们必须将每一期的现金流都折现到第 0 期后再进行加总，如图 3.1 所示。

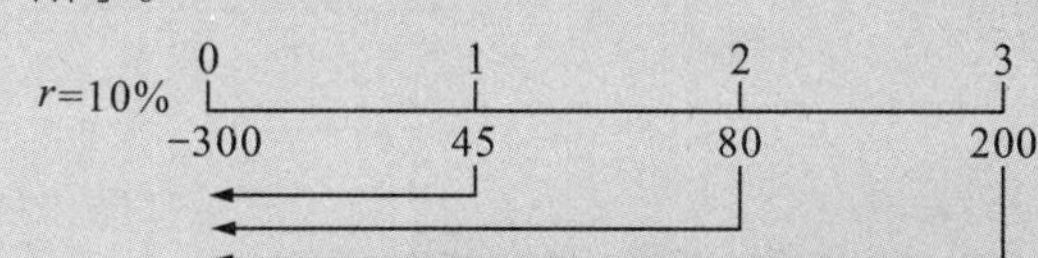

图 3.1　项目现金流折现的示意图

我们需要计算该项目的净现值（Net Present Value, NPV）。净现值是指项目未来流入现金流的现值与流出现金流的现值之间的差额，其公式如下：

$$\mathrm{NPV}=\sum_{t=0}^{N}\frac{\mathrm{CF}_t}{(1+r)^t}$$

其中，CF_t 表示第 t 期的现金流净流入额，N 表示项目的持续期数，r 表示资金的折现率（机会成本）。

当计算出的 NPV 为正数时，说明该项目现金流的净流入现值大于净流出现值，该项目值得投资；反之，若 NPV 为负数，则该项目不值得投资。

若要计算 NPV 值，可以在 Spyder 的 Python 控制台中输入以下表达式后执行[①]：

```
In [1]: -300 + 45/(1+0.1) + 80/(1+0.1)**2 + 200/(1+0.1)**3
Out[1]: -42.71224643125478
```

通过计算，我们发现该项目的 NPV 为负数，不值得投资。

然而，上述表达式在实际操作中是非常不方便的。如果项目的折现率或每期现金流发生改变，那么我们必须手动调整上述表达式的每一项输入后再重新计算，极不方便。引入变量可以有效地解决重复输入问题。

提示

在 Python 中，“**”表示求幂。如 2 ** 10 的结果为 2^{10}=1024。而在大多数程序语言（如 Excel）中，通常用符号“^”表示求幂。在 Python 中，输入 2^10，程序并不会报错，但“^”符号代表别的含义。很多人在调试代码时很容易忽略这个差别导致的错误。

变量可以被多次赋值（这也是我们称其为“变”量的原因），并总将保存最新一次的赋值。于是，在引入变量后，我们就可以随时修改折现率或每期现金流的数值了，而 Python 将始终记录变量的最新赋值。

3.1.2 变量的赋值

我们可以在 Spyder 的编辑区中敲入以下代码，并运行。

【代码示例 3.1】投资项目 NPV 的计算　3.1_NPV.py。

```
"""
编写者：高顿财经研究院
日期：某年某月某日
功能：计算项目净现值
"""

cf0 = -300   # CFn 代表第 n 期的现金流，单位为万元
cf1 = 45
cf2 = 80
cf3 = 200
```

① 后文该类较短代码的输入与试运行均在 Python 控制台（交互窗口）中进行。

```
11  r = 0.1  # r 代表折现率
12
13  npv = cf0 + cf1/(1+r) + cf2/(1+r)**2 + cf3/(1+r)**3
14  if npv >= 0:
15      print(" 该项目可以投资，其 NPV 为：" + str(npv) + " 万元 ")
16  else:
17      print(" 该项目不能投资，其 NPV 为：" + str(npv) + " 万元 ")
```

上述代码的含义如下：我们将 –300、45、80、200、0.1 分别赋给变量 cf0、cf1、cf2、cf3 和 r，将表达式 cf0 + cf1/(1+r) + cf2/(1+r)**2 + cf3/(1+r)**3 计算出来的数值赋给变量 npv，最后根据 npv 值是否大于或等于 0，决定该项目是否值得投资。

相比于之前在交互模式下输入单个表达式计算 NPV，代码示例 3.1 的优点在于：如果现金流或折现率发生变化，我们只需修改输入区域的变量赋值（第 7 行至第 11 行）后运行，就能得到新的 NPV 数值。引入变量使得程序更加灵活，维护起来也更加容易。

知识链接

细心的读者会发现上述程序存在一个缺陷：对于现金流期数暂不确定的项目来说（不一定是 3 期），我们必须引入或删除关于现金流的变量，才能更新程序。学完后续章节中循环（第 7 章）、函数（第 8 章）和列表（第 9 章）等相关知识后，我们就可以改进上述程序。

提示

代码示例 3.1 的第 15 行与第 17 行中的 str(npv)，是为了将 npv 的值由数值型转换为字符串型。转换类型后，print() 语句输出的内容都是字符串，这样才能正常输出，否则程序会报错。我们在本章后续小节会讲述相关知识。

代码示例 3.1 中的第 7 行至第 11 行均是给变量赋值的语句，有关赋值语句有 3 点需要注意。

（1）**赋值语句中的等号“=”与数学中的等号含义不同**，并不代表等式两边相等，而是**指将等式右边的值赋给等式左边的变量**。因此，赋值语句应当从右往左阅读。

（2）在许多编程语言中，必须先定义变量的类型，才能赋值。而在 Python 中，变量类型无须被定义，直接赋值即可，且变量的类型是可变的。

（3）Python 中变量的具体命名规则见后文。我们一般会给变量起有意义且简短的名字，以便于代码阅读。如本例中，cf1 中的 cf 实际上是“cash flow”（现金流）的缩写，1 代表第一期的现金流。如果单纯地按字母表顺序给变量命名，虽然在语法上并没有错误，但代码可读性较差，不利于程序维护。

多数有关程序设计的教材都习惯将变量比喻成盒子，通过赋值语句可以将相应的数值存储在变量盒子中。当再次调用变量时，就相当于从对应的变量盒子里读取数值进行相关操作。如果我们对变量重新赋值，就相当于将盒子中的原始数值擦除后，再放入新的数值。比如，以下两句赋值语句：

```
In [2]: r = 0.1
In [3]: r = 0.05
```

如果把变量看作盒子，那么，可以这样理解：利率变量 r 盒子中原先装着 0.1 的数值，重新赋值（r=0.05）后，变量 r 盒子中存放的数值改为了 0.05，如图 3.2 所示。

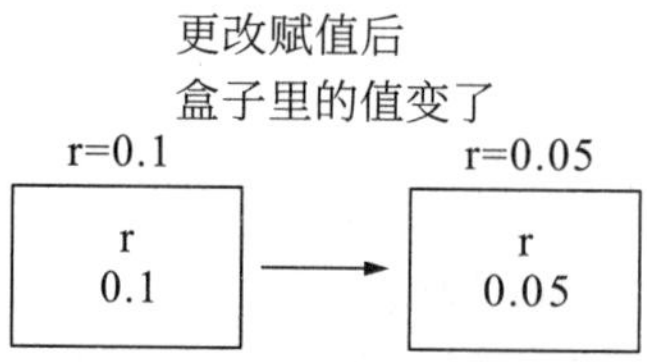

图 3.2　把变量看作盒子

然而，在 Python 中变量的赋值有所不同。**变量更像是便利贴标签**。我们可以想象在计算机的某个区域中存放着变量所有可能的数值，通过赋值语句，我们把变量指向了该数值（或者说我们在该数值所在的存储位置打上了变量名的索引标签）。在这个过程中，当再次调用变量时，我们可以通过变量名索引到该数值，将其读出并进行相关操作。如图 3.3 所示，赋值语句“r=0.1”意味着将数值 0.1 贴上了便利贴标签“r”，随后的赋值语句“r=0.05”相当于把便利贴标签从 0.1 的数值上撕下，贴在了 0.05 的数值上。

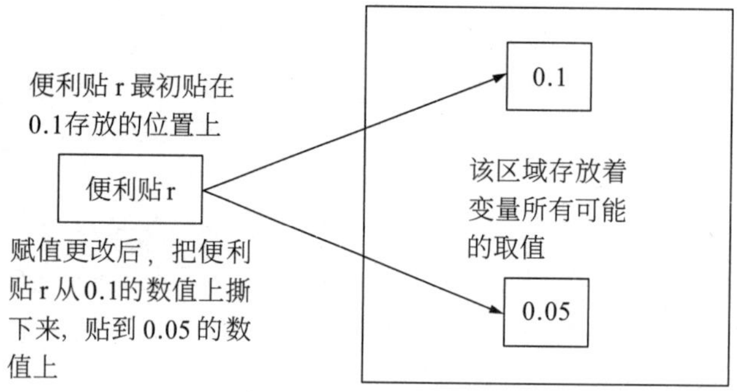

图 3.3　把变量看作便利贴

大家可以试着将以下代码敲入 Spyder 的控制台，运用目前所学的知识预测一下代码运行后 r2 的值是 0.05 还是 0.02。

```
In [4]: r1 = 0.05
In [5]: r2 = r1
In [6]: r1 = 0.02
```

In[4] 语句将数值 0.05 贴上了便利贴 r1。在 In[5] 中，相当于在数值 0.05 上又贴上了便利贴 r2（r2 通过索引 r1 指向了 0.05）。而在 In[6] 中，相当于把 r1 的便利贴从数值 0.05 上撕下来后，又贴在了 0.02 的数值上。此时，如果我们测试 r2 的值应该是 0.05，因为便利贴 r2 仍然贴在 0.05 的数值上，如图 3.4 所示。**注意**，在交互模式下，我们要查看变量 r2 的值，只要在控制台中输入 r2 后按回车键，即可看到。

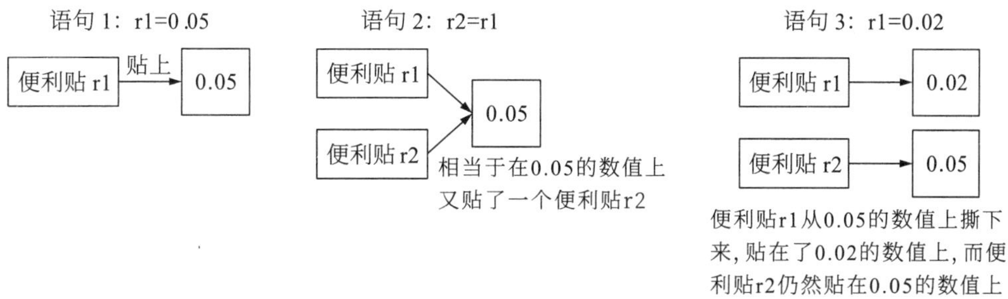

图 3.4　更改赋值的示意图

3.1.3　变量的命名规则

从语法上来说，Python 变量命名有以下 5 条规则需要我们注意：

（1）变量的长度不限。

（2）变量对字母大小写是敏感的。即 r1 与 R1 是两个不同的变量。

（3）变量的开头必须是字母或下划线，后面可以是字母、下划线与数字。如变量名 1c_rate 是不符合命名规则的。（实际上 Python 3 中可以用中文给变量命名，但我们一般不这样做，也不建议用汉语拼音来给变量命名。这样虽然没有语法错误，但会显得很不规范。）

（4）除了字母、下划线与数字之外，变量名中不能包含其他字符。

（5）避免将变量名与 Python 的关键字或函数名重复。例如 print 就不能作为变量名使用。

提示

变量名中不能包含空格，因此我们命名时经常用下划线将单词隔开，如 buy_cash。
此外，我们可以通过语句 dir(__builtins__) 查看 Python 中的内置函数、内置常量和关键字。

提示

虽然在变量名中使用大写字母并不是语法错误，但在 Python 中我们一般习惯用小写字母给变量命名。这是为了与后续章节中的“类”的命名做区分（类的首字母一般大写）。这样，我们在阅读程序时就能一眼辨别出哪些是变量、哪些是类。这都是编写代码的好习惯。

3.1.4　多变量的赋值

与其他语言相比，在 Python 中给多变量赋值非常简单且灵活，见如下语句：

```
In [7]: r1 = r2 = r3 = 0.03
In [8]: cf1, cf2, cf3 = 300, -200, 100
In [9]: del r3
In [10]: r3
Traceback (most recent call last):

  File "<ipython-input-13-fde00fdbbdb0>", line 1, in <module>
  r3

NameError: name 'r3' is not defined
```

在 In[7] 中，我们只用了一行语句就把数值 0.03 同时赋给了变量 r1、r2 与 r3；在 In[8] 中，我们同样只用了一行语句就把 300、-200 与 100 同时赋值给了变量 cf1、cf2 与 cf3。我们可以在 Spyder 辅助区域的变量窗口（Variable explorer）查看变量取值，如图 3.5 所示。善用变量窗口非常有助于调试程序。

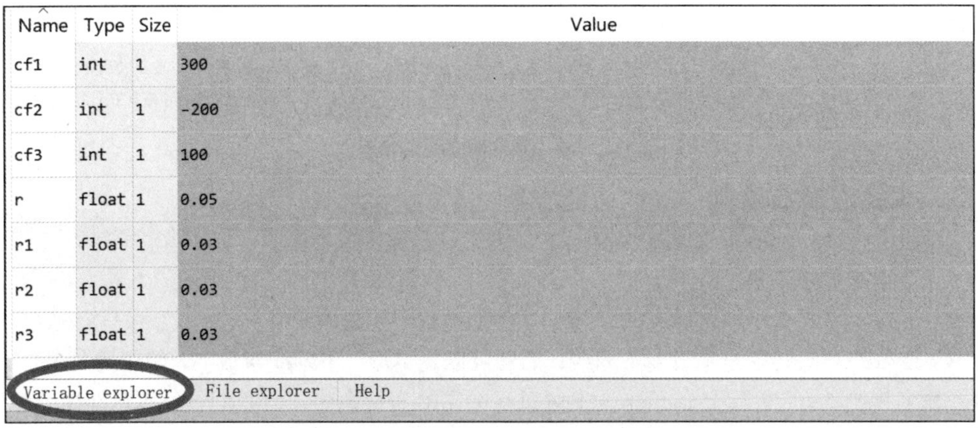

图 3.5 Spyder 辅助区域的变量窗口

在 In[9] 中，我们运用 del 命令删除变量 r3。因此，我们在 In[10] 中输入 r3 会发现 Python 报错：名称 r3 没有被定义（name 'r3' is not defined）。

在 Python 中，交换两个变量的数值也非常方便。接上例，如果我们发现第一期现金流 cf1 与第二期现金流 cf2 的数值输入反了，想要交换变量 cf1 与 cf2 的数值，可以通过下面的 In[12] 语句来完成：

```
In [11]: cf1, cf2
Out[11]: (300, -200)

In [12]: cf1, cf2 = cf2, cf1

In [13]: cf1, cf2
Out[13]: (-200, 300)
```

上述语句中，变量 cf1 的初始值为 300，变量 cf2 的初始值为 -200。执行 In[12] 语句后，两个变量的值发生互换，变量 cf1 的值变为 -200，变量 cf2 的值变为 300。

初学者很容易误以为可以利用以下语句实现两个变量值的互换。

```
In [14]: cf1 = cf2
In [15]: cf2 = cf1
```

但这样做的最终结果将是两个变量的值都是 -200。这是因为 In[14] 语句将 cf2 的值 -200 赋给了 cf1，此时 cf1 的取值变为了 -200。而 In[15] 又将 cf1 的取值 -200（已不是 300 了）赋给了 cf2。因此，最终两个变量的取值均为 -200。有些编程语言解决上述困境的方法是引入一个中间变量 temp，其代码如下：

```
In [16]: temp = cf1
In [17]: cf1 = cf2
In [18]: cf2 = temp
In [19]: cf1, cf2
Out[19]: (-200, 300)
```

上述代码中，我们先将 cf1 的值存入中间变量 temp（In[16]），再将 cf2 的值存入 cf1（In[17]），然后从 temp 中调用原先存放的 cf1 的值并将其赋给 cf2（In[18]）。而在 Python 中，上述三行代码只需一行就可以实现，省去了为存放中间变量 temp 的值分配空间的步骤。从本例中，我们可以再次体会 Python 语言的简洁性与易读性。

3.2 数据类型：数字

3.2.1 数字的基本类型

Python 中的基本数据类型包含数字类型与字符串类型，我们先来介绍数字类型。顾名思义，计算机最早问世时其主要功能之一就是用于数字计算。在 Python 中，**数字类型可分为 3 种——整数（int）、浮点数（float）和复数，分别对应数学中的整数、实数和复数**。在金融编程中，我们最常处理的是整数和浮点数类型，复数类型极少涉及。

1. 整数类型

Python 中的整数类型与数学中的整数概念类似，唯一不同之处在于：数学中整数的取值范围是 $[-\infty, +\infty]$，而在计算机中整数的取值范围一般是受限于计算机中央处理器（CPU）的。以现在典型的 64 位 CPU 为例，其可涵盖 2^{64} 种可能。如果以数字 0 为中心左右对称分布正整数与负整数，那么其整数取值范围应该是 -2^{63} 到 $2^{63}-1$（减 1 是因为非负整数包括 0）。然而，实际上 Python 3 可以处理的整数是超过上述范围的。读者可以在 Spyder 交互模式下输入命令 pow(2,300)（代表求值 2^{300}），计算机不会报错或得到错误结果。这是因为新版本的 Python 在处理较大整数上运用了更优的算法，因此多数情形下我们可以认为 Python 中的整数类型没有取值范围限制（极其大值除外）。

2. 浮点数类型

在 Python 中，带小数的数字即浮点数，其概念与数学中的实数类似。上文适用于整数的运算均适用于浮点数。

> **提示**
>
> 在有些编程语言中，还会将浮点数进一步分为短精度与长精度两种类型，这主要与小数存储精度有关，但在 Python 中不做这种区分。

我们知道，在数学中实数集是包含整数集的，那么，为什么计算机中需要单独设置整数类型呢？把所有数字都按照浮点类型存储不是更方便吗？这是因为在计算机内部，整数运算比浮点数运算快得多。因此，**在进行程序设计时，应该尽可能地使用整数**。此外，在 Python 中，整数类型总是精确的，而在使用浮点数进行运算时，得到结果的小数位数是不确定的，如下例所示：

```
In [20]: 0.2 + 0.1
Out[20]: 0.30000000000000004

In [21]: 0.2 + 0.3
Out[21]: 0.5
```

上例中，0.2 + 0.1 的运算结果不是 0.3，而是 0.300 000 000 000 000 04；而 0.2 + 0.3 的运算结果又正常显示为 0.5。这是因为在计算机内部，浮点数难以被精确表示，总会产生一些小的误差。

提示

使用浮点数一般都会产生舍入误差，一般情况下不用特别在意这个误差。但在判断两个浮点数是否相等时，就需要考虑误差的影响。例如，如果我们要判断 0.1+0.2 是否等于 0.3，上面的代码就会给出否定的结果。判断两个浮点数是否相等，往往通过判断这两个浮点数的差是否小于某个阈值（比如 0.000 000 000 1）来实现。

浮点数还能通过科学记数法来表示，如下例：

```
In [22]: 3.14e7
Out[22]: 31400000.0

In [23]: 2.718e-3
Out[23]: 0.002718
```

上例中，e 代表科学记数法，即以 10 为基数求幂。例如，3.14e7 表示 3.14×10^{7}，2.718e−3 表示 2.718×10^{-3}。

3.2.2 数字类型的基本操作

1. 数字类型的内置运算符与运算优先级

数字类型的内置运算符是指无须调用标准库或第三方库，可直接由 Python 解释器运行的运算操作符，常用的有 7 种，其含义与通常的数学习惯基本一致，如表 3.1 所示。

表 3.1 常用的 Python 内置数值运算符

操作符	含义	示例
+	加法	In [24]: 20 + 5 Out[24]: 25 In [25]: 20 + 5.0 Out[25]: 25.0
−	减法	In [26]: 20 − 5 Out[26]: 15
*	乘法	In [27]: 3 * 4 Out[27]: 12

续表

操作符	含义	示例
/	浮点除法	In [28]: 10 / 4 Out[28]: 2.5 In [29]: 9 / 3 Out[29]: 3.0
//	整数除法	In [30]: 10 // 4 Out[30]: 2
%	取余	In [31]: 9 % 4 Out[31]: 1 In [32]: 2.5 % 0.2 Out[32]: 0.09999999999999987
**	求幂	In [33]: 2 ** 3 Out[33]: 8

表 3.1 中有几点需要注意：

（1）如果表达式涉及整数与浮点数的混合运算，那么输出结果的类型是浮点数。如表 3.1 中，20 + 5 的运算结果是整数 25，而 20 + 5.0 的运算结果则是浮点数。

（2）浮点除法：Python 3 中是严格区分浮点除法与整数除法的。**“/”代表浮点除法，总是返回一个浮点数**。在表 3.1 中，即便 9 / 3 的运算结果在数学上是整数，在 Python 中的结果也是浮点数 3.0。

（3）整数除法：**“//”代表整数除法，总是返回一个整数**。在表 3.1 中，浮点除法下 10 / 4 的运算结果是 2.5，而整数除法下 10//4 的运算结果则是 2（2.5 向下取整，而不是四舍五入）。这里需要特别指出的是，如果在 Python 2 中，上例 10 / 4 得到的运行结果是 2 而不是 2.5。这是因为，在 Python 2 中，默认两个整数相除得到的结果也是整数。如果在 Python 2 中进行整数相除的运算，且想得到与 Python 3 浮点除法一样的结果，解决方法是在控制台输入 10.0 / 2。由于 10.0 是浮点数，计算结果也会是浮点数 2.5。这是 Python 2 与 Python 3 最重要的区别之一，读者应当注意。

（4）取余运算：由于 9 = 4 × 2 + 1，故 9 % 4 的运算结果是 9 除 4 的余数，为 1。实际上综合运用整数除法与取余运算有 9 = 9 // 4 + 9 % 4。也可以对小数进行取余运算，其原理类似。取余运算常用在金融编程中，尤其适用于具有周期规律的场景。

（5）幂运算：幂运算符是 **，而不是 ^。

跟数学中的运算顺序一样，幂运算的优先级高于乘法和除法，而乘法和除法的优先级又高于加法和减法。在 Python 中，使用小括号 () 可以改变运算顺序，Python 将优先运行小括号中的表达式，如下所示：

```
In [34]: 1 + 3 * 2 ** 2
Out[34]: 13

In [35]: (1 + 3) * 2 ** 2
Out[35]: 16

In [36]: ((1 + 3) * 2) ** 2
Out[36]: 64
```

在 In[34] 中，计算顺序为先计算 2**2=4，然后计算 3*4=12，最后得到 1+12=13。而在 In[35] 中，小括号改变了运算顺序：先计算（1＋3）=4，然后计算 2**2=4，最后得到 4*4=16。

在数学中，中括号 [] 和大括号 {} 同样可用于改变运算顺序。但在 Python 中，中括号和大括号并不能用于改变运算顺序。如果要多次改变运算顺序，可以将小括号嵌套使用。在 In[36] 中，优先计算最里面的小括号（1＋3）=4，然后计算第二层级的小括号 4*2=8，最后得到 8 ** 2=64。

2. 数字类型的内置运算函数

除了运算的操作符，Python 还提供了一些与数值运算相关的函数。表 3.2 给出了一些常用的内置数值运算函数。

表 3.2 常用的 Python 内置数值运算函数

内置数值运算函数	含义	示例
abs(x)	绝对值	In [**37**]: abs(−20) Out[**37**]: 20
pow(x,y)	求幂	In [**38**]: pow(2,4) Out[**38**]: 16
round(x,[n]) [] 表示可缺省的参数（实际输入时不用加 [] 符号），缺省默认保留 0 位小数	四舍五入	In [**39**]: round(3.1415926) Out[**39**]: 3 In [**40**]: round(3.1415926,3) Out[**40**]: 3.142
max(x_1, x_2, $\cdots$, x_n)	最大值	In [**41**]: max(3,2,3,4,12) Out[**41**]: 12
min(x_1, x_2, $\cdots$, x_n)	最小值	In [**42**]: min(3,2,2,4,5) Out[**42**]: 2

提示

事实上，Python 中的 round() 函数并不是严格意义上的四舍五入。例如，round(3.15,1) 的结果就是 3.1，round(3.1500000001,1) 的结果就是 3.2。但是，我们可以近似地认为该函数四舍五入。

3. 调用 math 库进行数值计算

仅依靠表 3.1 与表 3.2 提供的内置运算符和内置运算函数无法完成复杂的金融计算。本节我们介绍一个 Python 内置的数学类函数库——math 库。math 库包含大量常用的数学函数和数学常数。这里我们列举部分金融编程中常用的函数和常数，如表 3.3 所示。

表 3.3 math 库中常用的函数与常数

函数 / 常数	数学含义	描述
math.pi	π	圆周率 π 的近似值
math.e	e	自然数 e 的近似值

续表

函数 / 常数	数学含义	描述
math.factorial(x)	$x!$	对 x 求阶乘
math.exp(x)	e^x	对 e 求 x 次幂
math.sqrt(x)	$x^{1/2}$	对 x 开平方
math.ln(x)	$\ln x$	x 的自然对数，以 e 为底数
math.log10(x)	$\log_{10}x$	x 的常数对数，以 10 为底数
math.ceil(x)		$\geqslant x$ 的最小的整数
math.floor(x)		$\geqslant x$ 的最大的整数

表 3.3 中的函数不能直接使用，必须在调用 math 库后才能使用，调用 math 库的语句是 “import math”，如下例 In[43] 所示：

```
In [43]: import math

In [44]: math.sqrt(math.factorial(3))
Out[44]: 2.449489742783178

In [45]: pow(6,1/2)
Out[45]: 2.449489742783178
```

知识链接

有关库的调用将在第 11 章中详细介绍。

3.2.3　布尔类型

1. 布尔类型的定义

布尔类型属于数字类型的子类型，常用于判断条件的真假。布尔类型的变量只可能有两种取值：True（真）或 False（假）。布尔类型的变量常用于判断条件是否满足。如下例所示，我们可以直接创建一个名为 buy_signal 的布尔类型变量，其初始值为 False。如果市场产生买入信号，我们就将其值更改为 True，并执行相关买入交易。

```
In [46]: buy_signal = False

In [47]: stock_pctch = 0.06  # 表示当日股价涨幅

In [48]: buy_signal = stock_pctch > 0.03

In [49]: buy_signal
Out[49]: True
```

在上例中，buy_signal 的初始值为 False。如果当日股价涨幅超过 3%，代表市场产生了强烈的买入信号，我们将 buy_signal 的布尔值改为 True，并执行相关买入操作。其中，stock_pctch 代表当日股价涨幅。stock_pctch > 0.03 为一个判断表达式，我们将判断的结果赋予变量 buy_signal。由于 stock_pctch 取值为 0.06，大于 0.03，故该表达式判断结果为 True，buy_signal 变量取值从 False 变为了 True。

提示

布尔值的取值首字母必须大写，如 True 或 False。在上例 In[46] 中，当给 buy_signal 变量赋值时，必须输入 False，而不是 false。否则，Python 会将 false 识别为变量名，并报错。

比较运算符（如 > 和 <）的运算优先级是高于赋值运算符（=）的。故在 In[48] 中，Python 先计算 stock_pctch > 0.03，得到结果 True 后，再将其值赋予变量 buy_signal。

2. 布尔类型的运算

布尔类型的变量可以进行“且”（and）、“或”（or）以及“非”（not）等运算。这些运算统称为逻辑运算。

我们可以将布尔类型变量比喻为信号灯的开关，开关打开时取 1（代表 True），开关关上时取 0（代表 False）。且（and）运算就代表两个信号灯开关是串联的，只有两个信号灯的开关都打开时，信号灯才能亮；或（or）运算代表两个信号灯开关是并联的，只要打开一个开关，信号灯就能亮；非（not）运算代表改变开关状态，当原来是开状态的开关经过或运算后就变为闭合了，反之亦然。如图 3.6 所示。

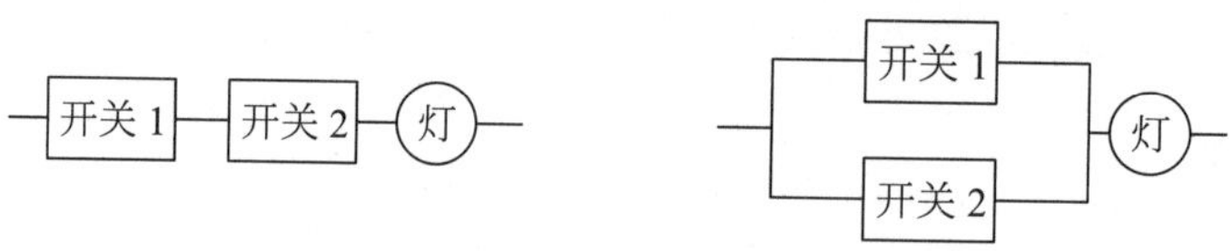

图 3.6　布尔类型示意图

我们通过以下例子来具体理解布尔类型。

```
In [50]: signal_1 = True

In [51]: signal_2 = False

In [52]: buy_signal = signal_1 and signal_2

In [53]: buy_signal
Out[53]: False

In [54]: buy_signal = signal_1 or signal_2

In [55]: buy_signal
Out[55]: True
```

```
In [56]: not signal_1
Out[56]: False

In [57]: not signal_2
Out[57]: True
```

在上例中，我们定义的两个信号变量 signal_1 与 signal_2，分别代表两个判断是否买入的条件。

（1）在 In[52] 中，我们对两个变量进行且（and）运算，并将运算结果赋予了变量 buy_signal。这段代码的含义：**只有**当两个信号**同时为真时**，才意味着市场发出了真正的买入信号。本例中，由于 signal_1 取值为真，而 signal_2 取值为假，并不同时为真，故最终 buy_signal 的取值为假。

（2）在 In[54] 中，我们对两个变量进行或（or）运算，并将运算结果赋予了变量 buy_signal。这段代码的含义：**只要**两个信号**有一个为真时**，就意味着市场发出了真正的买入信号。本例中，由于 signal_1 取值为真，故或（or）运算的结果就为真，最终 buy_signal 的取值为真。

（3）在 In[56] 与 In[57] 中，我们分别对两个变量进行非（not）运算。非运算相当于取反运算，把真变为假，把假变为真。signal_1 的取值原为真，非运算后为假；signal_2 的取值原为假，非运算后为真。

在各种情况下，布尔类型变量的逻辑运算总结如表 3.4 所示。

表 3.4　布尔类型变量的逻辑运算

运算		运算结果
and 运算	True and True	True
	True and False	False
	False and True	False
	False and False	False
or 运算	True or False	True
	True or True	True
	False or True	True
	False or False	False
not 运算	not False	True
	not True	False

3.3　数据类型：字符串

3.3.1　字符串的基本定义

文本处理是个人计算机最常见的功能之一，同时是金融编程无法绕开的问题。文本在计算机程序中是通过字符串的形式来呈现的，因此我们介绍的第二种数据类型是字符串。在 Python 中，**字符串就是一个字符序列，通常在其前后加单引号或双引号（单引号或双引号必须配对出现）**，如下例：

```
In [58]: name = " 浦发银行 "

In [59]: code = '600000'

In [60]: name
Out[60]: ' 浦发银行 '
In [61]: code
Out[61]: '600000'

In [62]: print(name + ' 的代码为 :"' + code + '"')
浦发银行的代码为 :"600000"

In [63]: print(name + " 的代码为 :"" + code + """)
浦发银行的代码为 : + code +

In [64]: '''
    ...: 您持有的股票：浦发银行
    ...: 浦发银行的对应代码为：600000
    ...: '''
Out[64]: '\n 您持有的股票：浦发银行 \n 浦发银行的对应代码为：600000\n'
```

上例代码中，需要注意以下几点：

（1）在实际操作中，有时我们需要使用数字字符（如股票代码、客户身份证号），以避免对其进行数学运算操作。本例中，我们给变量 code 的赋值是字符串 600000，而不是代表数字 60 万。在 In[61] 与 Out[61] 的交互中，Python 将 600000 放在单引号中来显示，以提示我们其为字符串而不是数字（但在实际打印中，这对单引号是不会被打印出来的）。在 print() 语句中，我们可以用加号（+）将不同字符串拼接起来后打印。name 和 code 是赋值类型为字符串的变量，所以不用再加单引号或双引号。如果是直接在 print() 语句中输入字符串则需要加单引号或双引号。

（2）如果要在字符串中显示引号，则必须**交替使用**单引号或双引号。如 In[62] 中，' 的代码为 :"' **表示两个单引号之间的内容均为字符串，包括其中的双引号**。而 In[63] 中，把单引号替换成了双引号，Python 会无法正确定位字符串开始与结束的位置。从实际结果来看，Python 将相邻的双引号配对，即将这段代码理解为三个字符串的相连: " 的代码为 :"、" + code + " 与 ""（表示空字符串）。因此 code 被当作字符串而不是代码输出。

（3）与 C、C++ 语言不同，Python 中无须事先定义变量 name 为字符型，就可以把字符串“浦发银行”赋给它。在 Python 中，我们可以随时改变变量的类型，如将数值 5 赋值给变量 name，程序也不会报错。这一特点让 Python 编程更加灵活，但 Python 也因为类型更改过于容易遭到一些诟病。

（4）在 Python 中，一般习惯于一行的内容超过 80 个字符时采用换行显示（非语法要求，只是为了便于阅读）。我们可以用成对的三引号（三个单引号或三个双引号）来实现换行显示，见 In[64]。注意，在交互模式下，In[64] 中的 ...: 是计算机的提示，而不是我们输入的内容；Out[64] 中的 \n，实际上代表回车键，属于转义字符，本章后文会详细解释。

提示

注意，表示字符串时，**单引号或双引号必须是英文的符号，而不是中文的符号**，否则会出现报错。

3.3.2　字符串的基本操作

在 Python 中，我们可以对字符串进行以下基本操作，如表 3.5 所示。

表 3.5　Python 字符串的基本操作

操作符	含义	示例
+	拼接	In [**65**]: " 股票名称 " + " 股票代码 " Out[**65**]: ' 股票名称股票代码 '
*	重复	In [**66**]: " 股票名称 " * 3 Out[**66**]: ' 股票名称股票名称股票名称 '
str[i]	索引	In [**67**]: " 股票名称 "[2] Out[**67**]: ' 名 '
str[i:j]	切片	In [**68**]: " 股票名称 "[0:2] Out[**68**]: ' 股票 '
x in str	判断 x 是否为 str 的子串	In [**69**]: " 股票 " in " 股票名称 " Out[**69**]: True In [**70**]: " 代码 " in " 股票名称 " Out[**70**]: False

通过表 3.5 第三列的示例不难看出五个操作符的基本含义：字符串的加号 + 表示将加号前后的字符串相连接；乘号 * 代表将字符串重复一定的次数；我们可以对字符串像第 2 章图 2.20 所示那样进行索引和切片；x in str 表示判断 x 是否为字符串 str 的子串，如果是，则返回 True（真），如果不是，则返回 False（假）。

3.3.3　字符串的内置函数

在金融编程中，我们主要使用的 Python 字符串内置处理函数是 len()，见下例：

```
In [71]: len(" 代码 sz000001")
Out[71]: 10
```

上例中，细心的读者不难发现，In[71] 中的中文字符也只算 1 个字符（而不是 2 个）。这是因为 Python 3 中字符串是按照 Unicode 编码的。由于金融编程中通常不涉及字符串编码的相关知识，这里就不对 Unicode 的编码及相关内置函数展开介绍了。

3.3.4　字符串的内置方法

Python 中有关字符串的内置方法有 40 多个，我们这里仅选取金融编程中常用的几个进行介绍。

1. 修改大小写

在金融编程实际操作中，人们输入的数据往往不会十分规整，数据必须经过整理后才能进一步使用。

在处理英文文本时，经常会涉及字符串大小写转变的操作，如下例：

```
In [72]: company = "merrill Lynch"

In [73]: print(company.upper())
MERRILL LYNCH

In [74]: print(company.lower())
merrill lynch

In [75]: print(company.title())
Merrill Lynch

In [76]: print(company)
merrill Lynch
```

上例中，在给变量 company 命名时，前后两个单词大小写没有统一，这种情况在实际操作中很常见。假设我们在运行程序时希望忽略这些大小写差异，则将 Merrill Lynch、Merrill lynch 与 merrill Lynch 当作同一用户名进行处理，并以统一的形式显示。

例如，字符串的 title() 方法可以将字符串中的所有单词变为“首字母大写，其他字母小写”的形式。在 In[75] 中，company.title() 中的“.”**号表明将对变量 company 执行 title() 方法**。需要指出的是，title() 方法后跟着一对括号。这是因为，有的方法需要输入一些参数才能完成相关操作，而此例中 title() 方法不需要输入额外的参数。

类似地，upper() 和 lower() 方法可将字符串中的字母全部转换为大写或小写。注意，无论 title()、upper() 还是 lower() 都不会改变非字母字符。

提示

注意，虽然 title() 方法产生了一个新的字符串，但该方法并没有将改变后的值赋给变量 company。因此，在 In[76] 中，print(company) 语句的输出结果仍然是 merrill Lynch。要永久地改变显示形式，必须将方法的操作结果赋予原先的变量 company。

2. 字符的替换

字符串中字符的替换是常见的操作。如下例中，在输入数据时，我们误将代码为“000001”的股票归入了沪市。我们可以利用 replace() 方法用 sz 替换 sh，并把替换后的结果赋值给 code。注意，这里的 replace() 方法的括号中就包括两个参数，第一个参数代表要被替换的字符，第二个参数代表替换后的字符。

```
In [77]: code = 'sh000001'

In [78]: code = code.replace('sh', 'sz')

In [79]: print(code)
sz000001
```

3. 增加与删除空白

在字符串操作中，为了显示上的美观或格式上的要求，往往需要新增空白或删除空白。我们可以利用制表符或换行符实现新增空白。

在 Python 中，插入制表符或换行符是通过转义字符 \n 与 \t 来实现的。转义字符利用反斜杠“\”将一些难以显示的字符放入字符串中。如下例中，我们利用 \n\t 让 Python 实现换行并在下一行开头添加一个制表符。这样 print() 语句打印出来的内容就比较美观。

```
In [80]: print(" 您的持仓股票代码为 :\n\tsh600001\n\tsz000001\n\tsh600002")
您的持仓股票代码为 :
	sh600001
	sz000001
	sh600002
```

提示

在 print() 语句中，双引号内的 \n 与 \t，不会直接按照 \n 与 \t 输出。Python 会在遇到反斜杠时将其理解为转义字符打印输出。如果真的要打印输出一个反斜杠“\”，必须在 print() 语句中使用转义字符“\\”，以实现打印输出一个“\”的效果。不要小看这个细节，这在我们输入文件地址读写文件的过程中是个很容易犯错的地方。

提示

如果我们直接在 Spyder 的交互模式中输入 " 您的持仓股票代码为 :\n\tsh600001\n\tsz000001\n\tsh600002"，则 \n 与 \t 只会原样显示。只有在用 print() 语句打印字符时，转义字符才会影响字符串的显示形式。

我们在金融编程中常用的转义字符如表 3.6 所示。

表 3.6　常用的转义字符

转义字符	功能
\\	反斜杠
\t	制表符
\n	换行符

续表

转义字符	功能
\'	单引号
\"	双引号
\r	回车符

要删除字符串中的一些空格，我们可以利用 strip()、rstrip() 与 lstrip() 来实现。其中，strip() 方法可以同时删除字符串首尾的空格，rstrip() 方法可以删除字符串末尾的空格，lstrip() 可以删除字符串开头的空格。这几个看似不起眼的函数在清洗原始数据时非常好用。我们看一个例子：

```
In [81]: code = ' sz000001 '

In [82]: print('This stock\'s code is:"' + code.strip() + '".')
This stock's code is:"sz000001".

In [83]: print('This stock\'s code is:"' + code.rstrip() + '".')
This stock's code is:" sz000001".

In [84]: print('This stock\'s code is:"' + code.lstrip() + '".')
This stock's code is:"sz000001 ".
```

提示

上述代码中，' This stock\'s code is:"' 的输出结果是 This stock's code is:"。通过利用转义字符与交替使用单引号、双引号，我们在一个字符串中同时打印输出了单引号与双引号。

4. 字符串的拆分与合并

如果想要将一个字符串拆分成多个字符串，可以使用 split() 方法。这里需要指出的是，split() 方法返回的结果是一个列表（list）。在下例中，date.split('/') 表示将 date 中的字符串以斜杠 "/" 为分隔符拆分。将日期字符串拆分后，相当于我们分别提取出了年、月、日字符串，可作他用。作为 split() 的反向操作，我们可用 join() 方法再将年、月、日连接起来，见 In[88]。

```
In [85]: date = "2018/11/11"

In [86]: date1 = date.split('/')

In [87]: date1
Out[87]: ['2018', '11', '11']

In [88]: "/".join(date1)
Out[88]: '2018/11/11'
```

在 In[88] 中，join 函数仅将 "/" 插入字符串之间，而第一个字符串之前和最后一个字符串之后是不插入 "/" 的。

知识链接

变量 date1 中的数据是以列表的形式存放的，有关列表的具体介绍可参见第 9 章的相关内容。

提示

如果在 split() 函数中不指定分隔符，则 Python 将默认以空格为分隔符，并将连续出现的空格合并。读者可自行在交互模式下尝试以下语句并预测结果：join(" ")."I　love\t Gaodun".split()。

5. 字符串开头与结尾的判断

想要判断子串是否位于字符串的某一具体位置，可以使用 startswith() 方法与 endswith() 方法。如下例，我们用 startswith() 方法判断某只股票是否为 *ST 股票。

金融助手

在我国，ST 股票是指境内上市公司经营连续两年亏损，被特别处理的股票；*ST 股票是指境内上市公司经营连续三年亏损，被退市风险警示的股票。

```
In [89]: "*ST 宝鼎 ".startswith("*ST")
Out[89]: True

In [90]: "*ST 宝鼎 ".startswith("ST")
Out[90]: False

In [91]: "*ST 宝鼎 ".startswith("ST",1)
Out[91]: True
```

上例中，In[89] 表示判断字符串 "*ST 宝鼎 " 是否以 *ST 开头，如果是，则返回 True，如果不是则返回 False。In[90] 判断 "*ST 宝鼎 " 是否以 ST 开头，返回 False。endswith() 方法的操作与此类似。

提示

这里需要注意的是 In[91]，startswith() 的第二个参数为 1，指的是以 "*ST 宝鼎 " 字符串索引的位置作为开头进行判断，故返回值为 True，而不是 False。

3.4　数据类型的相互转换

3.4.1　查看数据类型

我们可以使用 type() 函数查看变量或数据的数据类型，如下例所示：

```
In [92]: stock_code = "600000"

In [93]: signal = True

In [94]: price = 103.0

In [95]: type(stock_code)
Out[95]: str

In [96]: type(signal)
Out[96]: bool

In [97]: type(price)
Out[97]: float
```

3.4.2 整数与浮点数之间的转换

float() 函数可以将一个整数转换为浮点数，如下例所示：

```
In [98]: price = 100

In [99]: type(price)
Out[99]: int

In [100]: price = float(price)

In [101]: type(price)
Out[101]: float
```

int() 函数可以将浮点数转换为整数，如下例所示：

```
In [102]: price = 10.5

In [103]: type(price)
Out[103]: float

In [104]: price = int(price)

In [105]: type(price)
Out[105]: int
```

int() 方法在将浮点数转换为整数时，直接将小数点后的数字舍去了。

3.4.3　整数、浮点数与布尔类型之间的转换

对一个布尔类型变量使用 int() 函数可以将其转换为整数。具体而言，False 将被转换为 0，True 将被转换为 1，如下例所示：

```
In [106]: int(False)
Out[106]: 0

In [107]: int(True)
Out[107]: 1
```

我们可以利用 bool() 函数将数字或字符串转化为布尔类型。值得指出的是，任何非零数字转换为布尔类型后取值均为 True，反之则为 False；任何非空字符串转换为布尔类型后取值均为 True，反之则为 False。如下例所示：

```
In [108]: bool(1 > 2)
Out[108]: False

In [109]: bool(3)
Out[109]: True

In [110]: bool(0)
Out[110]: False

In [111]: bool("gaodun")
Out[111]: True

In [112]: bool("")
Out[112]: False
```

上例中，"" 表示空字符串，不包含任何字符，类似于数学中空集的概念。

提示

尽管 bool() 函数可以将任何非零的数字转换为 True，但在设计程序时，应尽量避免对除 0、1 以外的数字使用 bool() 方法。因为，bool(2.98) 这样的语句在通常情况下是没有实际意义的。

3.4.4　数字与字符串之间的转换

str() 函数可以将数字转换为字符串。如下例所示：

```
In [113]: str(1.2)
Out[113]: '1.2'
```

在实际操作中，很多人会犯类似下例的错误：

```
In [114]: price = 10

In [115]: stock_name = " 平安银行 "

In [116]: print(stock_name + " 的股价为 " + price + " 元 ")
Traceback (most recent call last):

    File "<ipython-input-93-fc725c63e41d>", line 1, in <module>
    print(stock_name + " 的股价为 " + price + " 元 ")

TypeError: can only concatenate str (not "int") to str

In [117]: print(stock_name + " 的股价为 " + str(price) + " 元 ")
平安银行的股价为 10 元
```

在上例中，In[116] 中 print() 语句报错。其主要原因是 price 是整数型变量，不能直接与字符串拼接打印。在 In[117] 中，我们通过 str(price) 将其转换为字符串后就能顺利打印了。

对一个字符串使用 int() 方法或 float() 方法，可以将其转换为整数或浮点数。然而，如果这个字符串本身并不表示数字，则不能将其转换为整数或浮点数。同样，如果试图将一个表示浮点数的字符串转换为整数，也会出现错误。如下例所示：

```
In [118]: int('1')
Out[118]: 1

In [119]: float('1.2')
Out[119]: 1.2

In [120]: float('sh600001')
Traceback (most recent call last):

    File "<ipython-input-80-7957074a44c7>", line 1, in <module>
    float('sh600001')

ValueError: could not convert string to float: 'sh600001'

In [121]: int('1.3')
Traceback (most recent call last):

    File "<ipython-input-81-8bf03157993e>", line 1, in <module>
    int('1.3')

ValueError: invalid literal for int() with base 10: '1.3'
```

3.5　案例：计算资金的时间价值

在这一小节，我们尝试利用目前学到的 Python 语句来计算资金的时间价值。该程序完整的代码如下：

【代码示例 3.2】计算货币的时间价值　3.2_TimeValue.py。

```
"""
编写者：高顿财经研究院
日期：某年某月某日
功能：在不同条件下计算现金流的 FV、PV 与 EAR
"""

# 已知 PV、折现利率与期限计算 FV
pv = 100  # 现值
rate = 0.1  # 折现利率
T = 10  # 投资期限

fv = pv * (1 + rate) ** T  # 计算终值
print("FV 值为：", fv)

# 已知 FV、折现利率与期限计算 PV
fv = 100  # 终值
rate = 0.1  # 折现利率
T = 10  # 投资期限

pv = fv / (1 + rate) ** T  # 计算现值
print("PV 值为：", pv)

# 已知报价利率计算有效年利率
sar = 0.03  # 报价利率（Stated Annual Rate, SAR)
m = 12  # 付息次数

ear = (1 + sar/m) ** m – 1  # 计算有效年利率 (Effective Annual Rate, EAR)
print(" 有效年利率为：", ear)
```

该程序运行后的输出结果如下：

```
In [122]: runfile('C:/Users/Gaodun/Desktop/python 教程 /python 教材 / 代码实例 /3.2_TimeValue.py',
wdir='C:/Users/Gaodun/Desktop/python 教程 /python 教材 / 代码实例 ')
FV 值为： 259.3742460100002
PV 值为： 38.55432894295314
有效年利率为： 0.030415956913506736
```

我们先来看程序的主体部分。

代码示例 3.2 中的第 1 行至第 5 行为程序的文档说明。

代码示例 3.2 中的第 8 行至第 13 行是实现计算终值（Future Value, FV）的功能。计算终值需要的已知变量：现值（Present Value, PV）、利率（Rate）和期数（T）。我们通过第 8 行至第 10 行来定义这些变量，并赋予它们初始值。虽然程序相对简单，但我们在赋值时必须写清楚注释，以方便他人使用。

第 12 行至第 13 行是根据已知条件计算终值，并将其显示出来。将现值按利率复利到 T 期期末即为终值。第 12 行使用了幂运算，幂运算的优先级高于乘法。因此，程序会先进行幂运算，再进行乘法运算，这和我们想要表达的运算顺序是一致的。

值得注意的是，第 10 行的代码与第 12 行的代码之间（即第 11 行）空了一行，第 8 行至第 10 行是初始输入变量赋值区域，第 12 行至第 13 行是运行并输出区域。空行是为了方便阅读与维护程序，编程初学者应养成这种习惯。

代码第 15 行至第 21 行用于实现利用终值计算现值的功能。这段代码与前面求 FV 的代码之间空了一行，代表实现的功能不同，并专门用了一行注释写明其要实现的功能。这段代码与计算终值的代码很相似，只不过其中的乘法变成了除法。

最后，我们编写根据报价利率（SAR）计算有效年利率（EAR）的代码（第 23 行至第 28 行）。我们需要先声明的变量为报价利率和每年付息次数（m）。

金融助手

报价利率与有效年利率之间的关系如下。例如，银行报价利率为 12%，每个月计息 1 次。按照报价利率，银行每个月的计息期利率为 12%÷12=1%。那么，投资者的初始投资在 1 年内将按 1% 的利息复利 12 次，1 元投资在扣除本金后获得的利息总额为 $(1+1\%)^{12}-1$。这就是有效年利率。一般地，有效年利率的公式：

$$\mathrm{EAR}=\left(1+\frac{\mathrm{SAR}}{m}\right)^{m}-1$$

思考与练习

（1）如果想要存储某个股票的某日成交量与成交额，最合适的数据类型分别是什么？

（2）如果想要存储6位数的股票代码，最合适的数据类型是什么？

（3）尝试写出以下4个表达式的运行结果、编写程序，看一看程序的运行结果与你所写的是否一致。

```
6*6
'6'*6
6*'6'
'6'*'6'
```

（4）尝试写出以下2个表达式的运行结果，注意操作符的运算优先级顺序。

```
50 // 2 ** 4 + 3 % 2
5 * 2 ** (3 % 2) / 8
```

（5）给定以下初始化语句：

```
code = "002582 "
name = " 好想你 "
```

尝试判断以下表达式的求值结果：

name[1:] + code[:-2]

2 * code + 3 * name

code.strip() + name.lstrip()

（6）如果想要截取字符串"love Gaodun"的子字符串"Gaodun"，用切片"love Gaodun"[5:10]是否正确？如果不正确，该怎么截取？尝试分别输入"love Gaodun"[5:11]，"love Gaodun"[5:20]，"love Gaodun"[5:]，"love Gaodun"[5:-1]，"love Gaodun"[5:0]，结果是什么？

（7）尝试将以下二次函数的求根公式写成Python代码的形式，并赋值求解。

$$x=\frac{-b\pm\sqrt{b^2-4ac}}{2a}$$

（8）在Python中进行逻辑运算时，有如下法则：数字类型中，数值0将被当作False，而非0数字将被当作True进行运算；字符串类型中，空字符串被当作False，而非空字符串被当作True进行运算。根据上述信息，在Spyder交互模式下输入以下表达式，尝试猜测运行结果的值，并思考背后的原因。

not 0

not '0'

1 and 3

0 or 3

0 and 2

not 'a'

'a' or 'c'

'a' and 'b'

'' and 'a'

not []

not [1,2,3]

[] or [1,2,3]

（9）续（8）的内容，在交互模式下输入以下命令并运行：

```
In [1]: (2-2) and (3-2)
Out[1]: 0

In [2]: (3-2) and (4-2)
Out[2]: 2
```

思考：为什么在Out[2]中得到的运算结果是第二个表达式(4-2)而不是第一个表达式(3-2)的运算结果？为什么在Out[1]中得到的运算结果又是第一个表达式的运算结果呢？

第 4 章　赋值输入与格式化输出

学习目标：

- ◆ 掌握赋值输入的方法。
- ◆ 理解 format 格式化输出的范式。
- ◆ 熟悉利用 format() 语句格式化输出字符串的方法。
- ◆ 熟悉利用 format() 语句格式化输出数字的方法。
- ◆ 理解 print() 语句的换行属性。
- ◆ 掌握 print() 语句的多表达式打印。

4.1　赋值输入

4.1.1　input()语句的使用

几乎所有金融终端软件都会涉及用户交互。例如，登录股票账户时，软件需要提示用户输入账号与密码，用户申购股票时需要输入股票代码和购买数量。如果用户申购成功，软件必须更新并显示用户的持仓信息，以及告诉用户申购成功。这些情形在 Python 编程中的实现就涉及赋值输入与格式化输出。

我们先来看赋值输入。赋值输入语句是通过内置函数 input() 来实现的，其语句格式如下：

<变量> = input(<提示性信息>)

当 Python 调用 input() 语句时，会先在屏幕上输出打印语句中的 < 提示性信息 >，然后暂停运行等待用户输入。当用户输入完成并按下【Enter】键后，用户输入的内容就被赋值给 < 变量 >。值得指出的是，**不论用户输入的内容是什么，input() 函数返回的数据都是字符串类型**。

下面的代码首先获取用户的输入，如输入“高顿财经”后，print() 语句将用户输入的内容和相关提示信息输出打印到屏幕上：

```
In [1]: name = input(' 请输入股票名称 : ')
请输入股票名称 : 高顿财经


In [2]: print(' 你输入的股票名称是： ' + name)
你输入的股票名称是：高顿财经
```

提示

在 Python 2 中，赋值输入语句其实有两个——raw_input 与 input，而在 Python 3 中只有 input() 语句。其实 Python 2 中的 raw_input 语句的功能与目前 Python 3 中的 input() 语句的相同。

4.1.2　如何获取数字类型的输入

虽然使用 input() 语句非常简单，但必须再次强调的是，其返回值的内容总是字符串类型。因此，在实际编程中，很多初学者会犯下例中的错误：

```
In [3]: bid = input(' 请输入您的竞拍价：')
请输入您的竞拍价：1000

In [4]: print(" 您的竞拍价为：" + bid + " 元 ")
您的竞拍价为：1000 元

In [5]: threshold = 1100  # threshold 为起拍价

In [6]: if bid < threshold:
   ...: print(" 您的竞拍价没有超过起拍价，请重新输入！ ")
   ...:
Traceback (most recent call last):

  File "<ipython-input-16-38c43dc7ed3b>", line 1, in <module>
  if bid < threshold:

TypeError: '<' not supported between instances of 'str' and 'int'
```

上例程序的本意是获取用户输入的竞拍价，然后将其与起拍价 threshold（1 100 元）进行比较，如果用户输入的价格低于起拍价，就提示用户输入的价格无效，必须重新输入。然而，尽管用户输入的竞拍价是 1 000 元且低于起拍价，但这个输入仍以字符串 '1000' 的形式存储在变量 bid 中。字符串是不能直接与数字 1 100 进行比较的，故 Python 会报错，并提示 TypeError: '<' not supported between instances of 'str' and 'int'。

为了能让竞拍价与数字 1 100 进行比较，我们先要将竞拍价转换为数字。利用上一章学过的 float() 方法可以将其转换为浮点数，见下例：

```
In [7]: if float(bid) < threshold:
   ...: print(" 您的竞拍价没有超过起拍价 ")
   ...:
您的竞拍价没有超过起拍价
```

4.2　格式化输出

4.2.1　format()方法概述

在前文中，我们使用了 print()方法来显示特定字符。然而，在许多情形下，我们需要输出的文本内容是由不变的部分和可变的部分组成的，并且我们往往需要显示多种类型的信息，比如浮点数、百分数，或者将显示的信息调整成某种可读性更强的格式，比如对齐、居中等。

例如，基金经理运用量化策略进行投资，必须实时监测其配置资产的总价值及可用资金的数额，需要计算机输出如下信息：

“您目前的总资产为 370000 元，可用资金为 250000 元。”

在上述文本信息中，两个数字是实时变动的，而其他文字是固定不变的。此外，数字输出的格式也需要控制。这就涉及字符串和变量的混合输出，可以通过格式化输出来实现。从 Python 2.6 开始，后续 Python 版本中新增了字符串格式化方法 format()，替代了旧版本中的 % 模式，增强了字符串格式化的功能及其可读性。接下来我们介绍 format() 方法的具体运用。

1. format 方法的基本语句

format 方法的基本语句为：

<模板字符串>.format(<参数>)

其中，模板字符串包括固定不变的字符串内容、需要格式转换的位置及转换说明。format() 中的参数包括将要进行格式转换的内容。如果参数是字符串，则需要加上单引号或双引号。

以上面的文本信息为例，如果我们想格式化输出，应该采用如下语句：

```
In [8]: asset_value = 370000

In [9]: funds_avail = 250000

In [10]: " 您目前的总资产为：{} 元，可用资金为：{} 元。".format(asset_value, funds_avail)
Out[10]: ' 您目前的总资产为：370000 元，可用资金为：250000 元。'
```

提示

输入代码时，不需要输入符号 < >。

从上例的 In[10] 语句中可以看出，我们在需要格式化输出的文本位置上标记了大括号 {}。换言之，大括号相当于一个占位的插槽，用于标记需要插入信息的位置；而需要插入的具体信息，我们依次在 format() 中输入 asset_value 和 funds_avail。这样我们就可以通过修改这两个变量的值来反映用户总资产与可用资金的变化了，如图 4.1 所示。

"您目前的总资产为: {}元，可用资金为: {}元。".format(asset_value,funds_avail)

图 4.1 format() 方法中大括号与参数的对应关系

Out[10] 和我们最终想要输出的形式还有细微的差别，即 Out[10] 中没有显示千分位符。这就涉及对具体输出格式的控制，我们将在下文中详细说明。

2. format() 方法的转换说明

format 方法的插槽 {} 中还能加入各种控制输出格式的信息，其语法如下：

{<参数序号>:<格式修饰符标记>}

其中，冒号相当于引导符号。冒号的左边是 < 参数序号 >，代表输出 format() 中的第几个变量，如果缺省则按顺序输出。冒号的右边是用来确定输出格式的修饰符标记。修饰符标记包括 < 填充 >、

< 对齐 >、< 宽度 >、<,>、<. 精度 >、< 类型 >，共 6 个可选的字段。我们可以通过组合这些字段明确我们想要输出的格式。每个字段的含义如表 4.1 所示。

表 4.1　format() 方法用于控制输出格式的修饰符标记

组成	符号	含义
宽度	数字	指定输出宽度； 如果插槽对应变量的长度大于指定宽度，则按实际长度输出
填充	任意字符	当宽度大于参数字符长度时，可指定用什么字符填充，默认用空格填充
千分位的声明	,	在数字中显示千分位符
对齐方向符号	<	左对齐
	^	居中
	>	右对齐
变量类型的声明	s	字符串
	d	整数
	f	浮点数，十进制记数法
	%	百分数
	e	浮点数，科学记数法
属性访问符	[]	
字符模式声明	！ a	ASCII 模式
	！ r	引用 __repr__
	！ s	引用 __str__

提示

最好的掌握方法是在 Spyder 交互模式下逐一输入下文的例子来体会每个字段的含义。

4.2.2　输出内容的序号设置

我们可以利用**冒号左边**的参数序号来控制参数输出的顺序。如下例：

```
In [11]: " 今天的日期是：{}，您目前的总资产为：{} 元，可用资金为：{} 元。".format('2019/03/05',300000,
150000)
Out[11]: ' 今天的日期是：2019/03/05，您目前的总资产为：300000 元，可用资金为：150000 元。'

In [12]: " 今天的日期是：{1}，您目前的总资产为：{2} 元，可用资金为：{0} 元。".format(150000,
'2019/03/05', 300000)
Out[12]: ' 今天的日期是：2019/03/05，您目前的总资产为：300000 元，可用资金为：150000 元。'
```

在 In[11] 中，三个大括号中没有包含参数序号，因此 Python 会按顺序依次替换 format() 中的三个参数；而在 In[12] 中，大括号中的参数序号依次为 1、2、0，分别对应 format() 中的第 2 个、第 3 个和第 1 个参数，如图 4.2 所示。

" 今天的日期是：{1}，您目前的总资产为：{2} 元，可用资金为：{0} 元。".format(150000, '2019/03/05',300000)

图 4.2　format() 中与大括号中参数序号的对应关系

4.2.3　文本内容的格式化输出

我们可以通过 format 方法控制文本内容的格式化输出，控制其格式化输出的通常形式为：

大括号声明 + 冒号 + 对齐方向符号 + 显示位数声明

具体而言，通过使用不同的对齐方向符号，可以实现字符串的左对齐（<）、右对齐（>）及居中（^），如无说明则默认左对齐。如果需要显示的文本字符串长度小于我们规定的显示位数，默认采用空白填充；反之，如果需要显示的文本字符串长度大于我们规定的显示位数，则按文本字符串长度显示。

如下例，我们在控制台中输入下列代码，对字符串“贵州茅台”的输出进行格式化：

```
In [13]: left_aligned = '{:<30}'.format(" 贵州茅台 ")

In [14]: left_aligned
Out[14]: ' 贵州茅台

In [15]: right_aligned = '{:>30}'.format(" 贵州茅台 ")

In [16]: right_aligned
Out[16]: '                          贵州茅台 '

In [17]: centered = '{:^30}'.format(" 贵州茅台 ")

In [18]: centered
Out[18]: '             贵州茅台 '

In [19]: '{:3}'.format(" 贵州茅台 ")
Out[19]: ' 贵州茅台 '

In [20]: '{:*<30}'.format(" 贵州茅台 ")
Out[20]: ' 贵州茅台 **************************'

In [21]: '{:->30}'.format(" 贵州茅台 ")
Out[21]: '-------------------------- 贵州茅台 '

In [22]: '{:=^30}'.format(" 贵州茅台 ")
Out[22]: '============= 贵州茅台 ============='

In [23]: print('{:->30}'.format(" 贵州茅台 "))
-------------------------- 贵州茅台
```

在 In[13] 中，< 为左对齐方向符号（可省略，默认左对齐），30 为字符位数声明，代表整个输出字符串的总长度。在 Out[14] 中，我们可以看到“贵州茅台”四个字左对齐输出，总长度为 30 个字符，剩余的 26 个字符位用空白填充。再次强调，在显示时一个汉字仅占一个字符位。

In[15]、In[17] 与之类似，仅是将 In[13] 中的左对齐方向符号（<）分别更改为了右对齐方向符号（>）、居中方向符号（^）。

在 In[19] 中，我们设置的显示位数仅有 3 位，但需要显示的文本内容包括 4 个汉字，最终文本内容全部显示，而未有所遗漏。

提示

注意显示位数是出现在冒号右侧，不要与冒号左侧的参数序号混淆。

此外，我们还可以使用指定的字符来填充空白位置，如上例中的 In[20]、In[21] 与 In[22]，分别用 * 号、- 号与 = 号来填充左对齐空白、右对齐空白及两侧的空白。

提示

这里提示读者们注意一个小细节：仔细观察 In[21] 与 In[23] 的输出结果。我们发现，在交互模式下，对某个表达式求值（如 In[21]），求值结果（Out[21]）中会出现用单引号将求值结果框住，以表明其求值结果为字符串。而在 In[23] 中，我们用 print() 语句打印输出相同表达式的值时，屏幕上显示的内容不会有单引号，且没有输出（Out）的提示。

4.2.4 数字内容的格式化输出

在金融分析中，除了字符串，我们还时常需要对数字进行格式化，以使数据更易于阅读。

1. 小数的格式化输出

小数的格式化主要涉及精度控制和百分比形式。如下例，假定 s0、s1 分别是一只股票的期初、期末价格，计算该股票的当期收益率（ret），并显示出 ret 的结果。

```
In [24]: s0 = 98

In [25]: s1 = 101

In [26]: ret = s1/s0 - 1

In [27]: print(ret)
0.030612244897959107

In [28]: '{:.2f}'.format(ret)
Out[28]: '0.03'

In [29]: '{:.2%}'.format(ret)
Out[29]: '3.06%'
```

显然，In[27] 中系统默认的显示输出效果并不理想，对用户来说，精确到 18 位小数的收益率并没有太大的意义。我们希望改变默认显示的样式，把收益率（ret）的精度控制在 2 位小数，以便于阅读的形式输出。

为了增强数据的可读性，我们可以控制浮点数的输出精度。我们可以使用以下命令控制输出的数据类型及精度：

大括号声明 + 冒号 + . + 数字精度 + 变量类型声明

在 In[28] 中，2 代表精度，表示小数点右边数字的位数；f 为变量类型声明，要求以浮点数的形式显示。

日常工作中，我们通常以百分比形式来表示收益率。因此，In[29] 通过更改变量类型声明，输出百分比形式的浮点数。其中，% 为百分比形式的变量类型声明。

2. 较大数字的格式化输出

较大数字的格式化主要涉及千分位和指数记数法（科学记数法）。如下例，假设在 2017 年 12 月 31 日，某基金的净资产价值为 97 148 221 元（其内容为 97 148 221），请将该数值分别用千分位符分隔、指数记数法输出。

```
In [30]:net_assets=97148221

In [31]:'{:,}'.format(net_assets)
Out[31]:'97,148,221'

In [32]:'{:.2e}'.format(net_assets)
Out[32]:'9.71e+07'
```

In[31] 中，“,”是对千分位的声明。In[32] 中，2 代表精度，表示指数记数法下小数部分中小数点右边数字的位数；e 为指数形式的变量类型声明。

提示

指数记数法（或称为 e 计数法）是科学记数法在计算机中的写法。计算机表达 10 的幂时一般用 E 或 e，其后面的数字代表 10 的指数。如，9.71 乘 10 的 7 次方，可表示为“9.71e+07”。

4.2.5 格式化修饰符和标记的混合使用

数字和字符串的格式化操作可以相互结合使用，常用的修饰符和标记的语法顺序如下：

'{:<自动填充字符><对齐方向><最小字段宽度><,><.精度><变量类型>}'.format()

如下例，产生一个居中对齐的 30 字符长度的字符串，其内容为“97148221”，使用“=”自动填补空白。要求数字“97148221”使用千分位符分隔，且精确到小数点后三位。

```
In [33]: '{:=^30,.3f}'. format(97148221)
Out[33]: '========97,148,221.000========'
```

4.3　print()函数

4.3.1　print()函数与format()方法的结合使用

如果我们已经熟悉了如何使用 format() 方法产生一个格式化字符串，那么使用 print() 函数将其显示出来就是水到渠成的事了。format() 方法产生的是一个格式化字符串，我们只需要将这个字符串传递给 print() 函数即可，如下例：

```
In [34]: s0 = 649

In [35]: s1 = 798

In [36]: ret = s1/s0 – 1

In [37]: name = ' 贵州茅台 '

In [38]:print( '{:*^8} 的年回报率为 {:.2%}。——来源：高顿财经研究院 '.format(name,ret))
Out[38]: ** 贵州茅台 ** 的年回报率为 22.96%。——来源：高顿财经研究院
```

4.3.2　print()函数的换行属性

1. print() 函数的自动换行

在前文中，其实已经反复使用过 print() 函数了。这里再对 print() 函数的一些细节进行说明。在 Python 中，print() 函数输出后是默认换行的，如下例：

```
In [39]: print(' 贵州茅台 ')
   ...:      print(' 洋河股份 ')
   ...:      print(' 五粮液 ')
贵州茅台
洋河股份
五粮液
```

对于较少内容的显示，这样是可行的。但是，在实际操作中，有时需要显示成千上万个内容。若单个内容的信息并不多，自动换行显示会造成资源的浪费。此时，我们需要改变 print() 函数的换行属性。

提示

在 Spyder 的控制台中，输入 print(' 贵州茅台 ') 后，同时按下【Ctrl】键和【Enter】键可以实现换行输入，直到输入完所有语句后按下【Enter】键一次性执行。

2. print() 函数的换行属性

print() 函数关于换行属性的参数为 end。我们可以通过对 end 参数赋值来改变 print() 函数的换行属性。

print() 函数的具体格式为：

```
print('contents', end='string')
```

其中：

'contents' 中为想要 print 的具体内容；

end 表示 print() 函数将如何结束，默认为 end="\n"，即换行。

基于 print() 函数的换行属性，若要实现多个 print() 函数的输出显示在一行中，只需要将参数 end 设置为空（""），即

print('contents', end='')

```
In [40]: print(' 贵州茅台 ',end = '')
  ...: print(' 洋河股份 ',end = '')
  ...: print(' 五粮液 ',end = '')
贵州茅台洋河股份五粮液

In [41]: print(' 贵州茅台 ',end = ',')
  ...: print(' 洋河股份 ',end = ',')
  ...: print(' 五粮液 ',end = '。')
贵州茅台 , 洋河股份 , 五粮液。
```

在 In[40] 中，我们将 end 设置为空字符串，实现了不换行输入。为了增强可读性，在 In[41] 中，我们将 print() 语句中的参数 end 分别设置为逗号和句号分隔符。

4.3.3 利用print()函数同时打印多个表达式

利用 print() 语句可以同时打印多个表达式。多个表达式可以用加号“+”连接或用逗号“,”分隔。阅读下例，注意两者之间的区别。

```
In [42]: name1 = " 五粮液 "

In [43]: name2 = " 洋河股份 "

In [44]: print(" 您目前持有的股票有 ", name1, name2)
您目前持有的股票有 五粮液 洋河股份

In [45]: print(" 您目前持有的股票有 " + name1 + name2)
您目前持有的股票有五粮液洋河股份
```

通过上例不难看出，用逗号分隔表达式时，print() 语句在输出时会自动在表达式之间加入一个空格，而用加号拼接字符串时则不会。

提示

print() 语句中使用加号“+”连接不同变量的方法在第 3 章 3.3.1 中有过介绍，读者可以参考。这里的重点是对比 In[44] 和 In[45] 的显示区别。

4.4 案例：现值计算器升级版

在上一章的最后，我们编写了一个计算货币的时间价值的小程序。这个小程序的缺点在于缺

少与用户交互的部分。这一节，我们来编写一个可以接收用户输入的现值的计算器程序。程序首先要求用户输入相关信息，这里的输入包括终值（Future Value）、利率（Rate）和期数（Period）。然后我们根据这些输入的信息来计算现值（Present Value），再将结果显示出来告诉用户。

【代码示例 4.1】计算现值　4.1_PresentValue.py。

```
1  """
2  编写者：高顿财经研究院
3  日期：某年某月某日
4  功能：计算现值
5  """
6  
7  print('\n{:=^30}'.format(' 输入区域 '))
8  fv = input(' 终值：')
9  rate = input(' 折现率 (%)：')
10 period = input(' 期限：')
11 print('\n{:=^30}'.format(' 输入区域 '))
12 
13 # 将输入的字符串型数据转换为浮点型
14 fv = float(fv)
15 rate = float(rate)/100
16 period = float(period)
17 
18 # 计算现值
19 pv = fv / (1+rate)**period
20 
21 # 在输入区域与输出区域之间留出一些空白
22 print('\n\n')
23 print('{:=^30}\n'.format(' 输出区域 '))
24 print('{:>20} {:.2f}'.format(' 终值：', fv))
25 print('{:>20} {:.2%}'.format(' 折现率 (%)：', rate))
26 print('{:>20} {:.2f}'.format(' 期限：', period))
27 print('{:>20} {:.2f}'.format(' 现值：', pv))
28 print('\n{:=^30}'.format(' 输出区域 '))
```

第 7 行至第 11 行我们格式化输出了“输入区域”四个字，这样做的好处是可以在屏幕上清晰地显示输入区域，对用户十分友好。

第 8 行至第 10 行使用 input() 函数获取用户的输入。这些输入都是字符串类型。因此，我们需要在第 14 行至第 16 行将输入转换成浮点数。注意，在第 15 行，我们将 rate 除以 100，这样用户输入时就不必输入百分号（%）了。如果用户输入 3，那么 rate 就会等于 3%。

第 19 行，计算现值。

第 22 行至第 28 行，我们将结果进行格式化显示。我们不但输出了现值的计算结果，还显示了输入变量。显示输入变量可以帮助我们核对。如果程序在处理输入时出现了错误，就可以在这里发现。

运行代码示例 4.1，结果如下：

```
In [46]: runfile('C:/Users/Gaodun/Desktop/python 教程 /python 教材 / 书中的代码实例 /4.1_PresentValue.py',
wdir='C:/Users/Gaodun/Desktop/python 教程 /python 教材 / 书中的代码实例 ')

============ 输入区域 ============

终值：1000

折现率 (%)：10

期限：5

============ 输入区域 ============



============ 输出区域 ============

          终值 : 1000.00
      折现率 (%): 10.00%
          期限 : 5.00
          现值 : 620.92

============ 输出区域 ============
```

思考与练习

（1）写出以下操作符在format()语句中的作用：<；>；^。

（2）写出将数字表达为保留4位小数的百分比格式的方法。

（3）写出将数字表达为保留4位小数的小数点格式的方法。

（4）写出将数字表达为千分位格式并保留2位小数的方法。

（5）为什么在代码示例4.1中，输入区域与输出区域之间的间隔为3行而不是2行？

第 5 章　使用注释及其他编程规范

学习目标：

- ◆ 掌握单行注释、多行注释和语句块注释。
- ◆ 了解编程遵循的规范。

5.1　注释的介绍与运用

5.1.1　为什么需要使用注释

假设在一段程序中有这样一行代码：rate + b * (market-rate)，在没有任何说明的情况下，阅读代码的人很难立刻理解其含义。如果代码的编写者在这里添加了备注说明：这行代码的作用是根据资本资产定价模型（Capital Asset Pricing Model, CAPM）计算预期收益率，那么读者很快就能理解该段代码的含义了。

通过这个例子我们可以发现，在编写代码的过程中，我们需要对代码进行解释与说明，以增强程序的可读性。一些复杂的金融模型往往需要很长的代码才能实现正常运行。如果没有注释，即使创作者本人也很难在第一时间理解代码的含义。在 Python 中，我们可以使用注释语句来对代码进行说明，**并且注释部分的代码不会被 Python 执行**。

具体而言，给代码编写注释通常出于以下三个目的之一。

第一，注明代码的作者和版权信息。在编写代码的实际过程中，我们会在程序的开头注明作者、日期、版权和用途等信息。在此情况下，我们可以使用单行或多行注释进行说明。

第二，对代码的设计原理及用途做出解释。在实际运用中，一篇代码往往有众多使用者，为了增强代码的可理解性，通常需要代码的作者对其代码的逻辑和设计原理做出说明。对于一段实现特定功能的代码，我们往往会在整段代码前，对其将要实现的具体功能进行注释说明。对于一行代码，如果其含义并非一目了然，我们也需要对单行代码的功能或变量所代表的含义进行注释说明。

第三，**提高程序调试的效率**。在调试程序时，被注释的代码不会被 Python 执行，因此，我们可以利用注释来把不需要调试的代码标示出来，这样可以大幅减少程序调试的工作量，帮助程序员快速地定位代码发生错误的位置。

例如，我们在检查下例中代码的过程中可以利用注释快速地发现该段代码没有错误，从而检查其他部分的代码：

```
# 计算资产的收益率
P0 = 100
P1 = 110
return_rate = P1/P0-1
#110/100-1
```

提示

初学编程者一定要从一开始就养成写注释的良好编程习惯。一个优秀的编程者应不仅能编写合格的程序，还能将程序写得易读、易懂。

5.1.2 单行注释

在 Python 中，我们通常使用井号标志（#）来对单行文字进行注释，如下例所示，井号（#）之后的内容是对下行代码的注释，此处用来说明 print() 函数的作用。值得指出的是，井号之后的内容不会被 Python 当作代码运行。

```
# 下面的语句将打印一条信息
print(' 沪深 300 指数上一年的收益率为 21.78%。')
```

单行注释也可以放置在一行代码的后面，如下所示，代码中的“# 计算收益率”即为单行注释，说明该行代码的含义为计算收益率。

```
s1 = 3400
s0 = 3000
ret = s1/s0−1 # 计算收益率
```

在 Spyder 编辑器中，我们可以使用快捷键【Ctrl+1】来进行单行注释：将光标放置在需要注释的那行代码上，然后按下【Ctrl+1】键，这样就可以注释整行代码了。再次按下【Ctrl+1】键可以取消注释。

5.1.3 多行注释

在 Spyder 编辑器中，有两种常用的方法可以用来进行多行注释。一种方法是选中需要注释的文字，再按下【Ctrl+1】键，之后我们会发现每行内容前均增加了一个井号（#），这表明编辑器已经把我们选中的每一行文字都转换为了注释，如下所示：

```
#line1
#line2
#line3
```

另一种方法是在注释文字的前、后一行分别使用三个连续的单引号（'''）或双引号（"""），之后我们会发现在两个“三引号”之间的文字会被 Spyder 编辑器解读为注释文字，并且 Python 不会运行这一部分的内容，如下所示：

```
'''
line1
line2
line3
'''
```

5.1.4　代码块

使用井号（#）加两个百分号（%）可以声明一个代码块，如下例中代码所示。代码块的第一行会成为注释，用来说明该代码块的功能。下例中的代码定义了一个代码块，该代码块的意义为根据 CAPM 模型计算预期收益率。需要注意的是，该代码块同时包含了单行注释，即第 2 行至第 4 行的代码后注释以及第 6 行的单行注释。

```
1  #%%CAPM
2  r = 0.03          # 无风险利率
3  b = 1.4           # beta 值
4  market = 0.2      # 市场收益率
5
6  # 计算期望收益率
7  r_exp = r + b * (market-r)
8  print('\nExpected return: {:.2%}'.format(r_exp))
```

定义代码块的好处是，在 Spyder 编辑器中，当光标位于代码块时，可以使用快捷键【Ctrl+Enter】来运行该代码块中的所有代码。

5.2　编程规范

5.2.1　标识符

除了注释之外，我们还需要了解一些其他的编程约定。遵守编程约定是一个良好的编程习惯，可以提升代码在不同使用者之间的适用性。本章我们将介绍的编程约定有变量命名规则、语句的多行显示和多行缩进格式。

完整的标识符指的是 Python 解释器可以识别的可执行代码的对象，主要包括前文介绍的变量、运算符号和格式控制符，也包含后续要介绍的函数和类。在对其命名时需要注意以下 3 点。

（1）**标识符的名称**只能由字母、数字和下划线组成（在 Python 3.x 中也可以使用除英文外的其他国家的语言命名）。数字和符号均不能成为名称的首字符，如“3a”和“#G”都不能作为变量的名称。

（2）Python 区分**字母的大小写**，换言之，a 和 A 是两个不同的变量。为了方便，习惯上用小写字母给变量命名。后续章节我们将会介绍类的命名，类的名称一般以大写字母开头。

（3）命名需要兼顾简洁和易读性。太简短的名称容易产生混淆，影响代码的使用；而过长的名称则会影响编程的效率，运行时也会占用较多的计算机内存。

5.2.2　基本代码格式

1. 多行语句

在编写代码的过程中，简单的语句可以用一行代码书写完成，也就是用一条物理行来对应一条逻辑行。但是，当语句过长时，就需要使用反斜杠“\”来把一条代码分为多行显示，即用多条物理行来对应一条逻辑行。采用这样的方法显示代码，可以避免语句过长带来的阅读困难，如下例：

```
import pandas as pd

df = pd.read_csv(filepath_or_buffer="C:/loveGaodun/SZ002415.csv", encoding=\
'gbk', sep=',', skiprows=1, nrows=10, index_col=[' 交易日期 '],usecols=[' 交易日期 ',\
' 股票代码 ', ' 收盘价 ', ' 涨跌幅 ', ' 成交量 '], error_bad_lines=False, na_values='NULL')
```

提示

在 Python 中，一般约定俗成的是，一行代码不超过 80 个字符，如果超过 80 个字符则建议换行，如上例。

在 Spyder 的编辑器中，有一条竖线提示该行代码是否超过 80 个字符，如图 5.1 所示。

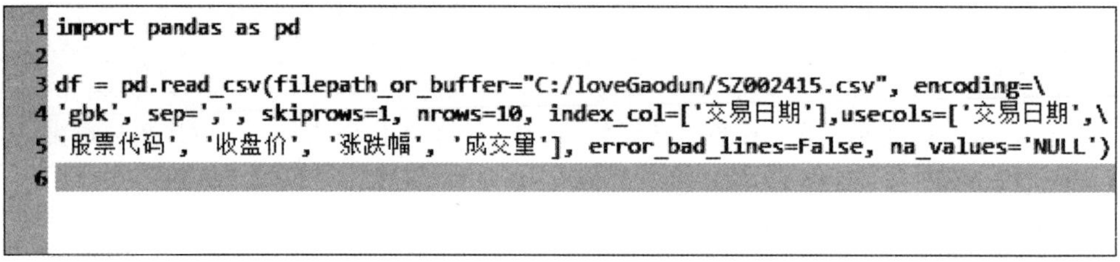

图 5.1　80 个字符的提示竖线

2. 多行缩进

Python 采用严格的缩进格式来区别代码间的逻辑层，这样也使得代码阅读起来比较方便，在后续学习条件语句和循环语句时需注意这一点。一些诸如 Jupyter Notebook 和 Spyder 的编译工具具有自动缩进代码的功能，通常采用四个字节的缩进格式。如果需要多行缩进，选中需要缩进的代码后，按下【Tab】键即可。

思考与练习

（1）简述为什么在程序中要使用注释。

（2）写出单行注释、多行注释和代码块的语法。

（3）在代码块中使用【Ctrl + Enter】会达到什么样的效果?

（4）在代码块中使用【Shift+Enter】会达到什么样的效果?（可以动手试一试）

第 6 章　条件语句

学习目标：

- ◆ 理解程序的基本结构。
- ◆ 了解控制语句及关系运算符。
- ◆ 掌握 if 语句的简单判断及其运用。
- ◆ 掌握 if-else 语句的单条件判断及其运用。
- ◆ 掌握 if-elif-else 语句的多条件判断及其运用。
- ◆ 能够根据要求实现条件语句的编写。

6.1　程序的结构

6.1.1　流程图的介绍

流程图是算法的图形表示。通过流程图展示算法更加直观、形象且易于理解。具体而言，流程图通过一些图框来表示各种类型的操作，并用箭头和线段将图框连接，从而表示程序执行的先后顺序。

当前业界普遍使用的流程图符号是由美国国家标准协会（American National Standards Institute，ANSI）制定的。流程图中常见的符号及其对应功能如表 6.1 所示。

表 6.1　常用流程图符号及其功能

流程图符号	名称	功能
	起止框	表示流程的开始或结束
	处理框	表示一般的处理功能
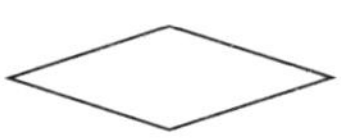	判断框	（1）对一个给定的条件进行判断 （2）根据给定条件是否成立来决定之后所执行的操作
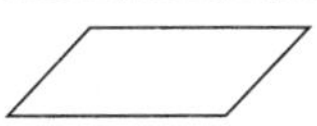	输入 / 输出框	数据的输入或输出
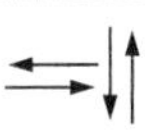	流程线	表示流程的路径和方向
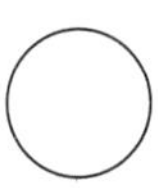	连接点	（1）相同标志的连接点可以将多个流程图连接起来 （2）可以避免流程线出现交叉或过长，将较大流程图分隔成若干部分 （3）使流程图更加清晰
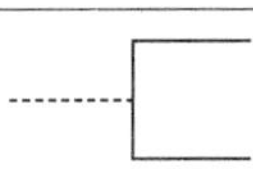	注释框	（1）非流程图必要部分 （2）对某些框的操作进行补充说明

6.1.2 程序的基本结构

虽然不同程序的复杂程度各不相同，但它们通常都由三种基本的结构组成：顺序结构、分支结构和循环结构。

1. 顺序结构

顺序结构是最基本的结构，表示程序按照代码的顺序逐条或逐块执行。其流程图如图 6.1 所示。

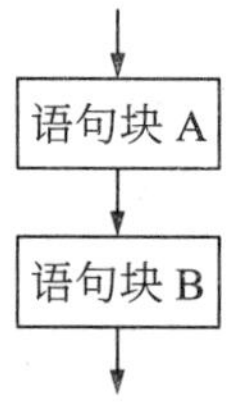

图 6.1 顺序结构

然而，仅凭顺序结构，无法满足复杂算法的要求。因此，我们需要引入分支结构和循环结构来改变程序的执行顺序，使得程序可以完成更复杂多样的功能。

2. 分支结构

在分支结构中，程序会对给定的条件进行判断，并根据判断结果选择不同的流程路径、执行不同的代码。根据分支路径的特点，分支结构可以分为单分支结构、双分支结构和多分支结构。具体而言，单分支结构在判断条件之后仅有一个语句块，若条件判断结果为“是”则执行该语句块，若为“否”则跳过该语句块；双分支结构在判断条件之后有两个语句块，程序可根据条件判断的结果选择执行其中的一个语句块；多分支结构是双分支结构的衍生，后文将对其详细介绍。

如图 6.2 中①所示的单分支结构中，若条件成立，则程序执行语句块 A；若条件不成立，则跳过语句块 A，执行后续语句。如图 6.2 中②所示的双分支结构中，若条件成立，则程序执行语句块 A；若条件不成立，则执行语句块 B。

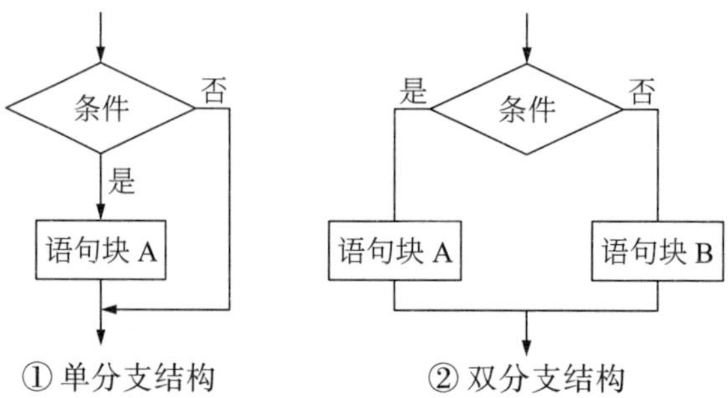

图 6.2 分支结构

3. 循环结构

循环结构常用于需要重复执行的操作。根据触发循环条件形式的不同，循环结构可分为条件循环结构和遍历循环结构。

如图 6.3 中①所示的条件循环结构中，程序先进行条件判断，在给定条件成立时，执行语句块。执行完语句块后，再次判断条件是否成立：如果条件仍然成立，则执行语句块；若给定条件不成立，则跳过该循环，执行后续语句。

如图 6.3 中②所示的遍历循环结构中，程序将对循环体中的所有元素执行语句块，直到所有元素遍历一遍后，循环结束。

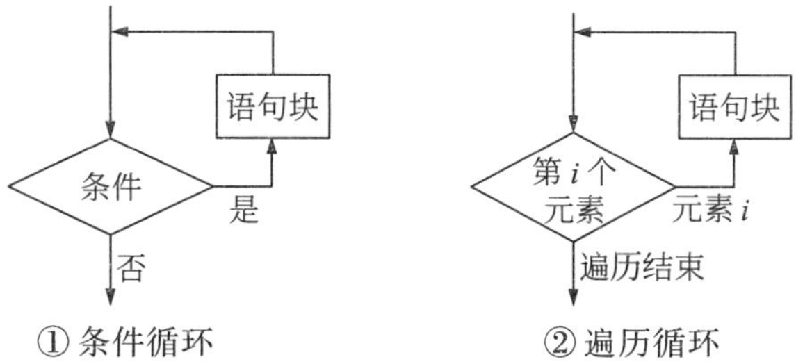

图 6.3　循环结构

提示

此处只简单介绍循环结构，在 Python 中，循环结构有三种语句类型，分别是 do-while 语句、while 语句以及 for 语句，其详细内容将在第 7 章中介绍。

6.1.3　程序的控制语句

控制语句用于控制程序的流程，从而实现程序的各种结构方式。控制语句可以分为三类，即条件判断语句、循环执行语句和转向语句，如表 6.2 所示。每种语句的使用方法会在后文中详细介绍。

表 6.2　控制语句的分类

控制语句类型	语句
条件判断	（1）if 语句 （2）if-else 语句 （3）if-elif-else 语句
循环执行	（1）do-while 语句 （2）while 语句 （3）for 语句
转向	（1）break 语句 （2）continue 语句 （3）return 语句

6.1.4　关系运算

通过前文的介绍，我们不难看出，无论是分支结构还是循环结构的实现都离不开条件判断。而要进行条件判断，必须先对关系运算有所了解。

1. 关系运算符

关系运算符用于比较两个变量之间的关系。程序中经常需要对两个变量进行比较，并根据比较结果来决定下一步的执行。Python 中的关系运算符如表 6.3 所示。

表 6.3 Python 中的关系运算符

运算符类型	关系运算符	数学表达	含义
比较运算符	<	$<$	小于
	<=	$\leqslant$	小于或等于
	>	$>$	大于
	>=	$\geqslant$	大于或等于
等于运算符	==	$=$	等于
	!=	$\neq$	不等于

提示

这里读者应能区分“==”和“=”，前者用于判断左右两侧表达式是否一致，后者则用于赋值，属于赋值运算符，而不是关系运算符。值得指出的是，在 Python 中，字符串也可以比较“大小”。在对两个字符串进行关系运算时，Python 将先比较两个字符串中第一个字符 Unicode 值的大小，如果两边对应的第一个值相同，则比较第二个，以此类推，从而最终判断两个字符串的大小。

2. 关系表达式

关系表达式的基本语法：

<表达式><关系运算符><表达式>

例如，r > 0.07 和 5 == 10 都是合法的关系表达式。关系表达式的取值为布尔类型，即“True”（真）或“False”（假）。

3. 运算符的优先级

Python 中各类运算符的优先级如表 6.4 所示。

表 6.4 Python 中各类运算符的优先级

运算符类型	运算符	优先级
指数	**	高
乘、除、取余和取整除	*、/、%、//	↑
加减法	+、-	
比较运算符	<=、<、>、>=	
等于运算符	==、!=	
赋值运算符	=、%=、/=、//=、-=、+=、*=、**=	
逻辑运算符	and、or、not	低

当两个运算符处于相同优先级时，则按照从左到右的顺序执行运算。此外，我们可以利用小括号改变运算符的优先级别。如表达式 (3 + 2 ** 3) == 7 or 2 >= 5 // 2 的运算结果是 True。其运算

顺序如下：先执行小括号中的表达式 (3 + 2 ** 3)，其结果是 11，11 不等于 7，故逻辑运算符 or 左边的运算结果是 False；随后执行逻辑运算符右边的表达式 2 >= 5 // 2，其结果是 True（5 整除 2 的结果是 2，2 大于或等于 2）；最后表达式 False or True 的运算结果是 True。

提示

表 6.4 中，赋值运算符 += 代表自加。例如，赋值语句 x += 1 与赋值语句 x = x +1 含义相同：将变量 x 中的数值加 1 后重新赋值给变量 x。类似地，我们可以理解 %=、/=、 //=、-=、*=、**= 等赋值运算符的含义。

提示

其实在逻辑运算符中，and、or、not 的运算优先顺序仍有所不同。但对于初学者来说，无须区分得如此细致，或无须死记硬背优先顺序。最好的方法就是使用它们时在 Spyder 的交互模式下自行测试。

6.2 条件语句的分类

条件判断语句，简称“条件语句”，用于实现分支结构。Python 中的条件语句包括 if 语句、if-else 语句和 if-elif-else 语句，分别用于实现单分支结构、双分支结构和多分支结构。

6.2.1 if语句：单分支结构

1. if 语句概述

if 语句可用于实现单分支结构，其基本语法如下：

```
if <条件>:
    <语句块>
```

if 语句的流程图如图 6.4 所示。在 if 语句中，程序首先对给定条件进行判断：若满足条件（条件的值为真），则执行 if 下**缩进**的语句块；若不满足条件（条件的值为假），则跳过整个 if 语句块，执行后面的语句。

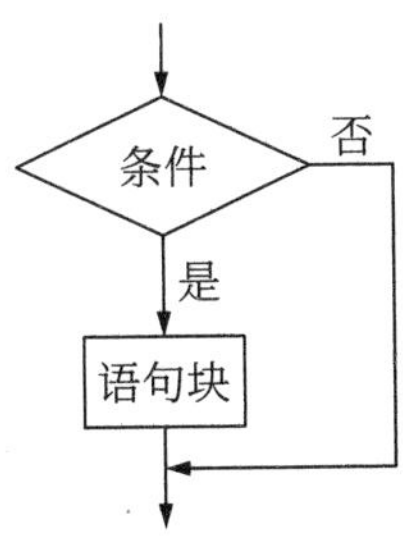

图 6.4 if 语句

2. if 语句的应用：止损

这里我们通过一个案例来讲解 if 语句的运用。一个完善的投资策略需要预先设置止损条件，把可能的损失控制在一定范围内。止损通俗来说就是“割肉”，当投资的损失达到预定的数额时，投资者应当及时抛出资产离场，从而避免发生更大的亏损。“鳄鱼法则”告诫投资者，如果被鳄鱼咬住脚，最好的办法是舍弃被咬的那只脚。然而在实际操作中，很少有投资者能够在亏损时保持理性。因此，我们可以通过程序化交易中的条件语句很好地克服这一“人性的弱点”。

投资及止损的判断决策过程如图 6.5 所示，投资者买入某项资产后对该资产设定一个损失判断条件，若该资产的损失值达到或超过这一条件则要抛出资产，反之则继续持有该资产。

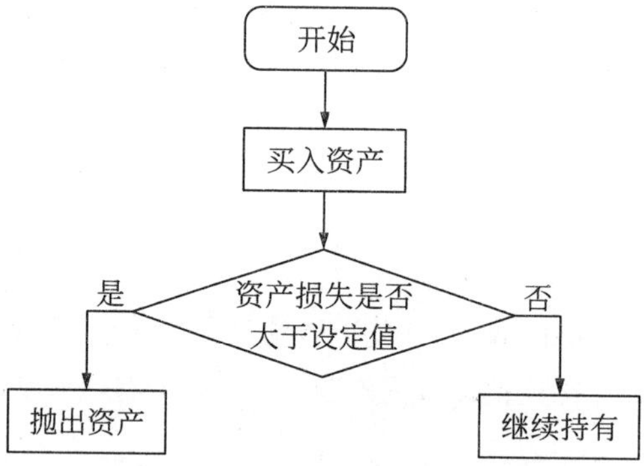

图 6.5　买入资产并设置止损的流程图

例如，某投资者买入中国人寿保险的股票，设定抛出资产的条件为收益率（r）小于或等于 −0.1。若投资者当前的投资收益率（r）为 −0.04，则相应的止损判断代码如下：

```
In [1]: r = −0.04
In [2]: if r <= −0.1:
   ...:     print(' 抛出资产 ')
   ...: if r > −0.1:
   ...:     print(' 继续持有 ')
   ...:
继续持有
```

上述例子可看作两个单分支结构的组合。在图 6.6 中，两个单分支结构通过连接点相连接，程序流程的路径和方向由灰色流程线表示。上例中，首先进入第一个单分支判断语句，由于 r=−0.04，不符合条件 r<=−0.1，则跳过输出语句 print(' 抛出资产 ')，执行后面的语句，进入第二个单分支判断语句。此时，r 符合条件 r>−0.1，故输出语句 print(' 继续持有 ')。因此，上述代码的最终结果显示为“继续持有”。

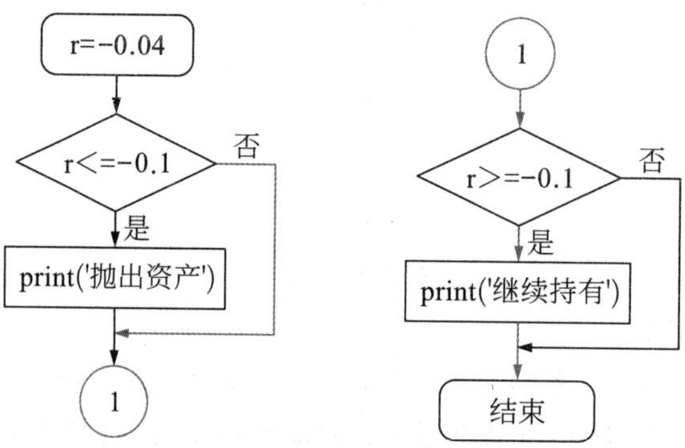

图 6.6　单分支结构的组合

6.2.2 if-else语句：双分支结构

1. if-else 语句概述

if-else 语句可用于实现双分支结构，其基本语法如下：

```
if <条件>:
        <语句块A>
else:
        <语句块B>
```

if-else 语句的流程图如图 6.7 所示。在 if-else 语句中，程序首先对给定条件进行判断：若满足条件（条件的值为真），则执行语句块 A；若不满足条件（条件的值为假），则执行语句块 B。无论是否满足条件，在执行相应的语句块后，程序将跳转到整个 if-else 语句之后的语句。

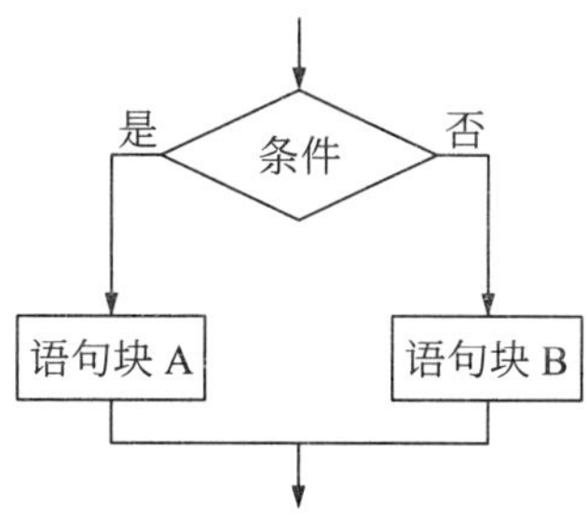

图 6.7 if-else 语句

> **提示**
>
> Python 的初学者要特别注意，在 if 条件语句及关键字 else 之后，都要加上冒号“:”表示结尾，否则程序会报错。同时，Python 通过缩进来明确语句的范围，通常以四个字符缩进的格式进行编写。在 Spyder 及多数 Python 的 IDE 中，在输入 if < 条件 >: 后按下回车键都会自动缩进，但初学者一定要注意缩进的层级及什么时候需要结束缩进。读者可以通过后文的例子深入体会这一点。

2. if-else 语句的应用

其实，上述 if 语句中止损的示例，也可以通过 if-else 语句来实现。相应的止损判断语句如下：

```
In [3]: r= -0.04


In [4]: if r<=-0.1:
   ...:     print(' 抛出资产 ')
   ...: else:
   ...:     print(' 继续持有 ')
   ...:
继续持有
```

该代码的流程图如图 6.8 所示。运行代码时，程序首先进入一个双分支判断语句，由于 r=-0.04，条件判断 r<=-0.1 的结果为否，则执行输出语句 print(' 继续持有 ')。因此，上述代码的

最终结果显示为“继续持有”。读者可以发现，与之前介绍的 if 单分支结构相比，if-else 双分支结构将程序进行了优化。在该结构下，程序仅进行了一次条件判断，即判断表达式 r<=–0.1 是否成立。由于该条件的判断结果为否，所以程序执行了图 6.8 中灰色线条所对应的语句块。

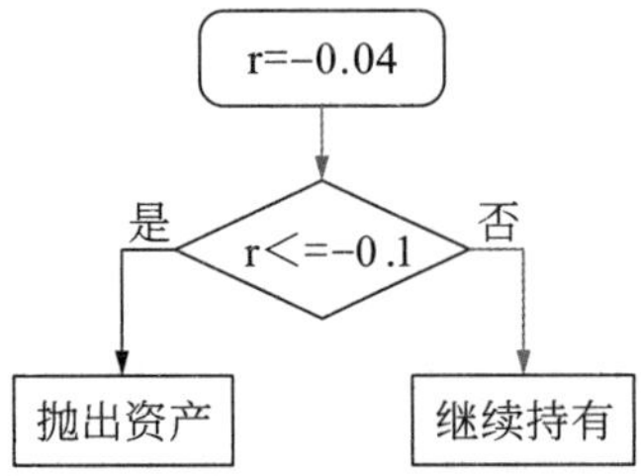

图 6.8 双分支结构

3. if-else 语句的紧凑结构

if-else 语句还存在一种简化形式，其语法如下：

<语句块A> if <条件> else <语句块B>

其中，<语句块 A> 或 <语句块 B> 一般是数字类型或字符串类型的值。例如，上述例子的代码可简化为：

```
In [5]: print(' 抛出资产 ') if r<=–0.1 else print(' 继续持有 ')
继续持有
```

提示

判断一个程序员水平高低的依据之一是其完成任务所编写代码的行数。通常情况下，完成相同的任务，程序员编写的代码行数越少、代码越简练，则代表该程序员越优秀。if-else 语句的紧凑结构就是精简代码的一种方式。

6.2.3 if-elif-else语句：多分支结构

1. if-elif-else 语句概述

if-elif-else 语句可用于实现多分支结构，其基本语法如下：

```
if <条件1>:
    <语句块1>
elif <条件2>:
    <语句块2>
……
else:
    <语句块n>
```

多分支结构是对双分支结构的扩展，相当于原有 if 语句的判断条件不成立时，再进行一次基于其他条件的判断。if-elif-else 语句中的三个关键词（if、elif、else）将任意数量的条件判断分隔开来，形成 *n* 种情形的条件判断。Python 将依次对每个条件进行判断，若符合条件，则执行该条件下对应缩进的语句，**并跳转到整个 if-elif-else 语句之后的下一语句**；若不符合条件，则继续下一个 elif 条件的判断；若所有条件都不符合，则执行 else 下的语句。其中，else 语句是可选的。若 else 语句省略，则不执行任何语句。多分支结构的具体流程如图 6.9 所示。

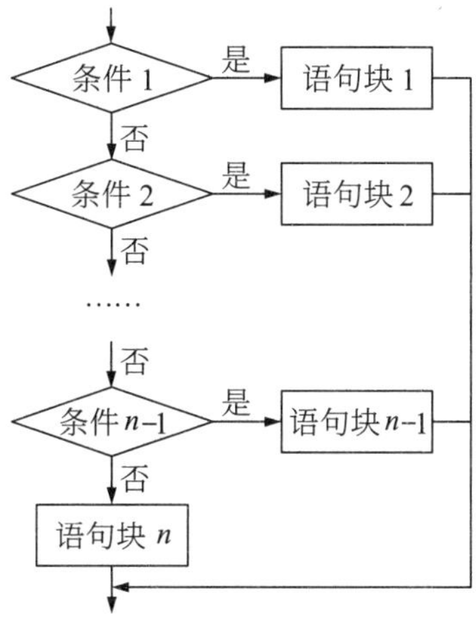

图 6.9　多分支结构

2. if-elif-else 语句的应用

例如，我们可以通过 if-elif-else 来区分股票的代码，判断该只股票是属于上海证券交易所（简称“上交所”）、深圳证券交易所（简称“深交所”）、中小板、创业板还是科创板。

金融助手

在中国境内上市的股票，根据其上市地点和板块的不同，股票代码的前三位数字也不同。常见的股票板块及其代码如表 6.5 所示。

表 6.5　股票板块及其代码

股票板块		股票代码
沪市（上交所）	A 股	600/601/603
	B 股	900
	新股申购	730
	配股	700
	权证	580
深市（深交所）	A 股	000
	B 股	200
	新股申购	000
	配股	080
	权证	031
中小板		002
创业板		300
科创板		688

使用 if-elif-else 语句，具体的代码实现如下所示：

【代码示例 6.1】股票代码板块判断　6.1_CodeSector.py。

```
1  """
2  编写者：高顿财经研究院
3  日期：某年某月某日
4  功能：对股票代码所对应的板块进行判断
5  """
6
7  company_code ='002582'
8
9  shcodes = ['600','601','603','900','730','700','580'] # 沪市
10 szcodes = ['000','200','080','031'] # 深市
11 smecodes = ['002'] # 中小板
12 gecodes = ['300'] # 创业板
13 kccodes = ['688'] # 科创板
14
15 if company_code[0:3] in shcodes:
16     print(' 这只股票属于上交所主板 ')
17 elif company_code[0:3] in szcodes:
18     print(' 这只股票属于深交所主板 ')
19 elif company_code[0:3] in smecodes:
20     print(' 这只股票属于中小板 ')
21 elif company_code[0:3] in gecodes:
22     print(' 这只股票属于创业板 ')
23 elif company_code[0:3] in kccodes:
24     print(' 这只股票属于科创板 ')
25 else:
26     print(' 这只股票不属于上交所主板、深交所主板、中小板、创业板和科创板 ')
```

代码的输出结果如下：

```
In [6]: runfile('C:/Users/Gaodun/Desktop/untitled0.py', wdir='C:/Users/Gaodun/Desktop')
这只股票属于中小板
```

知识链接

列表是一组**有序**数据对象的集合，是 Python 中一种基本的数据结构类型，将在第 9 章中详细讲述，读者在这里了解其基本形式即可。列表的基本形式为 [元素 1, 元素 2, 元素 3]，即将一系列元素放入方括号中，元素之间用逗号隔开。例如，上例中第 9 行的 shcodes 与第 10 行的 szcodes。值得指出的是，**列表中的元素可以是任意数据类型**。我们可以利用 < 列表 >[索引序号] 访问列表中的元素，注意列表的索引序号从 0 开始即可。例如，shcodes[0] 对应列表第 9 行 shcodes 中的第一个元素 '600'。

上述代码的实现思想如下：

（1）基于表 6.5 中的信息，我们可以总结沪市、深市、中小板、创业板和科创板股票代码的前三位，将其分别放入五个列表中，即 shcodes、szcodes、smecodes 和 gecodes 和 kccodes 中。

（2）利用字符串索引，提取公司代码（company_code）的前三位，即 company_code[0:3]。

（3）利用列表的成员检查来判断公司代码的前三位是否属于列表。

（4）使用 if-elif-else 语句，分别判断该公司代码的前三位是否属于列表 shcodes、szcodes、smecodes、gecodes 或 kccodes。

6.3　条件语句实例操作：最优投资组合的判断

条件语句使得我们从单调的顺序代码运行中解放，通过控制程序运行的顺序，实现复杂的算法。本节将利用前文提到的控制结构，实现最优资产的选取：在基金经理给出三个资产各自的夏普比率时，挑选出夏普比率最大的资产。

金融助手

夏普比率（Sharpe Ratio）是一个风险调整后的收益率指标，用于衡量投资组合每承担一单位总风险所获得的超额报酬。其具体计算方式：一个投资组合（或单个资产）的收益率超出无风险收益率的部分除以投资组合（或单个资产）所对应的波动率。其公式如下：

$$SR=\frac{R_p-r_f}{\sigma_p}$$

其中，SR 表示夏普比率，R_p 表示投资组合的收益率，σ_p 表示投资组合收益率的标准差，r_f 表示无风险利率。

一般而言，夏普比率越高，就意味着投资者承担的单位风险所获得的超额收益越高，该投资组合（或单个资产）越佳。

假设基金经理通过 input() 向 Python 输入三个投资组合的夏普比率，分别为 s1、s2 和 s3。为了进一步使用 s1、s2 和 s3 进行数值判断，我们首先需要使用 float() 函数将 input() 的默认数据类型（字符串）转换为浮点数。其代码实现如下：

```
s1 = float(input(" 请输入第一个资产的夏普比率 : "))
s2 = float(input(" 请输入第二个资产的夏普比率 : "))
s3 = float(input(" 请输入第三个资产的夏普比率 : "))
```

接下来，我们需要对三个夏普比率的值进行判断，挑选出最大夏普比率。我们可以通过以下 4 种不同的方法来实现：遍历判断、树形判断、贪婪算法、内置函数 max()。

6.3.1　遍历判断

1. 算法思路

遍历判断的算法思路：检查每个可能的值，并与所有其他值比较，判断它是否是最大的。对于三个可能值 s1、s2 和 s3，对应的三种情况如表 6.6 所示。

表 6.6 最大值判断

可能的最大值	值最大的条件	代码语句
s1	s1 ≥ s2 且 s1 ≥ s3	s1>= s2 and s1>= s3
s2	s2 ≥ s1 且 s2 ≥ s3	s2>= s1 and s2>= s3
s3	s3 ≥ s2 且 s3 ≥ s1	s3>= s2 and s3>= s1

由于存在三种可能的情况，对应多分支结构，因此，我们需要使用 if-elif-else 语句来实现。

2. 代码实现

遍历判断的具体代码实现如下：

【代码示例 6.2】最优投资组合判断 6.2_BestPortfolio_1.py。

```
1   """
2   编写者：高顿财经研究院
3   日期：某年某月某日
4   功能：基于夏普比率，判断最优投资组合
5   """
6
7   s1 = float(input(" 请输入第一个资产的夏普比率："))
8   s2 = float(input(" 请输入第二个资产的夏普比率："))
9   s3 = float(input(" 请输入第三个资产的夏普比率："))
10
11  if s1>= s2 and s1>= s3:
12      maxs = s1
13  elif s2>= s1 and s2>= s3:
14      maxs = s2
15  else:
16      maxs = s3
17
18  print('\n 最大的夏普比率为 %.1f'%maxs)
```

3. 算法评估

虽然该算法思路非常简单，但是运算效率相对较低。由于当前示例只有 3 个数据，所以只有 3 个分支。在前 2 个分支中，每个数据都需要与其他 2 个数据比较。整段程序代码，最差情况下需要进行 4 次比较。换言之，若需要判断 n 个数据中的最大值，就会有 n 个分支。在前 $n-1$ 个分支中，每个数据都需要与其他 $n-1$ 个数据比较。整段代码，最少需要进行 $(n-1)^2$ 次比较。实际操作中，一个基金经理往往需要对上千个资产组合进行判断。若使用该算法来实现，则代码较为复杂和冗长，且运算效率较低。

仔细观察代码示例 6.2 中的代码，可以看出，部分判断条件之间有重合。

例如，如果第一个判断条件（代码第 11 行）不成立（s1 不是最大值），说明有 3 种可能的情况：s1 大于或等于 s3 但小于 s2，s1 大于或等于 s2 但小于 s3，s1 同时小于 s2 和 s3。然而，程序在第 13 行又重新判断了 s2 是否大于或等于 s1。从这里可以发现，该算法判断了两次 s1 和 s2 的大小关系。因此，为了避免重复判断，我们可以改进算法，使用树形判断。

6.3.2　树形判断

1. 算法思路

树形判断的流程如图 6.10 所示。

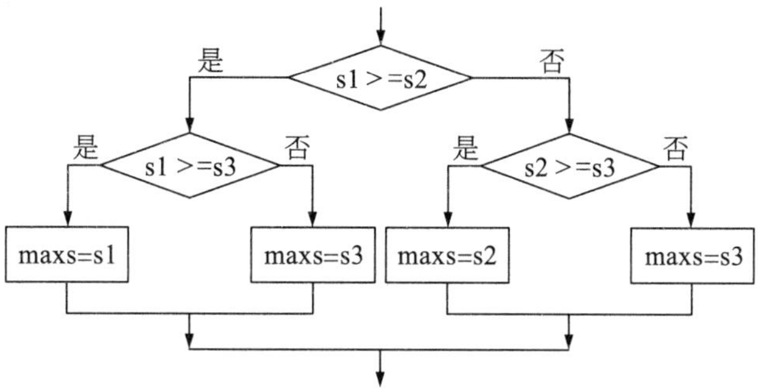

图 6.10　树形判断

树形结构由双分支结构嵌套而成。首先对 s1 和 s2 进行判断，如果 s1 大于或等于 s2，则接着判断 s1 和 s3 的大小关系；如果 s1 小于 s2，则接着判断 s2 和 s3 的大小关系。之后根据第二次判断的结果得出三者之间的最大值。该流程可以通过 if-else 语句的嵌套来实现。

2. 代码实现

树形判断的具体代码实现如下：

【代码示例 6.3】最优投资组合判断　6.3_BestPortfolio2.py。

```
"""
编写者：高顿财经研究院
日期：某年某月某日
功能：基于夏普比率，判断最优投资组合
"""

s1 = float(input(" 请输入第一个资产的夏普比率："))
s2 = float(input(" 请输入第二个资产的夏普比率："))
s3 = float(input(" 请输入第三个资产的夏普比率："))

if s1>= s2:
    if s1>= s3:
        maxs = s1
    else:
        maxs = s3
else:
    if s2>= s3:
        maxs = s2
    else:
        maxs = s3

print('\n 最大的夏普比率为 %.1f'%maxs)
```

提示

本示例实际上使用了嵌套结构，即 if 语句中嵌套了新的 if 语句。读者一定要注意嵌套语句下的缩进。根据缩进长度可以轻松判断出代码块属于哪个层级。例如，第 17 行与第 19 行代码属于同一缩进层级，隶属于第 16 行代码 else 下的分支语句；第 18 行与第 20 行代码则分别隶属于第 17 行与第 19 行下的分支语句。

3. 算法评估

相比于遍历判断，树形判断算法的效率得到提高，只需要进行两次比较。但是，该算法的结构较为复杂，嵌套层数较多，分支较多。若有 n 个数值需要比较，则需要嵌套 $n-1$ 层，共有 2^{n-1} 个分支。当 n 的值较大、数据点较多时，程序整体的复杂度以指数级别增加。

6.3.3 贪婪算法

1. 算法思路

贪婪算法是指求解问题时，在每一步的求解中，总是做出在当前看来是最好的选择，即一定意义上的局部最优解。继而，通过一系列的最优选择，得到整个问题（全局）的最优解。

假如你作为一个投资经理，刚开始只有两个资产可以选择。通过对比，你选择了夏普比率较高的资产，得到了局部最优。当一个新的资产出现时，你仍然面临二选一的问题，即将之前得到的最优资产的夏普比率与新资产的夏普比率相比，持有两者之间的夏普比率较高者。因此，在一次次的比较后，最终你持有的资产就是一系列资产的最优解。

2. 代码实现

贪婪算法的具体代码实现如下：

【代码示例 6.4】最优投资组合判断　6.4_BestPortfolio3.py。

```
"""
编写者：高顿财经研究院
日期：某年某月某日
功能：基于夏普比率，判断最优投资组合
"""

s1 = float(input(" 请输入第一个资产的夏普比率："))
s2 = float(input(" 请输入第二个资产的夏普比率："))
s3 = float(input(" 请输入第三个资产的夏普比率："))

maxs = s1
if s2 > maxs:
    maxs = s2
if s3 > maxs:
    maxs = s3
print('\n 最大的夏普比率为 %.1f'%maxs)
```

3. 算法评估

相比前两种算法，贪婪算法的代码更短、结构更简单。对于 3 个数据，只需要比较两次。若有 n 个数值需要比较，只需要比较 n–1 次。同时，不需要进行复杂的结构嵌套，每增加一个比较值时，只需要添加两行代码即可。因此，该方法兼顾了算法的效率和代码的简洁。

6.3.4　内置函数max()

在数值的比较中，前文分别讲述了用三种不同的方法来实现最大值的判断。其实，Python 本身存在内置函数 max()（细心的读者可能已经注意到，在之前提及的代码中，表示最大值用的是 maxs 而不是 max）。max() 函数可以返回参数中的最大值。

【代码示例 6.5】最优投资组合判断　6.5_BestPortfolio4.py。

```
"""
编写者：高顿财经研究院
日期：某年某月某日
功能：基于夏普比率，判断最优投资组合
"""


s1 = float(input(" 请输入第一个资产的夏普比率："))
s2 = float(input(" 请输入第二个资产的夏普比率："))
s3 = float(input(" 请输入第三个资产的夏普比率："))

maxs = max(s1,s2,s3)

print(' 最大的夏普比率为 %.1f'%maxs)
```

提示

通过对判断最优投资组合的实现，我们可以得到以下 3 点启示：

（1）在程序设计中，一个问题可能存在多种解决方式。在遇到问题时，我们可以先按照自己的初步想法设计算法，并通过 Python 将其实现。在顺利实现后，再不断优化，提高运算效率。

（2）设计算法时，要考虑算法的适用性。通过设计和优化，扩大代码的应用范围。

（3）编写程序时，要善于借鉴他人的经验，不要“闭门造车”。很多优秀的程序员已经设计了无数优秀的算法。若需要解决的问题已经被前人解决，最高效的方式是借鉴他人的经验，尤其是在金融编程领域。当然，初学者可以通过编写一些基础的代码来掌握编程的技巧，以及加深对编程语言的理解。

思考与练习

（1）阐述什么是程序中的条件语句。

（2）阐述条件语句的特征。

（3）列举条件语句的应用场景。

（4）思考实现排序的算法。

第 7 章　循环结构

学习目标：

◆ 理解循环的概念，了解定循环和不定循环的区别。
◆ 掌握 Python 中 for 语句和 while 语句实现循环的方法。
◆ 掌握嵌套循环的实现方法。
◆ 理解 break 语句、continue 语句和 pass 语句。
◆ 掌握利用循环解决实际问题的方法。

7.1　循环结构概述

如第 6 章所述，程序的三种基本结构包括顺序结构、分支结构和循环结构。本章主要讲述循环结构。具体而言，根据触发循环条件的不同，循环结构可分为遍历循环结构和条件循环结构。根据循环执行次数的确定性，循环结构又可分为定循环和不定循环。

7.2　遍历循环结构：for语句

7.2.1　基本for语句

1. for 语句的基本形式

遍历循环结构通过 for 语句来实现，其基本思想是遍历结构中的所有元素。for 语句的基本语法形式如下：

```
for <循环变量> in <遍历结构>:
    <语句块>
```

其中：

（1）**循环变量**只是形式变量，变量名可以是任何有效的名称。但是，通常情况下用字母 i 或 j 表示，有时也用遍历结构的英文单词单数形式表示。

（2）**遍历结构**的类型较多，可以是序列对象（包括字符串、列表、字典等），也可以是 range() 函数，甚至可以是文件。

（3）**语句块**可以由一行或多行代码组成。与其他结构中的语句块类似，语句块需要整体缩进。

2. for 语句的执行流程

for 语句的执行流程如图 7.1 所示。通过 for 语句，程序将依次从遍历结构中取出单个元素，将元素赋值给循环变量，并对循环变量执行缩进的语句块。上述过程持续进行，直到将循环结构中的所有元素都执行一遍语句块后，循环结束。**由于遍历循环的次数由循环结构中的元素个数所决定，而循环结构中的元素个数一般是确定的，故遍历循环结构又称“定循环”。**

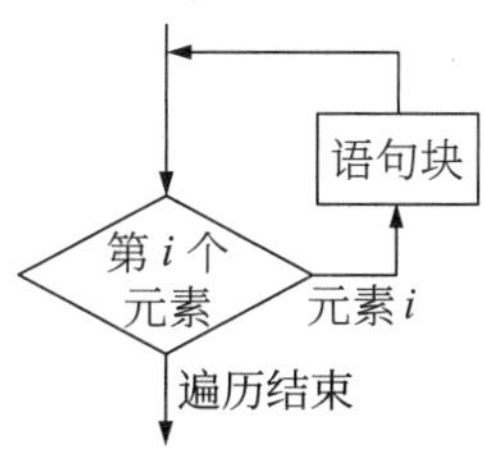

图 7.1　for 语句

上述流程的实际过程如图 7.2 所示：

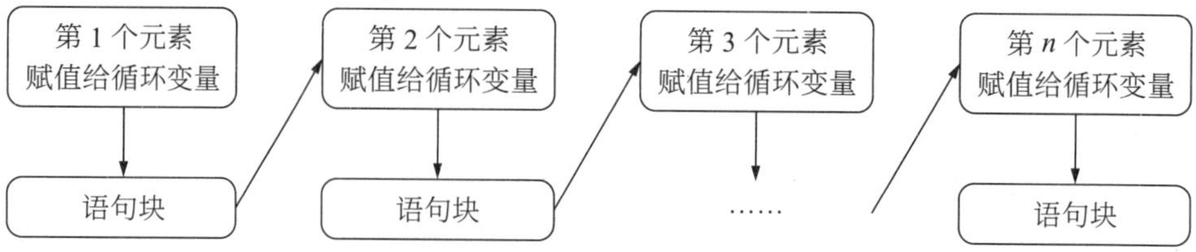

图 7.2　循环遍历过程

3. for 语句的应用

（1）for 语句与字符串。

最简单的 for 循环是对字符串的遍历。如下例：

```
In [1]: codes = "ABCDE"
In [2]: for code in codes:
   ...:     print(code)
   ...:
A
B
C
D
E
```

（2）for 语句与 range() 函数。

range() 函数是 Python 的内置函数，其主要功能是返回一个可遍历对象。range() 函数的主要语法形式如下：

range(<开始值>,<结束值>,<步长值>)

函数将返回一个整数序列对象，该序列从开始值开始，步长为步长值，到结束值减 1 结束。**序列包含开始值，但不包含结束值。由于 range() 函数返回的是可遍历对象而非列表**，故而无法直接打印，元素的显示需要通过 for 循环语句来实现。如下例：

```
In [3]: for i in range(1,10,2):
   ...:     print(i)
   ...:
1
3
5
7
9
```

若步长值缺省，则默认步长为 1。如下例：

```
In [4]: for i in range(0,5):
   ...:     print(i)
   ...:
0
1
2
3
4
```

若步长值和开始值都缺省，则默认步长值为 1，开始值为 0。此时，range() 函数简化为：

range(<结束值>)

如下例：

```
In [5]: for i in range(5):
   ...:     print(i)
   ...:
0
1
2
3
4
```

range() 函数简化形式的使用更加频繁，常与 for 循环结合。由 range() 函数所返回的可迭代对象的元素既可以充当索引值，又可以作为变量参与运算，如下例：

```
In [6]: codes = "ABCDE"
In [7]: for i in range(5):
   ...:     print(codes[i],":",i)
   ...:
A : 0
B : 1
C : 2
D : 3
E : 4
```

（3）for 语句的应用：债券定价。

从循环遍历的过程中可以看出，遍历循环结构可以对不同元素进行相同操作，从而提高重复性工作的效率。例如，对债券定价过程的实现就可以借助 for 循环语句。

金融助手

债券的定价思想：债券的理论价格应为未来现金流按折现率折现到今天的现值之和。其具体公式为：

$$\text{Price}=\sum_{i=1}^{N}\frac{C}{(1+r)^{i}}+\frac{\text{FV}}{(1+r)^{N}}$$

其中，Price 为债券的价格，N 为现金流的总期数，C 为债券的票息金额，FV 为债券的面值，r 为到期收益率（即折现率）。

例如，有一个债券的到期时间为 10 年，每年年末付息 5 元，面值为 100 元，对应的到期收益率为 8%。那么，根据公式，债券的合理价格应为：

$$\text{Price}=\frac{5}{1+0.08}+\frac{5}{(1+0.08)^{2}}+\frac{5}{(1+0.08)^{3}}+\cdots+\frac{5}{(1+0.08)^{10}}+\frac{100}{(1+0.08)^{10}}$$

可以看出，该债券定价公式前十项的形式非常类似。因此，可以通过 for 循环语句来简化计算。债券定价的代码实现如下：

【代码示例 7.1】债券的定价　7.1_BondPricing.py。

```
1  """
2  编写者：高顿财经研究院
3  日期：某年某月某日
4  功能：债券定价
5  """
6
7  # 已知条件
8  N = 10  # 到期时间
9  C = 5  # 票息
10 FV = 100  # 面值
11 r = 0.08  # 折现率
12 price = 0  # 价值初始化
13
14 # 债券定价
15 # 票息的现值
16 for i in range(1,N+1):
17         price = price + C/(1+r)**i
18
19 # 面值的现值
20 price = price + FV/(1+r)**N
21
22 # 打印显示价格
23 print("\n")
24 print("{:*^25}".format(" 债券信息 "))
25 print("{0:{2}>10}{1:}".format(" 到期时间 : ",N,chr(12288)))
26 print("{0:{2}>10}{1:.1%}".format(" 到期收益率 : ",r,chr(12288)))
27 print("{0:{2}>10}{1:}".format(" 票息 : ",C,chr(12288)))
28 print("{0:{2}>10}{1:}".format(" 面值 : ",FV,chr(12288)))
29 print("\n")
30 print("{:*^25}".format(" 债券定价 "))
31 print("{0:{2}>10}{1:.2f}".format(" 价格 : ",price,chr(12288)))
```

上述代码的输出结果如下：

```
In [8]: runfile('C:/Users/Gaodun/Desktop/7.1_BondPricing.py', wdir='C:/Users/Gaodun/Desktop')

    ********* 债券信息 **********
            到期时间 : 10
          到期收益率 : 8.0%
                票息 : 5
                面值 : 100


    ********* 债券定价 **********
                价格 : 79.87
```

在代码示例 7.1 中，要特别注意第 17 行和第 20 行缩进的不同。第 17 行是 for 循环中要多次执行的语句，故而需要缩进。但是，第 20 行只需要执行一次，应该是位于 for 循环之外的语句，故而无须缩进。

第 25 行，我们用到了一个特殊字符 chr(12288)，代表中文空格。这里使用中文空格的目的是使输出更加美观，将每个中文冒号对齐显示。

知识链接

第 24 行至第 31 行运用了格式化输出的相关知识，有所遗忘的读者可以查阅第 4 章的相关内容。

7.2.2　for-else语句

for 语句还能与关键字 else 结合起来，形成更复杂的遍历循环。for-else 语句的基本语法形式如下：

for <循环变量> in <遍历结构>:
　　<语句块1>
else:
　　<语句块2>

for-else 语句的执行过程与 for 语句大致相同。但是，**只有在 for 语句遍历所有循环结构中的变量并执行语句块 1 后，才会执行 else 后面的语句块 2。因此，for-else 语句可以用来判断循环语句的执行情况，确认循环是否正常运行。**

for-else 语句常需要与后文讲解的转向语句（break 语句、continue 语句和 pass 语句）相结合。

7.3　条件循环结构：while语句

7.3.1　基本while语句

1. while 语句的基本形式

条件循环结构通过 while 语句来实现。while 语句的基本语法形式如下：

while <条件>:
　　<语句块>

其中：

while 语句的条件通常为条件表达式，其判断结果为 True 或 False。

语句块可以由一行或多行代码组成，需要整体缩进。

2. while 语句的执行流程

while 的中文含义为“当”，当条件成立（条件判断的结果为 True）时，循环执行语句块；当条件不成立（条件判断的结果为 False）时，跳出循环，执行循环体外的语句，其执行流程如图 7.3 所示。

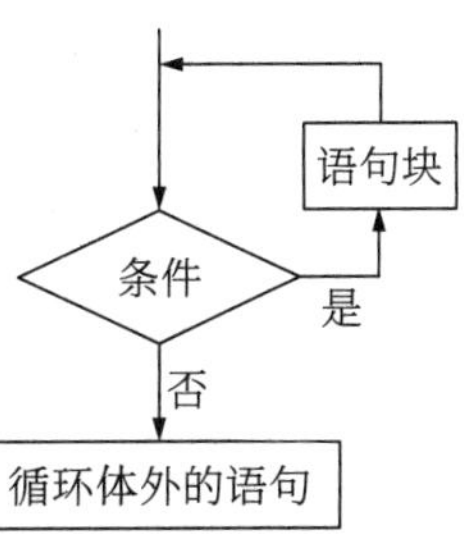

图 7.3　while 语句

由于 while 条件循环的次数取决于条件判断的结果，而**条件判断的结果在循环开始前并不确定，故而 while 条件循环又称“不定循环”**。

3. while 语句的应用

（1）债券定价。

代码示例 7.1 中的债券定价也可以通过 while 语句来实现。其代码实现如下：

【代码示例 7.2】债券的定价　7.2_BondPricing2.py。

```
"""
编写者：高顿财经研究院
日期：某年某月某日
功能：债券定价
"""

# 已知条件
N = 10 # 到期时间
C = 5 # 票息
FV = 100 # 面值
r = 0.08 # 折现率
price = 0 # 价值初始化

# 债券定价
# 票息的现值
i = 1  # 计数器
while i <= N:
    price = price + C/(1+r)**i
    i += 1

# 面值的现值
price = price + FV/(1+r)**N

# 打印显示价格
print("\n")
print("{:*^25}".format(" 债券信息 "))
print("{0:{2}>10}{1:}".format(" 到期时间 : ",N,chr(12288)))
print("{0:{2}>10}{1:.1%}".format(" 到期收益率 : ",r,chr(12288)))
print("{0:{2}>10}{1:}".format(" 票息 : ",C,chr(12288)))
print("{0:{2}>10}{1:}".format(" 面值 : ",FV,chr(12288)))
print("\n")
print("{:*^25}".format(" 债券定价 "))
print("{0:{2}>10}{1:.2f}".format(" 价格 : ",price,chr(12288)))
```

上述代码的输出结果如下：

```
In [9]: runfile('C:/Users/Gaodun/Desktop/Python_book/7.2_BondPricing2.py', wdir='C:/Users/Gaodun/Desktop/Python_book')

********* 债券信息 **********
        到期时间 : 10
      到期收益率 : 8.0%
            票息 : 5
            面值 : 100

********* 债券定价 **********
            价格 : 79.87
```

代码示例 7.1 和代码示例 7.2 的大部分代码都相同且运行结果一致，只是循环体（代码第 17 行至第 19 行）不同。**若要使用 while 语句实现一个计数循环，则需要借助一个计数器**。在代码示例 7.2 中，我们使用 i 来充当计数器，控制循环的执行次数。代码第 16 行至第 19 行的运行流程如下：

①第 16 行，在循环开始之前，初始化计数器 i，令其值为 1。

②代码运行至第 17 行，while 语句进行条件判断（i<=N）。此时，i 为 1 且 N = 10，判断结果为 True，故而执行循环体内的语句块（第 18 行至第 19 行）。

③在第 19 行，我们将计数器 i 进行累加，运行后 i 为 2。

④程序跳转至第 17 行，再一次进行条件判断（2<=10），判断结果为 True，继续执行第 18 行，并在第 19 行对计数器 i 进行累加。

⑤如此反复，第 10 次执行循环体后，计数器 i 为 11。此时再进行条件判断（11<=10 错误），结果为 False。因此，程序跳出 while 循环，执行循环外（第 22 行）代码。

提示

由于 while 循环是不定循环，若上例中没有设置累加计数器，即语句"i += 1"缺失，那么，条件判断的结果永远为 True，循环将会不断地运行下去，形成无限循环或死循环。若不小心进入了无限循环，则在 Spyder 中可以通过快捷键【Ctrl+C】强制退出循环。若死循环造成计算机 CPU 繁忙，而通过【Ctrl+C】无法结束循环，则可以通过快捷键【Ctrl+Alt+Delete】调出任务管理器，直接结束 Spyder 的进程。

（2）计算基金平均收益。

与定循环 for 语句相比，不定循环 while 语句的优势在于其灵活性。例如，要计算一系列基金收益率的算术平均收益率。若使用 for 语句，则必须事先确定基金的个数。但若使用 while 语句，用户可以向程序传入任意个数的基金收益。其代码实现如下：

【代码示例 7.3】计算基金平均收益　7.3_AverageReturn.py。

```
"""
编写者：高顿财经研究院
日期：某年某月某日
功能：计算基金的平均收益
"""

sum_r = 0  # 基金的收益率之和
num_r = 0  # 基金的个数
condition = input(' 请输入基金的收益率 :')  # 输入首个基金的收益率

while condition != 'N':
    r = float(condition)
    num_r += 1
    sum_r += r  # 加总基金收益率
    condition = str(input(' 请继续输入（若停止，请输入 N）\n'))

print(' 这些基金收益率的算术平均为 :'+str(round(sum_r/num_r,3)))
```

可以通过循环变量 condition 控制不定循环 while 的循环次数。只要用户不停止（输入 N），就可以持续添加新的基金，使得 while 循环持续进行。

7.3.2 while-else语句

与 for 语句类似，while 语句也能与关键字 else 结合起来，形成更复杂的条件循环。while-else 语句的基本语法形式如下：

```
while <条件>:
    <语句块1>
else:
    <语句块2>
```

while-else 语句与 for-else 语句类似，只有在 while 循环正常执行完成后，程序才会执行 else 后面的语句块 2。因此，while-else 语句可以用来判断循环语句的执行情况，确认循环正常与否。

7.4 循环嵌套

Python 语言允许在一个循环内部嵌套另一层循环。并且，Python 既可以嵌套相同类型的循环，也可以嵌套不同类型的循环。**在循环嵌套中，我们必须通过代码的缩进来辨识循环的层级。**

7.4.1 for循环嵌套

1. for 循环嵌套的基本形式

for 循环嵌套的语法形式：

```
for <循环变量1> in <遍历结构1>:
    for <循环变量2> in <遍历结构2>:
        <语句块2>
    <语句块1>
```

2. for 循环嵌套的应用

基金经理在计算投资组合的风险时，需要用到组合内资产收益的协方差矩阵。假设当前投资组合中包含 4 个资产，资产编号依次为 1，2，3，4。这 4 个资产收益的标准差依次为 0.12，0.15，0.23，0.25，并储存在列表 stds 中。同时，这 4 个资产间收益的相关系数 $\rho_{1,2}$，$\rho_{1,3}$，$\rho_{1,4}$，$\rho_{2,3}$，$\rho_{2,4}$，$\rho_{3,4}$ 分别为 0.3，0.56，0.45，0.78，−0.88，−1.23，并储存在列表 corrs 中。若要求这 4 个资产对应的协方差，则需要使用循环嵌套。

协方差的计算公式：

$$\text{cov}(x,y)=\sigma_x \cdot \sigma_y \cdot \rho_{x,y}$$

具体的代码实现如下：

【代码示例 7.4】计算资产收益的协方差 7.4_PortfolioCov.py。

```
"""
编写者：高顿财经研究院
日期：某年某月某日
功能：计算资产收益的协方差
"""

stds = [0.12, 0.15, 0.23, 0.25] # 资产收益的标准差
corrs = [0.3,0.56,0.45,0.78,-0.88,-1.23] # 资产收益的相关系数
i = 0 # 循环变量

for j in range(len(stds)):
    std1 = stds[j] # 取第一个资产的标准差
    for k in range(len(stds)):
        if j < k:
            std2 = stds[k] # 取第二个资产的标准差
            cov = std1*std2*corrs[i]
            print("Cov(%d,%d) = %.4f" %(j+1,k+1,cov))
            i += 1
```

上述代码的输出结果如下：

```
In [10]: runfile('C:/Users/Gaodun/Desktop/Python_book/7.4_PortfolioCov.py', wdir='C:/Users/Gaodun/Desktop/Python_book')
Cov(1,2) = 0.0054
Cov(1,3) = 0.0155
Cov(1,4) = 0.0135
Cov(2,3) = 0.0269
Cov(2,4) = -0.0330
Cov(3,4) = -0.0707
```

代码示例 7.4 的主要运行流程：

（1）代码运行到第 11 行，进入外层 for 循环，j 值取 0。

（2）执行第 12 行，根据 j 值索引列表 stds 中的第 1 个值 0.12，即 $\sigma_1=0.12$。

（3）运行到第 13 行，进入内层 for 循环，k 值取 0。

（4）执行第 14 行，进行条件判断。此时 j 和 k 的值皆为 0，条件判断结果为 False，则不执行第 15 行至第 18 行。这里设置条件判断的原因是，注意四个资产间收益的相关系数为 $\rho_{1,2}$，$\rho_{1,3}$，$\rho_{1,4}$，$\rho_{2,3}$，$\rho_{2,4}$，$\rho_{3,4}$，第一个下标的值是小于第二个下标的值的。

（5）程序跳转至第 13 行，第 2 次运行内层 for 循环，k 值取 1。

（6）执行第 14 行，j=0 且 k=1，条件判断结果为 True，继续执行第 15 行至第 18 行。

（7）执行第 15 行，根据 k 值索引列表 stds 中的第 2 个值 0.15，即 $\sigma_2=0.15$。

（8）执行第 16 行，根据 i 值索引列表 corrs 中的第 1 个值 0.3，即 $\rho_{1,2}=0.3$，并且进行计算赋值：$Cov(1,2)=\sigma_1\cdot\sigma_2\cdot\rho_{1,2}=0.12\times0.15\times0.3=0.0054$。

（9）执行第 17 行，打印显示：Cov(1,2) = 0.005 4

（10）执行第 18 行，循环变量 i 自加，变为 1。

（11）程序再次跳转至第 13 行，进行第 3 次、第 4 次循环。

（12）第 4 次循环完成后，程序跳转至第 11 行，j 值取 1，并再次重复第（2）步至第（11）步。

提示

循环嵌套的实际运行过程较为复杂，初学者要能够自己描述、分析上述过程，最终熟练掌握其运用。

7.4.2 while循环嵌套

1. while 循环嵌套的基本形式

while 循环嵌套的语法形式：

```
while <条件1>:
    while <条件2>:
        <语句块2>
    <语句块1>
```

2. while 循环嵌套的应用

素数，又称质数，指的是在大于 1 的自然数中，除了 1 和它本身之外，不能被其他自然数整除的整数。在金融中，素数多被用于数据加密。利用 while 循环嵌套，我们可以找到一定数值范围内的所有素数。具体的代码实现如下：

【代码示例 7.5】显示一定范围内的素数　7.5_PrimeNum.py。

```
"""
编写者：高顿财经研究院
日期：某年某月某日
功能：显示一定范围内的素数
"""

start = int(input(" 请输入范围的开始值 :\n"))
```

```
8   end = int(input(" 请输入范围的结束值 :\n"))
9   i= start  # 循环变量初始化
10
11  print("\n%d ~ %d 之间的素数为："%(start,end))
12  while i <= end:
13      divisor = 2  # 除数变量
14      while divisor <i and i % divisor !=0:
15          divisor += 1
16      if i == divisor:
17          print(i)
18      i += 1
```

上述代码的输出结果如下：

```
In [11]: runfile('C:/Users/Gaodun/Desktop/Python_book/7.5_PrimeNum.py', wdir='C:/Users/Gaodun/Desktop/Python_book')

请输入范围的开始值 :
5

请输入范围的结束值 :
50

5 ~ 50 之间的素数为：
5
7
11
13
17
19
23
29
31
37
41
43
47
```

代码示例 7.5 的基本设计思路：通过外层循环，遍历范围内的每一个值；再通过内层循环判断该值是否为素数。基于素数不能被除了 1 和它本身之外的正整数整除这一性质，可以通过遍历从 2 到该数减 1 的正整数，判断其是否可以被整除，故而判断是否为素数（第 14 行）。例如，对于数字 10，我们可以让 10 依次除以 2，3，4，5，6，7，8，9。因为 10 可以被 2 和 5 整除，所以不是素数。对于数字 7，我们可以让 7 依次除以 2，3，4，5，6。因为 7 不可以被这些数中的任何一个整除，所以 7 为素数。

代码示例 7.5 的主要运行流程：

（1）执行第 7 行，输入范围的开始值 5 并赋值给变量 start。

（2）执行第 8 行，输入范围的结束值 50 并赋值给变量 end。

（3）执行第 9 行，将变量 start 的值赋值给循环变量 i。

（4）运行至第 12 行，进入 while 外层循环。由于 5 小于 50，执行循环体内的语句。

（5）执行第 13 行，将 2 赋值给变量 divisor，作为第一个除数。

（6）执行第 14 行，进入 while 内层循环，开始判断循环变量 i 是否为素数。2 小于 5 且 5 不能被 2 整除，所以执行循环内的语句。

（7）执行第 15 行，divisor 累加为 3。

（8）继续循环，3 小于 5 且 5 不能被 3 整除，所以继续对 divisor 进行累加，直到 divisor 为 5 时，不再进行 while 内层循环，继续执行第 16 行。

（9）因为 i 为 5 且 divisor 为 5，所以 if 条件判断结果为 True，打印显示 5。i 与 divisor 的值一致，说明内层循环执行了 4 次，意味着 2~4 都不能整除 5，即 5 为素数。

（10）继续执行第 18 行，循环变量 i 累加为 6。

（11）程序跳转至第 12 行，开始第二次外层循环。由于 6 小于 50，执行循环体内的语句。

（12）再次执行第 13 行，将 2 赋值给变量 divisor。

（13）执行第 14 行，虽然 2 小于 6，但是 6 能被 2 整除。所以，不执行循环体内的语句，跳转执行第 16 行。

（14）此时 i 为 6，divisor 仍为 2，i 与 divisor 的值不一致，说明内层循环没有循环够 5 次，意味着 2~5 中至少有一个能整除 6，即 6 不是素数，不打印显示。

（15）再次执行第 18 行，循环变量 i 累加为 7。程序跳转至第 12 行，开始第三次外层循环。

…………

如此循环往复直到循环变量 i 累加为 50、程序执行完成为止。

7.5 转向语句

转向语句常用来辅助和控制循环的执行，使得循环的执行流程转向。Python 中的转向语句包括 break 语句和 continue 语句。

7.5.1 break语句

break 语句用来跳出当前层次的 for 循环或 while 循环，程序继续执行该层次循环之后的语句。因此，若我们希望根据特定条件来结束循环，就可以通过在循环内加入 break 语句来实现。例如，代码示例 7.2 中利用 while 循环对债券进行定价，相关原代码如下：

```
i = 1  # 计数器
while i <= N:
    price = price + C/(1+r)**i
    i += 1

# 面值的现值
price = price + FV/(1+r)**N
```

若加入 break 语句，则代码可更改为：

【代码示例 7.6】债券的定价 7.6_BondPricingBreak.py。

```
"""
编写者：高顿财经研究院
日期：某年某月某日
功能：债券定价 - break 语句
"""

# 已知条件
N = 10  # 到期时间
C = 5  # 票息
FV = 100  # 面值
r = 0.08  # 折现率
price = 0  # 价值初始化

# 债券定价
# 票息的现值
i = 0  # 计数器
while True:
    i += 1
    price = price + C/(1+r)**i
    if i >= N:
        break

# 面值的现值
price = price + FV/(1+r)**N

# 打印显示价格
print("\n")
print("{:*^25}".format(" 债券信息 "))
print("{0:{2}>10}{1:}".format(" 到期时间 : ",N,chr(12288)))
print("{0:{2}>10}{1:.1%}".format(" 到期收益率 : ",r,chr(12288)))
print("{0:{2}>10}{1:}".format(" 票息 : ",C,chr(12288)))
print("{0:{2}>10}{1:}".format(" 面值 : ",FV,chr(12288)))
print("\n")
print("{:*^25}".format(" 债券定价 "))
print("{0:{2}>10}{1:.2f}".format(" 价格 : ",price,chr(12288)))
```

上述代码的输出结果如下：

```
In [12]: runfile('C:/Users/Gaodun/Desktop/Python_book/7.6_BondPricingBreak.py', wdir='C:/Users/Gaodun/Desktop/Python_book')
```

```
********* 债券信息 **********
        到期时间 : 10
      到期收益率 : 8.0%
            票息 : 5
            面值 : 100


********* 债券定价 **********
            价格 : 79.87
```

第 17 行至第 19 行，由于 while 循环的条件判断为 True（判断结果始终为真），如果没有相应的转向语句，那么该 while 循环将成为死循环。因此，我们必须在循环体中加入条件判断和 break 语句，迫使循环在一定条件下结束。这意味着当计数器 i 的值大于或等于 N 时，跳出 while 循环，执行循环之后第 24 行的代码。

7.5.2 continue语句

1. continue 语句的用法

continue 语句用来跳出本次循环，即跳过本次循环剩余语句的执行，然后继续下一轮循环的执行。因此，若我们希望根据特定条件对循环中的某些语句进行选择性执行，就可以通过在循环内加入 continue 语句来实现。

例如，某基金经理 2009—2017 年的投资年回报率依次为 0.12，0.23，-0.34，0.45，-0.33，0.25，-0.44，0.56，-0.32，且该数据存放在列表 returns 中。若需要显示该基金经理获得正收益的年份及对应的收益，则可以通过 continue 语句来选择性循环列表 returns。其具体的代码实现如下：

```
In [13]: returns = [0.12,0.23,-0.34,0.45,-0.33,0.25,-0.44,0.56,-0.32]


In [14]: for i in range(len(returns)):
    ...:     if returns[i] < 0:
    ...:         continue
    ...:     print(2009+i,":",returns[i])
    ...:
2009 : 0.12
2010 : 0.23
2012 : 0.45
2014 : 0.25
2016 : 0.56
```

for 循环遍历列表 returns 中的所有元素，如果该元素为负数（小于 0），则执行 continue 语句，跳出该次循环 [不再执行 print() 语句]，进入下一次循环。故而，实际 for 循环执行了 9 次，print() 语句只执行了 5 次。

2. continue 语句与 break 语句的对比

continue 语句和 break 语句都可以用来跳出循环，但是，continue 语句跳过的是本次循环，而 break 语句跳出的是整个循环。若将上述代码中的 continue 改成 break，则代码运行结果如下：

```
In [15]: returns = [0.12,0.23,-0.34,0.45,-0.33,0.25,-0.44,0.56,-0.32]

In [16]: for i in range(len(returns)):
    ...:     if returns[i] < 0:
    ...:         break
    ...:     print(2009+i,":",returns[i])
    ...:
2009 : 0.12
2010 : 0.23
```

不难看出，改为 break 语句后，代码运行的结果与 continue 语句相比是不同的。在第 3 次执行 for 循环时，由于 returns 小于 0，执行 break 语句从而跳出了整个 for 循环。因此，for 循环执行到第 3 次时停止，print 语句只执行了 2 次。

通过前文提及的 for-else 语句和 while-else 语句，我们可以更直观地对比 continue 语句和 break 语句。例如，在上面两段代码中分别加入 else 语句：

```
In [17]: for i in range(len(returns)):
    ...:     if returns[i] <= 0:
    ...:         continue
    ...:     print(2009+i,":",returns[i])
    ...: else:
    ...:     print(" 循环：完全遍历 ")
    ...:
2009 : 0.12
2010 : 0.23
2012 : 0.45
2014 : 0.25
2016 : 0.56
循环：完全遍历
```

```
In [18]: for i in range(len(returns)):
    ...:     if returns[i] <= 0:
    ...:         break
    ...:     print(2009+i,":",returns[i])
    ...: else:
    ...:     print(" 循环：完全遍历 ")
    ...:
2009 : 0.12
2010 : 0.23
```

在左侧程序中，因为 continue 语句并没有影响 for 循环的遍历次数，所以 for 循环正常进行，执行 else 语句之后的 print 语句，显示“循环：完全遍历”。在右侧程序中，因为 break 语句使得 for 循环中途停止，所以 for 循环未正常进行，不执行 else 语句之后的 print 语句。

7.6　空语句：pass语句

pass 语句不执行任何操作，故而被称为占位语句或 null 操作。使用 pass 语句只是为了保持程序结构的完整，避免报错，这在构思整体程序时非常好用。例如，还未想好循环体需要执行的语句时，可以先用 pass 语句占位，避免程序报错。之后，再具体编写需要执行的循环体语句。

例如，单独运行 for 语句而不进行任何操作将会报错：

```
In [19]: for i in range(1,10):
  File "<ipython-input-45-4dd4a596783b>", line 1
    for i in range(1,10):
                     ^
SyntaxError: unexpected EOF while parsing
```

此时，在 for 语句下一行加上 pass 语句就可以避免报错：

```
In [20]: for i in range(1,10):
    ...:     pass
```

思考与练习

（1）阐述什么是循环语句。

（2）描述定循环与不定循环的区别。

（3）列举不定循环的运用场景。

（4）阐述break语句和continue语句的区别。

第 8 章　函　　数

学习目标：

◆ 理解函数的概念、定义与用途。

◆ 掌握函数的创建、运用与实际操作。

◆ 掌握函数参数的设置和变量的作用域。

◆ 理解匿名函数。

◆ 熟悉内置函数。

8.1　函数概述

8.1.1　函数的基本概念

函数是可重复使用的、有单一功能或相关联功能的语句组。函数的基本思想：写一个语句组并对其命名（即对函数命名），随后，通过引用函数名称，就能在程序中的任何位置调用该语句组。

函数的相关术语包括函数的定义和函数的调用。函数的定义是指创建函数的程序部分，而函数的调用是指函数在程序的其他部分中被调用。对于单个函数定义，它可以多次在程序的不同位置被反复调用。

8.1.2　函数的功能

函数是构造复杂程序的重要工具，它的主要功能是简化编程代码或解决代码的重复问题。

1. 简化编程

将实现特定功能的语句组封装在特定的函数中，可以简化编程步骤。函数使用者无须理解函数内部算法是如何实现的，只需要调用函数、传入参数，就可以实现特定的功能。

例如，第 6 章条件语句中对最优投资组合的判断，在对三个数求最大值的问题上，分别使用了遍历判断、树形判断、贪婪算法和内置函数 max()。在前三种方法中，求最大值的功能需要 6~10 行代码来实现，而内置函数 max() 只需要一行代码就能实现。表面上看，内置函数 max() 的代码最为简练。事实上，前三种算法详细展现了其实现语句，而内置函数 max() 将具体的实现语句组封装在函数内部，没有显现出来。对于函数使用者而言，我们不需要重新编写复杂的语句代码，甚至不需要理解 max() 函数的内部实现原理，直接调用 max() 函数并传入参数即可。

2. 消除重复

函数的另一个主要功能是解决代码的重复问题。我们可以通过对相同的函数传入不同的参数来实现对不同数据的处理，从而消除代码的重复，提高代码整体的重复利用率和运行效率。

例如，假设某基金经理需要计算一系列债券的现值。各债券的相关信息如表 8.1 所示。

表 8.1　债券的基本信息

债券名称	到期时间（n）	息票 (PMT)	面值 (FV)	折现率（r）
Bond1	5	25	1 000	0.05
Bond2	10	40	1 000	0.05
Bond3	20	50	1 000	0.05

债券现值的计算公式如下：

$$PV=\frac{PMT}{r}\left[1-\frac{1}{(1+r)^n}\right]+\frac{FV}{(1+r)^n}$$

若直接将每个债券的相关参数带入公式中计算，则代码输入相对复杂，代码有较多重复，具体代码如下：

```
In [1]: pv1 = 25/0.05*(1-1/(1+0.05)**5)+1000/(1+0.05)**5
In [2]: pv1
Out[2]: 891.7630832342294

In [3]: pv2 = 40/0.05*(1-1/(1+0.05)**10)+1000/(1+0.05)**10
In [4]: pv2
Out[4]: 922.7826507081518

In [5]: pv3 = 50/0.05*(1-1/(1+0.05)**20)+1000/(1+0.05)**20
In [6]: pv3
Out[6]: 1000.0
```

此时，我们可以利用函数来消除重复的工作，具体代码如下：

```
In [7]: def pv(n,r,pmt,fv):
   ...:        pv = pmt/r*(1-1/(1+r)**n)+fv/(1+r)**n
   ...:        return pv

In [8]: pv1 = pv(5,0.05,25,1000)
In [9]: pv1
Out[9]: 891.7630832342294

In [10]: pv2 = pv(10,0.05,40,1000)
In [11]: pv2
Out[11]: 922.7826507081518

In [12]: pv3 = pv(20,0.05,50,1000)
In [13]: pv3
Out[13]: 1000.0
```

通过定义和调用名为 pv 的函数，可以降低代码的复杂度。在上例中，我们只需要在定义函数时输入一次完整的现值公式，之后调用函数时，仅需传入参数值即可。后文将详细介绍定义函数的方法和语句。

8.1.3 函数的来源

Python 中的函数有多种来源。一方面，我们可以利用现成的、可直接调用的函数，包括 Python 的内置函数［如 print()、sorted()、input()］、Python 标准库中的函数和方法（如 datetime.date）以及第三方库（如 numpy.ones）。另一方面，我们可以根据自己的需要，自定义函数。

8.2 函数的定义及调用

8.2.1 函数的定义

在 Python 中，用户可以通过 def 关键字自定义一个具有特殊用处和功能的函数。函数自定义的具体语法形式如下：

```
def <函数名>(<参数列表>):
    <函数体>
    return [<返回值列表>]
```

1. 定义语句

自定义函数语句需要注意以下 5 点：

（1）函数定义的代码块以 def 关键字开头，空格后依次接函数名、圆括号和冒号。

（2）函数名可以是任何有效的 Python 标识符。

（3）参数列表为可选项，任何传入的参数和自变量必须放在圆括号中。需要指出的是，即便函数没有参数也必须保留圆括号。

（4）参数列表中的参数是形式参数，被称为“形参”。

（5）可自行决定一个函数的参数数量：可以没有参数，可以只有一个参数，也可以有很多个参数。

2. 函数体

函数体是函数每次被调用时所执行的代码。函数体语句部分需要注意以下 4 点：

（1）函数体语句可以由一行或多行语句组成。

（2）在编辑函数体时，Python 会自动缩进四个字符。

（3）函数内的函数体，都必须至少缩进四个字符。

（4）函数体部分的第一行代码通常会使用注释（#）来对函数的功能和使用进行说明。

3. 返回结果

若函数需要返回一定的结果，则以关键字 return 开头，空格后跟返回值列表。当存在多个返回值时，返回值之间用逗号“,”隔开。

若函数没有返回值，则 return 后面不带表达式或省略 return 语句。

8.2.2 函数的调用

1. 函数的调用规则

用户在自定义函数后，可以在程序的任何位置调用该函数。函数调用的语法形式如下：

```
<函数名>(<参数列表>)
```

在调用函数时，若函数本身没有参数，则可以省略参数的输入，但圆括号要保留；**若函数需要传递参数，则要在参数列表中提供传入函数内部的实际参数（又称“实参”）**。

> **提示**
>
> 需要特别注意的是，由于 Python 是解释性语言，故而函数必须先定义、后使用。

2. 函数的调用过程

Python 在调用一个函数时，通常会执行以下操作：

（1）程序运行至调用处暂停执行。

（2）实际参数将数据传递给形式参数。

（3）执行函数体语句。

（4）函数调用结束后产生返回值。

（5）程序将控制权归还调用者，回到调用前的暂停处继续往下执行。

8.2.3 函数的简单应用

在此，我们可以对函数进行简单的应用。回顾上文提到的债券现值计算函数，其具体代码如下：

```
In [14]: def pv(n,r,pmt,fv):
    ...:         pv = pmt/r*(1-1/(1+r)**n)+fv/(1+r)**n
    ...:         return pv


In [15]: pv(5,0.05,25,1000)
Out[15]: 891.7630832342294
```

首先，我们定义了一个名为 pv 的函数，该函数有 4 个参数，即 n、r、pmt 和 fv。该函数的函数体只有一行代码，即 pv 的计算过程。return 语句后面只有一个返回值 pv，故而该函数执行后只会返回 pv 的值。

之后，我们通过函数名 pv 调用了该函数，并向函数的形式参数一一传递实际参数，即 5，0.05，25，1 000。函数运行后，返回了计算出来的 pv 值，即 891.763 083 234 229 4。

8.3 函数的扩展

8.3.1 函数的参数

1. 参数的类型

上文中，我们提到了两种参数——形式参数和实际参数。

形式参数是指在函数定义中出现的参数，可以看作一个占位符，它本身没有任何数据，需要等到函数被调用时接受传入的数据。形参出现在函数定义中，只能在该函数体内使用。

实际参数是指函数被调用时给出的参数，它包含了实际的数据。这个数据会被函数内部的语句代码所使用。

通过形参和实参，程序完成数据的传递。在函数被调用时，实参的数据会传递给形参。

2. 参数的位置和传递

在调用函数时，**程序默认按照位置的对应关系将实参传递给形参**。例如，在上述例子中，第一个实参 5 默认传递给 n，第二个实参 0.05 默认传递给 r，第三个实参 25 默认传递给 pmt，第四个实参 1 000 默认传递给 fv。

这种默认的参数传递方法要求调用者必须严格按照形参的顺序传递实参。在参数数量较少时，该方法可行且操作简单。但是，当函数的参数较多时，这种方法的操作性和可读性都较差。当外部使用者阅读代码时，仅看调用语句 pv(5,0.05,25,1000)，很难理解其含义。因此，Python 还存在另一种参数传递方法，**即按照参数名称输入实参**。例如，上述调用代码可以改为：

```
In [16]: pv(n = 5, r = 0.05, pmt = 25, fv = 1000)
Out[16]: 891.7630832342294
```

对比 Out[15] 与 Out[16]，我们可以发现函数返回值不变。

按照参数名称输入实参的方式不仅增加了代码的可读性，也提高了函数调用的操作性。使用该方法时，实参的顺序可以自行调整，不必再严格按照函数定义时的顺序。例如：

```
In [17]: pv(fv = 1000, pmt = 25, n = 5, r = 0.05)
Out[17]: 891.7630832342294
```

3. 可选参数

我们可以在定义函数时通过等号直接为参数指定默认值。当函数被调用时，若没有给相应的实参传递数据，则将默认值传递给形参。由于在调用函数时，程序默认按照位置将实参传递给形参。因此，**可选参数必须定义在非可选参数的后面。**

例如，美国的中期国库票据（美国国债的一种）的最小面值为 1 000 美元，购买面额为 1 000 美元的倍数。因此，在定义债权现值函数 pv() 时，可以将 fv 的默认值设置为 1 000。此时，pv() 函数的定义和调用代码如下：

```
In [18]: def pv(n, r, pmt, fv =1000):
    ...:        pv = pmt/r*(1-1/(1+r)**n)+fv/(1+r)**n
    ...:        return pv


In [19]: pv(5,0.05,25)
Out[19]: 891.7630832342294
```

此时，由于我们没有向形参 fv 传递对应的实参，函数将使用参数 fv 的默认值 1 000 计算。或者，我们也可以进行如下操作：

```
In [20]: pv(5,0.05,50,2000)
Out[20]: 1783.5261664684588
```

此时，由于我们向形参 fv 传递了对应的实参 2 000，函数将使用 2 000 计算。

4. 可变数量参数

通过在参数前面加星号（*），我们可以定义可变数量参数，且可变数量参数必须定义在参数列表的最后。调用函数时，可变数量参数将以元组类型进行传递和运行。

例如，对不同的投资项目进行估值时，常常需要计算和对比不同投资项目的净现值。净现值的计算公式如下：

$$\mathrm{NPV}=\sum_{i=1}^{n}\frac{\mathrm{CF}_i}{(1+r)^i}$$

其中，CF_i 为第 i 期的现金流，r 为折现率，n 为现金流期数。

由于不同投资项目的现金流期数和现金流数额都不相同，因此现金流的参数可以设为可变数量参数。假设存在两个投资项目（项目 A 和项目 B）。项目 A 会在未来 5 年持续产生现金流，分别为 50、110、180、200 和 250。项目 B 会在未来 3 年持续产生现金流，分别为 150、210 和 275。两个项目的折现率都为 5%。若使用可变数量参数，净现值的函数定义及调用如下：

```
In [21]: def npv(r,*cfs):
    ...:     npv = 0
    ...:     n = len(cfs)
    ...:     for period in range(n):
    ...:         discount_factor = pow(1+r,-(period+1))
    ...:         pv_cf = cfs[period]*discount_factor
    ...:         npv += pv_cf
    ...:     return npv

In [22]: npv1 = npv(0.05,50,110,180,200,250)
In [23]: npv1
Out[23]: 663.3050945605899

In [24]: npv2 = npv(0.05,150,210,275)
In [25]: npv2
Out[25]: 570.8886729294892
```

在 npv() 函数中，*cfs 代表该参数为可变数量参数。在求 npv1 时，*cfs 被传入 5 个数值（50、110、180、200 和 250），而求 npv2 时，*cfs 被传入 3 个数值（150、210 和 275）。

8.3.2 函数变量的作用域

1. 全局变量与局部变量

程序中的变量根据其作用域范围可分为全局变量和局部变量。

全局变量是指在函数外定义的变量，该变量可以在整个程序范围内被访问、调用和操作。定义全局变量的语句一般顶格写、没有缩进。

局部变量是指仅在函数内部使用的变量，该变量只能在函数体内被访问和操作。当函数执行完成后，该变量所在的内存单元将被释放出来，意味着该变量不复存在。

全局变量和局部变量可以重名。**但是，在局部变量的作用域内，全局变量将被屏蔽而不起作用。**关于全局变量和局部变量的概念和特点可以通过代码示例 8.1 来辅助理解。

【代码示例 8.1】 全局变量与局部变量　8.1_Variables.py。

```
1  """
2  编写者：高顿财经研究院
3  日期：某年某月某日
4  功能：全局变量与局部变量
5  """
6  
7  num1=8
8  
9  def f1(n):
10     num1=n**2
11     print(num1)
12 
13 f1(num1)
14 print(num1)
```

上述代码的输出结果如下：

```
In [26]: runfile('C:/Users/Gaodun/Desktop/untitled4.py', wdir='C:/Users/Gaodun/Desktop')
64
8
```

Python 的代码运行过程：

（1）执行第 7 行代码，将 8 赋值给全局变量 num1，全局变量 num1 的作用域为整个程序。

（2）执行到第 8 行，程序遇到关键字 def，直接略过整个函数定义语句（第 9 行至第 11 行），跳转到第 13 行。

（3）执行第 13 行代码，调用函数 f1()，实参 num1 将数据 8 传递给形参 n。由于 n 的作用域只限于函数 f1() 内部，故而 n 为局部变量。同时，在函数内部，全局变量 num1 被屏蔽，此时的 num1 为新定义的局部变量，其取值为 64（8 的平方）。

（4）执行第 11 行代码，将 num1 的值打印显示出来，即打印局部变量 num1 的值 64。

（5）函数调用结束，局部变量 num1 的内存被释放，不复存在，程序跳转到第 14 行。

（6）执行第 14 行代码，print() 语句打印显示全局变量 num1 的值，即 8。

2. global 关键字

内部作用域想要修改外部作用域的变量或在函数内定义全局作用域时，可以通过 global 关键字声明。

【代码示例 8.2】 global 关键字的应用　8.2_GlobalApplication.py。

```
"""
编写者：高顿财经研究院
日期：某年某月某日
功能：global 关键字的应用
"""

```

```
7   num2=8
8   def f2(n):
9       global num2
10      num2=n**2
11      print(num2)
12
13  f2(num2)
14  print(num2)
```

上述代码的运行结果如下：

```
In [27]: runfile('C:/Users/Gaodun/Desktop/untitled0.py', wdir='C:/Users/Gaodun/Desktop')
64
64
```

代码运行的过程与代码示例 8.1 类似。但与代码示例 8.1 的不同之处在于，上述代码运行到第 9 行时，通过 global 关键字，变量 num2 的作用域扩展到全局。代码运行至第 10 行，对 num2 重新赋值为 64。第 11 行代码运行后，打印显示的结果为 64。函数 f2() 运行结束后，程序跳转到第 14 行。由于函数内的 num2 为全局变量，打印显示变量 num2 为 64 而非 8。

8.4 匿名函数 lambda()

8.4.1 匿名函数概述

1. 匿名函数的定义

匿名函数，又称 lambda() 函数，是指无须定义标识符的函数。该函数通过关键字 lambda 实现，具体的语法形式如下：

<函数名> = lambda <参数列表> : <表达式>

其实，上述函数定义语句与前文描述的函数定义语句类似，等价于：

def <函数名>(<参数列表>):

return <表达式>

函数 lambda() 的定义有以下两点需要注意：

（1）函数 lambda() 定义语句由关键字 lambda 引导，通过冒号将参数列表与表达式分隔开。冒号左侧为参数列表，多个形式参数之间用逗号“,”隔开，但参数外没有使用圆括号“()”。冒号右侧为表达式，有且只能有一个表达式。

（2）**由于函数 lambda() 返回的是函数表达式，需要一个变量去接收，故而该变量可视为函数名。**

2. 匿名函数的调用

匿名函数的调用方法与其他函数相同，函数调用的语法形式如下：

<函数名>(<参数列表>)

8.4.2 匿名函数的优缺点

1. 匿名函数的优点

匿名函数具有以下 3 个优点：

（1）代码更加精简。

从 lambda() 函数定义的语法形式就可以看出，若用关键字 def 来定义函数，至少需要 2 行代码，而匿名函数只需要 1 行代码即可。利用匿名函数可以精简代码。

例如，定义一个加法函数，若使用 def 定义函数，则代码为：

```
In [28]: def addtwo(x,y):
   ...: return x+y
```

调用该函数为：

```
In [29]: addtwo(2,3)
Out[29]: 5
```

若使用 lambda() 函数，则代码为：

```
In [30]: sumtwo = lambda x,y:x+y
```

调用 lambda() 函数为：

```
In [31]: sumtwo(2,3)
Out[31]: 5
```

在 In[30] 中，x，y 相当于函数的参数，sumtwo 相当于函数名。

（2）无须考虑函数的命名。

对于一些抽象的函数，有时对其进行有意义的命名较为困难。若不会在别处重复使用该类函数，则可以通过 lambda() 函数避免命名的难题。

（3）函数较为独立 。

lambda() 函数拥有自己的命名空间，且不能访问自身参数列表之外或全局命名空间内的参数。

2. 匿名函数的缺点

匿名函数的缺点主要在于可读性变差。由于 lambda() 是一个匿名函数，所以代码的可读性变差。对于外部使用者而言，很难快速、轻松地理解其含义。

例如，基金经理通过股价的初始价格和持股数量来确定投资的初始成本，用变量 cost 来储存。lambda() 函数的代码实现如下：

```
In [32]: cost = lambda price,shares : price*shares
```

假设该基金经理以 5.5 元的价格购入 1 000 股中国工商银行的股票，则该笔投资的初始成本如下：

```
In [33]: print(" 总共成本是：",cost(5.5,1000))
总共成本是：5500.0
```

但是，对于没有相关背景的外部使用者而言，在没有函数说明文档的情况下很难直接理解 cost 的含义。

8.5 内置函数

Python 3 解释器内置了 69 个函数，如表 8.2 所示。**使用内置函数时不需要引用任何库，可以**

直接使用。内置函数的存在提高了编程的便利性，省去了一一编写的工作量。

表 8.2 Python 的内置函数

abs()	delattr()	hash()	memoryview()	set()
all()	dict()	help()	min()	setattr()
any()	dir()	hex()	next()	slice()
ascii()	divmod()	id()	object()	sorted()
bin()	enumerate()	input()	oct()	staticmethod()
bool()	eval()	int()	open()	str()
breakpoint()	exec()	isinstance()	ord()	sum()
bytearray()	filter()	issubclass()	pow()	super()
bytes()	float()	iter()	print()	tuple()
callable()	format()	len()	property()	type()
chr()	frozenset()	list()	range()	vars()
classmethod()	getattr()	locals()	repr()	zip()
compile()	globals()	map()	reversed()	__import__()
complex()	hasattr()	max()	round()	

表 8.2 中的一些函数在前面的章节已经涉及。例如，len() 函数可以返回对象的长度或元素个数、int() 函数将字符串或数字转换成整数对象、print() 函数打印显示对象、sorted() 函数对序列对象进行排序等。内置函数的详细说明，可以使用 help() 函数来查看。

提示

Python 解释器中 help() 函数返回值为英文版说明。若读者偏好中文讲解，可通过 Python 的官方文档说明来查看。

上述 69 个函数的官方中文说明网址：https://docs.python.org/zh-cn/3.8/library/functions.html。

8.6 实例操作

假设某基金经理的投资组合中包含 10 种国债：

（1）10 种国债的到期时间依次为 1 年至 10 年，到期时间被存储在列表 maturities 中。

（2）10 种国债的到期本金依次为 100 元至 1 000 元（以 100 元递增），到期本金的金额被存储在列表 fvs 中。

（3）10 种国债的到期收益率的年化利率依次为 2.1% 至 3%（以 0.1% 递增），到期年化收益率被存储在列表 ytms 中。

（4）10 种国债中，到期时间 1 年至 5 年的票息率为 2%，到期时间 6 年至 10 年的票息率为 3%，票息率被存储在列表 cs 中。

（5）所有国债每半年派发 1 次利息息票。

要求：请求出 10 种国债对应的麦考利久期（Macaulay Duration, MacDur），并依次输出。

麦考利久期的计算公式如下：

$$\text{MacDur} = \frac{1}{P}\sum_{i=1}^{N}\frac{i \cdot \text{CF}_i}{(1+r)^i}$$

其中，P 为债券的价格（Price）；N 为付息期数（Periods），等于到期时间（Maturity, T）和付息频率（Frequency, Freq）的乘积；r 为每期折现率，等于年化到期收益率（Yield to Maturity, YTM）与付息频率的商；CF_i 为第 i 期现金流，包括票息（Coupon, C）和到期本金（Face Value, FV）。

【代码示例 8.3】债券的麦考利久期计算　8.3_MacDur.py。

```
"""
编写者：高顿财经研究院
日期：某年某月某日
功能：债券麦考利久期计算函数
"""


# 债券的已知条件
maturities = [1,2,3,4,5,6,7,8,9,10]
ytms = [0.021,0.022,0.023,0.024,0.025,0.026,0.027,0.028,0.029,0.03]
cs = [0.02,0.02,0.02,0.02,0.02,0.03,0.03,0.03,0.03,0.03]
fvs = [100,200,300,400,500,600,700,800,900,1000]

# 定义麦考利久期计算函数
def MacDur(T,YTM,c,FV,Freq=2):
    N = T*Freq          # 付息期数
    C = FV*c/Freq       # 票息
    r = YTM/Freq        # 每期折现率

    cfs = [C for i in range(N)] # 现金流计算
    cfs[N-1] += FV # 最后一期现金流
    disfact = [pow(1+r,-(i+1)) for i in range(N)]  # 折现因子计算

    pvs = [cfs[i]*disfact[i] for i in range(N)]  # 现金流现值
    price = sum(pvs) # 债券价格

    dur = sum((i+1)/Freq*pvs[i]/price for i in range(N))
    return dur

# 调用函数
```

```
MacDurs = [MacDur(maturities[i],ytms[i],cs[i],fvs[i]) for i in range(len(fvs))]

# 输出计算结果
print('Maturities: duration')
print('-'*20)
for i in range(len(fvs)):
    print("{:>10}{:}{:.2f}".format(maturities[i],": ",MacDurs[i]))
```

上述代码的运行结果如下：

```
In [34]: runfile('C:/Users/Gaodun/Desktop/8.3_MacDur.py', wdir='C:/Users/Gaodun/Desktop')

Maturities:   Duration

--------------------

          1:   1.00
          2:   1.97
          3:   2.93
          4:   3.86
          5:   4.78
          6:   5.54
          7:   6.37
          8:   7.18
          9:   7.96
         10:   8.71
```

思考与练习

（1）阐述什么是函数。

（2）阐述函数的优势。

（3）阐述编写函数的基本格式。

（4）阐述实参与形参的区别。

（5）阐述匿名函数的优点。

（6）请列举一些常用的Python内置函数。

（7）请写出可变数量参数的语法。

（8）在编写函数时，我们会遇到需要函数无返回值、带有一个返回值、带有多个返回值的情况，请问遇到这些情况时应如何编写代码？

（9）Python定义的变量有各自的作用范围，请简述全局变量和局部变量的差异。

（10）请尝试用内置函数的方法，计算5的11次方。

第 9 章 列 表

学习目标：

- ◆ 了解列表的基本概念。
- ◆ 掌握列表的常规操作。
- ◆ 掌握列表的函数、基本运算与处理。
- ◆ 掌握元组的概念与基本操作。
- ◆ 掌握如何编写列表的程序。

9.1 列表概述

列表（List）是具有某种共同关系的一组值，是一组**有序**数据对象的集合，是 Python 中最基本的数据结构类型。

9.1.1 列表的形式

列表的基本形式：[元素 1, 元素 2, 元素 3]，即将一系列元素放入方括号中，元素之间用逗号隔开。例如，['600000', ' 贵州茅台 ', ' 高顿财经 ', '2019']。

9.1.2 列表的特征

列表具有以下 3 个主要特征。

1. 列表中的元素可以是任意数据类型

列表中的元素可以是任意数据类型（字符串、整数、浮点数、列表、字典等）。同时，Python 不要求列表中的元素必须具有相同的数据类型，故而列表中的元素也可以是混合数据类型。

如下例，列表 baijiu_company 属于字符串列表，其中的元素均为字符串：

```
In [1]: baijiu_company = [' 贵州茅台 ', ' 五粮液 ', ' 水井坊 ']
```

列表 hybird_list 属于混合列表，同时包括字符串、整数和浮点数这三种数据类型：

```
In [2]: hybird_list = [' 贵州茅台 ', '600000', 2019,733.13]
```

列表中甚至还可以包含列表，例如：

```
In [3]: name_list = [' 高顿财经 ', [' 中国银行 ',' 工商银行 ']]
```

2. 列表可以用来保存变量

例如，输入下列代码，将白酒公司的名字保存在变量中：

```
In [4]: company1 = ' 贵州茅台 '
In [5]: company2 = ' 五粮液 '
In [6]: company3 = ' 水井坊 '
```

再将这些变量放入一个名为 baijiu_company 的列表中：

```
In [7]: baijiu_company = [company1, company2, company3]
```

在 Python 控制台中再次输入 baijiu_company，可以得到：

```
In [8]: baijiu_company
Out[8]: [' 贵州茅台 ', ' 五粮液 ', ' 水井坊 ']
```

3. 列表是动态的

通过列表的相关函数与方法，我们不仅可以访问列表中的元素，也可以对列表中的元素进行添加、删除、修改等操作，从而增加或减少列表元素。

9.2 列表的基本操作

我们可以对列表进行最基本的操作，包括创建、拼接和读取。常用的操作命令与字符串的命令类似，如表 9.1 所示。

表 9.1 列表的基本操作

操作符	功能
+	拼接
*	重复
< 列表 >[索引序号]	索引
< 列表 >[开始索引 : 结束索引 : 步长]	切片
for < 变量 > in < 列表 >	遍历
< 表达式 > in < 列表 >	成员检查

9.2.1 列表的创建

我们可以根据列表的基本形式直接创建一个新的列表。

例如，我们可以创建一个最简单、最基本的列表——空列表：

```
In [9]: void_list = []
```

提示

空列表不包含任何元素，常被用来对变量进行初始化。

或者，我们可以创建如下两个列表——list1 和 list2：

```
In [10]: list1 = ["601939", "601318"]
In [11]: list2 = [6.68,64.7]
```

其中，list1 中的元素为字符串，代表中国建设银行和中国平安这两家公司的股票代码；list2

中的元素为浮点数，代表了这两家公司所对应的市盈率（Price Earnings Ratio，P/E）。将上述两个列表打印输出，结果如下：

```
In [12]: print(list1)
['601939', '601318']

In [13]: print(list2)
[6.68, 64.7]
```

提示

列表中的元素一定要用逗号分隔，不能用其他符号。

9.2.2 列表的拼接

通过使用操作符——加号（+），我们可以直接将多个列表拼接起来。

例如，某投资者原本的资产组合（old_portfolio）只包含东方证券、国泰君安和华泰证券。由于年后券商股大涨，他决定将广发证券和招商证券（additional_company）加入其投资组合中。我们可以直接将两个列表相加，获得新的投资组合的列表（new_portfolio）。

```
In [14]: old_portfolio = [' 东方证券 ',' 国泰君安 ',' 华泰证券 ']

In [15]: additional_company = [' 广发证券 ',' 招商证券 ']

In [16]: new_portfolio = old_portfolio + additional_company

In [17]: new_portfolio
Out[17]: [' 东方证券 ', ' 国泰君安 ', ' 华泰证券 ', ' 广发证券 ', ' 招商证券 ']
```

提示

使用加号对列表进行拼接时，加号前后必须都是列表。单个元素不能直接与列表相加，否则 Python 会报错。以下为错误代码演示：

```
In [18]: old_portfolio = [' 东方证券 ',' 国泰君安 ',' 华泰证券 ']

In [19]: additional_company = ' 广发证券 '

In [20]: new_portfolio = old_portfolio + additional_company
Traceback (most recent call last):
File "<ipython-input-47-3d4d6772a751>", line 1, in <module>
new_portfolio = old_portfolio + additional_company
TypeError: can only concatenate list (not "str") to list
```

9.2.3 列表的重复

通过使用操作符——乘号（*），我们可以让列表与多个自身连接，形成新的列表。例如：

```
In [21]: companies = [' 贵州茅台 ',' 水井坊 ']*3


In [22]: companies
Out[22]: [' 贵州茅台 ', ' 水井坊 ', ' 贵州茅台 ', ' 水井坊 ', ' 贵州茅台 ', ' 水井坊 ']
```

9.2.4 列表的访问

1. 列表的索引

与字符串类似，为了方便访问列表中的元素，每个元素都被分配了一个索引位置。我们可以通过指定特定的索引位置来访问特定的元素。如图 9.1 所示，若使用正向递增序号，第一个元素的索引是 0，第二个元素的索引是 1，以此类推。若使用反向递减序号，倒数第一个元素的索引是 -1，倒数第二个元素的索引是 -2，以此类推。

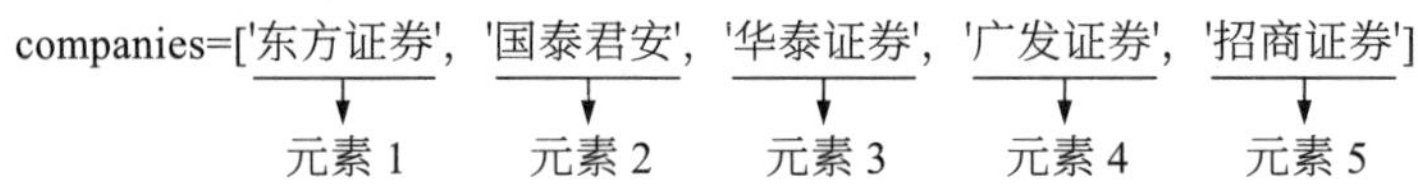

图 9.1 列表的索引

通过使用操作符（< 列表 >[索引序号]）可以访问列表中指定的元素。例如：

```
In [23]: companies = [' 东方证券 ', ' 国泰君安 ', ' 华泰证券 ', ' 广发证券 ', ' 招商证券 ']


In [24]: companies[0]
Out[24]: ' 东方证券 '


In [25]: companies[-1]
Out[25]: ' 招商证券 '


In [26]: companies[4]
Out[26]: ' 招商证券 '
```

在通过索引访问列表中的元素后，我们可以使用列表中的值。例如，可以结合第 3 章中字符串的方法，将列表中的值与其他内容拼接起来。

```
In [27]: company_profile = [' 贵州茅台 ',' 市盈率 (P/E)', 34]


In [28]: news = company_profile[0] +' 的 ' + company_profile[1].upper() +' 是 '+ str(company_profile[2]) + '。'


In [29]: print(news)
贵州茅台的市盈率 (P/E) 是 34。
```

提示

这里要特别注意的是，company_profile[2] 索引的值“34”是一个整数型数据，不能直接和其他字符串数据拼接，需要使用字符串函数 str() 将整数型数据转换成字符串。

2. 列表的切片

列表切片的操作符为 < 列表 >[开始位置 : 结束位置 : 步长]，切片的开始位置、结束位置和步长值都在中括号“[]”中指定，用冒号分隔。如果任何一个参数缺省，列表的开始位置、结束位置和步长都取默认值。

（1）正向切片。

当步长值缺省或为正数时，我们可以对列表进行正向切片。此时，若开始位置大于或等于结束位置，则结果为空。开始位置值默认为 0，结束位置值默认为列表允许的最大值，步长值默认为 1。

例如，假设贵州茅台 2010 年至 2019 年的净资产收益率（Return on Equity，ROE）如表 9.2 所示。

表 9.2　贵州茅台近 10 年的净资产收益率（ROE）

年份	2010	2011	2012	2013	2014	2015	2016	2017	2018	2019
ROE/%	30.74	40.39	45.00	39.43	31.96	26.42	24.44	32.95	34.46	33.12
列表索引	0	1	2	3	4	5	6	7	8	9

将净资产收益率依次存放入列表 roes 中：

```
In [30]: roes = [30.74, 40.39, 45.0, 39.43, 31.96, 26.42, 24.44, 32.95, 34.46, 33.12]
```

若想要访问列表中 2011 年至 2014 年的数据，则可以通过列表的切片来实现：

```
In [31]: roes[1:5]
Out[31]: [40.39, 45.0, 39.43, 31.96]
```

其中，1 代表从索引值为 1 的元素开始访问，5 代表到索引值为 5（但不包括 5）的元素结束，步长值缺省则使用默认值 1。因此，通过索引值（1、2、3、4），我们可以访问列表中对应的元素。

提示

要特别注意**结束位置**表示**直到但不包括**，类似于数学中开区间的概念。如半开半闭区间 [1,5) 内的整数，其实只有 1、2、3、4 这四个。

依据上述提示，若我们想要访问从 2011 年到 2018 年中奇数年份所对应的净资产收益率，则对应的代码如下：

```
In [32]: roes[1:9:2]
Out[32]: [40.39, 39.43, 26.42, 32.95]
```

由于步长值为 2，将依次访问索引值为 1、3、5、7 所对应的元素。

若开始位置参数缺省，则使用默认值 0，即从列表的第一个元素开始访问。例如：

```
In [33]: roes[:5]
Out[33]: [30.74, 40.39, 45.0, 39.43, 31.96]
```

若结束位置参数缺省，则使用列表允许的最大值（列表元素索引值加 1），访问到列表最后一个元素 。例如：

```
In [34]: roes[5:]
Out[34]: [26.42, 24.44, 32.95, 34.46, 33.12]
```

在上例中，roes[5:] 其实等同于 roes[5:10]，结束位置的索引值为 9。

若开始位置、结束位置和步长值都缺省，则访问列表中的所有元素，如下：

```
In [35]: roes[:]
Out[35]: [30.74, 40.39, 45.0, 39.43, 31.96, 26.42, 24.44, 32.95, 34.46, 33.12]

In [36]: roes[::]
Out[36]: [30.74, 40.39, 45.0, 39.43, 31.96, 26.42, 24.44, 32.95, 34.46, 33.12]
```

提示

方括号中的参数可以缺省，但至少要保留一个冒号。

（2）反向切片。

当步长值为负数时，我们可以对列表进行反向切片。此时，若开始位置小于或等于结束位置，则结果为空。开始位置值默认为 0，结束位置值默认为访问到列表允许的最大值（列表元素个数减 1）。例如：

```
In [37]: roes = [30.74, 40.39, 45.0, 39.43, 31.96, 26.42, 24.44, 32.95, 34.46, 33.12]

In [38]: roes[1:9:-2]
Out[38]: []

In [39]: roes[9:1:-2]
Out[39]: [33.12, 32.95, 26.42, 39.43]

In [40]: roes[:5:-1]
Out[40]: [33.12, 34.46, 32.95, 24.44]

In [41]: roes[5::-1]
Out[41]: [26.42, 31.96, 39.43, 45.0, 40.39, 30.74]
```

9.2.5 列表的修改

通过索引和切片，我们可以访问列表中的单个或一系列元素。此外，我们可以通过赋值语句，直接修改列表中的元素。

1. 使用索引修改单个元素

例如，假设分析师发现 2013 年贵州茅台的 ROE 并非 39.43%，而是 30.39%，他可以通过索引和赋值语句直接修改列表中的第 4 个元素：

```
In [42]: roes
Out[42]: [30.74, 40.39, 45.0, 39.43, 31.96, 26.42, 24.44, 32.95, 34.46, 33.12]


In [43]: roes[3] = 30.39


In [44]: roes
Out[44]: [30.74, 40.39, 45.0, 30.39, 31.96, 26.42, 24.44, 32.95, 34.46, 33.12]
```

In[43] 的表达式含义为将列表中的第 4 个元素赋值为 30.39。对比 Out[42] 和 Out[44] 的输出结果可以看出，第 4 个元素从原来的 39.43 变为 30.39。

2. 使用切片修改一系列元素

与使用索引修改单个元素类似，我们可以通过切片和赋值语句来修改列表中的一系列元素。例如，假设分析师发现，2013 年至 2015 年贵州茅台的 ROE 应该分别为 30.39%、35.00% 和 39.30%，则他可以通过切片和赋值语句直接修改列表中的第 4 个至第 6 个元素：

```
In [45]: roes = [30.74, 40.39, 45.0, 39.43, 31.96, 26.42, 24.44, 32.95, 34.46, 33.12]


In [46]: roes[3:6] = [30.39, 35.0, 39.3]


In [47]: roes
Out[47]: [30.74, 40.39, 45.0, 30.39, 35.0, 39.3, 24.44, 32.95, 34.46, 33.12]
```

提示

修改列表中的一系列元素时，因为 roes[3:6] 得到的结果是一个列表，而赋值语句等号左右两端的数据类型需要保持一致，所以对应的修改值需要放入一个列表中。

9.2.6　列表的遍历

有时，我们需要依次调用列表中的所有值，即对列表进行遍历操作。遍历列表的方法主要有两种：元素遍历和索引遍历。

1. 元素遍历

元素遍历是**直接**对列表中的所有元素进行遍历，其语法为 for < 变量 > in < 列表 >。例如：

【代码示例 9.1】遍历列表　9.1_RoesOutput1.py。

```
"""
编写者：高顿财经研究院
日期：某年某月某日
功能：遍历列表
```

```
"""

company_name = ' 贵州茅台 '
report_years = 10
roes = [30.74, 40.39, 45.0, 39.43, 31.96, 26.42, 24.44, 32.95, 34.46, 33.12]

def main():
    # 标题
    title = '{:^} 最近 {:^} 年的净资产收益率 (ROE)'.format(company_name,report_years)
    print('{:=^40}'.format(title))

    # 遍历列表
    for roe in roes:
        print(roe, end = '%\n')
    print('='*52)

main()
```

上述代码的输出结果如下：

```
In [48]: runfile('H:/Gaodun/Python_workship/Python book/9.1_RoesOutput1.py', wdir='H:/Gaodun/Python_workship/Python book')
=========贵州茅台最近 10 年的净资产收益率 (ROE)==========
30.74%
40.39%
45.0%
39.43%
31.96%
26.42%
24.44%
32.95%
34.46%
33.12%
====================================================
```

提示

使用元素遍历法，只能遍历列表中所有元素，无法遍历部分元素。

2. 索引遍历

索引遍历是根据索引值来遍历列表中的元素。通常，我们先利用 range() 函数构建一个索引值列表，再通过遍历索引值访问列表中对应的元素。例如，我们可以将上文中贵州茅台的 ROE 及其所对应的年份同时输出，其代码实现如下：

【代码示例 9.2】遍历列表　9.2_RoesOutput2.py。

```
"""
编写者：高顿财经研究院
日期：某年某月某日
功能：遍历列表
"""
company_name = '贵州茅台'
start_year = 2010
report_years = 10
roes = [30.74, 40.39, 45.0, 39.43, 31.96, 26.42, 24.44, 32.95, 34.46, 33.12]

def main():
    # 标题
    title = '{:^} 最近 {:^} 年的净资产收益率 (ROE)'.format(company_name,report_years)
    print('{:=^40}'.format(title))

    # 遍历列表
    for i in range(10):
        year = start_year + i
        print('{:d} : {:.2%}'.format(year,roes[i]/100))
    print('='*52)

main()
```

上述代码的输出结果如下：

```
In [49]: runfile('H:/Gaodun/Python_workship/Python book/9.1_RoesOutput2.py', wdir='H:/Gaodun/Python_workship/Python book')
=========贵州茅台最近 10 年的净资产收益率 (ROE)==========
2010 : 30.74%
2011 : 40.39%
2012 : 45.00%
2013 : 39.43%
2014 : 31.96%
2015 : 26.42%
2016 : 24.44%
2017 : 32.95%
2018 : 34.46%
2019 : 33.12%
====================================================
```

提示

虽然元素遍历和索引遍历都可以遍历列表中的元素，但这两种实现方法各有优势。元素遍历的优势在于代码更加简洁；而索引遍历能够完成元素遍历无法实现的功能，即通过调整 range() 函数的参数，实现列表的部分元素遍历。

例如，分析师只想遍历贵州茅台 2014 年至 2019 年的净资产收益率，则代码实现如下：

【代码示例 9.3】遍历列表　9.3_RoesOutput3.py。

```
"""
编写者：高顿财经研究院
日期：某年某月某日
功能：遍历列表
"""
company_name = ' 贵州茅台 '
start_year = 2010
report_years = 6
roes = [30.74, 40.39, 45.0, 39.43, 31.96, 26.42, 24.44, 32.95, 34.46, 33.12]

def main():
    # 标题
    title = '{:^} 最近 {:^} 年的净资产收益率 (ROE)'.format(company_name,report_years)
    print('{:=^40}'.format(title))

    # 遍历列表
    for i in range(4,10):
        year = start_year + i
        print('{:d} : {:.2%}'.format(year,roes[i]/100))
    print('='*52)

main()
```

上述代码的输出结果如下：

```
In [50]: runfile('H:/Gaodun/Python_workship/Python book/untitled0.py', wdir='H:/Gaodun/Python_workship/Python book')
=========贵州茅台最近 6 年的净资产收益率 (ROE)==========
2014 : 31.96%
2015 : 26.42%
2016 : 24.44%
2017 : 32.95%
2018 : 34.46%
2019 : 33.12%
====================================================
```

提示

相比代码示例 9.2，代码示例 9.3 通过修改 range() 函数，从原来的 range(10) 变为 range(4,10)，控制其所产生的索引值列表，进而实现部分元素的遍历。

9.2.7 列表的成员检查

成员检查可用于判断某个元素是否出现在列表中的某个位置。成员检查的语法为 < 表达式 > in < 列表 >，其返回值为布尔值（True 或 False）。例如：

```
In [51]: roes = [30.74, 40.39, 45.0, 39.43, 31.96, 26.42, 24.44, 32.95, 34.46, 33.12]


In [52]: 15.54 in roes
Out[52]: False


In [53]: 31.96 in roes
Out[53]: True
```

由于 15.54 未出现在列表中，因此成员检查的返回值为 False；由于 31.96 出现在列表中，因此成员检查的返回值为 True。

9.3 列表的函数与方法

与字符串类似，Python 中内置了一些与列表相关的函数和方法。这些方法主要涉及列表的运算与处理。

9.3.1 列表的基本运算

常用的与列表的基本运算相关的函数有以下几种，如表 9.3 所示。

表 9.3 与列表的基本运算相关的函数

函数	功能
len(< 列表 >)	统计列表中元素的个数
max(< 列表 >)	返回列表元素中的最大值
min(< 列表 >)	返回列表元素中的最小值

1. 统计列表中元素的个数：len() 函数

我们可以使用 len() 函数来统计列表中元素的个数。例如：

```
In [54]: roes = [30.74, 40.39, 45.0, 39.43, 31.96, 26.42, 24.44, 32.95, 34.46, 33.12]
In [55]: len(roes)
Out[55]: 10
```

len() 函数常常与循环语句相结合，用于控制循环次数。例如，我们对代码示例 9.2 进行改善，通过 len() 函数来控制循环次数，减少变量个数，其输出结果与代码示例 9.2 完全相同。

【代码示例 9.4】遍历列表　9.4_RoesOutput4.py。

```
"""
编写者：高顿财经研究院
日期：某年某月某日
功能：遍历列表
"""
company_name = '贵州茅台'
start_year = 2010
roes = [30.74, 40.39, 45.00, 39.43, 31.96, 26.42, 24.44, 32.95, 34.46, 33.12]

def main():
    # 标题
    title = '{:^} 最近 {:^} 年的净资产收益率 (ROE)'.format(company_name,len(roes))
    print('{:=^40}'.format(title))

    # 遍历列表
    for i in range(len(roes)):
        year = start_year + i
        print('{:d} : {:.2%}'.format(year,roes[i]/100))
    print('='*52)

main()
```

2. 返回列表元素的最大值：max() 函数

max() 函数可用于返回列表元素中的最大值。例如：

```
In [56]: max(roes)
Out[56]: 45.0
```

3. 返回列表元素的最小值：min() 函数

min() 函数可用于返回列表元素中的最小值。例如：

```
In [57]: min(roes)
Out[57]: 24.44
```

9.3.2 列表的处理

通过 Python 内置的函数及方法，我们既可以对列表进行元素处理，也可以进行列表处理。

1. 元素处理

处理对象是单个元素的常用函数及方法如表 9.4 所示。

表 9.4 单个元素对象的函数及方法

函数及方法	功能
< 列表 >.count(< 元素 >)	统计元素在列表中出现的次数
< 列表 >.append(< 对象 >)	添加对象元素到列表末尾
< 列表 >.insert(< 索引值 >,< 元素 >)	将元素插入索引值所对应的列表中的位置
< 列表 >.extend(< 序列 >)	将序列中的元素添加到列表末尾
< 列表 >.pop(< 索引值 >)	根据索引值删除相应元素并返回被删除的元素
< 列表 >.remove(< 元素 >)	删除列表中第一次出现的该元素
< 列表 >.index(< 元素 >)	返回元素在列表中第一次出现的位置索引

（1）统计列表中元素出现的次数：count() 方法 。

count() 方法可用于统计某个元素在列表中出现的次数。若该元素未在列表中出现，则返回值为 0。例如，求列表 roes 中 31.96 出现的次数：

```
In [58]: roes
Out[58]: [30.74, 40.39, 45.0, 39.43, 31.96, 26.42, 24.44, 32.95, 34.46, 33.12]


In [59]: roes.count(31.96)
Out[59]: 1
```

（2）向列表添加单个元素：append() 方法和 insert() 方法。

append() 方法将单个元素添加到列表的末尾。例如，向列表 roes 中添加假定的贵州茅台 2020 年的净资产收益率 31.96%，则代码实现如下：

```
In [60]: roes
Out[60]: [30.74, 40.39, 45.0, 39.43, 31.96, 26.42, 24.44, 32.95, 34.46, 33.12]


In [61]: roes.append(31.96)


In [62]: roes
Out[62]: [30.74, 40.39, 45.0, 39.43, 31.96, 26.42, 24.44, 32.95, 34.46, 33.12, 31.96]
```

提示

append() 方法一次只能添加单个元素，且只能添加在列表末尾。

insert() 函数可以将指定对象插入列表的指定位置。例如：

```
In [63]: roes = [30.74, 40.39, 45.0, 39.43, 31.96, 26.42, 24.44, 32.95, 34.46, 33.12]

In [64]: roes.insert(1,22.55)

In [65]: roes
Out[65]: [30.74, 22.55, 40.39, 45.0, 39.43, 31.96, 26.42, 24.44, 32.95, 34.46, 33.12]
```

提示

在 insert() 函数中，第一个参数表示所添加的元素位于新列表中的位置参数。In[64] 表达式的含义为，增加的元素在新列表中的位置参数为 1，即成为新列表中的第 2 个元素。

（3）向列表中添加多个元素：extend() 方法 。

extend() 方法可以一次性将序列中的所有元素添加到列表末尾。例如：

```
In [66]: roes = [30.74, 40.39, 45.0, 39.43, 31.96]

In [67]: recent_roes = [26.42, 24.44, 32.95, 34.46, 33.12]

In [68]: roes.extend(recent_roes)

In [69]: roes
Out[69]: [30.74, 40.39, 45.0, 39.43, 31.96, 26.42, 24.44, 32.95, 34.46, 33.12]
```

append() 方法和 extend() 方法的区别在于，append() 方法是将参数作为一个单独的对象添加到列表末尾；extend() 方法是将参数作为一个序列添加到列表中，默认字符串或数组是一个列表。例如：

```
In [70]: company_data =['Pingan Bank',64.7]

In [71]: company_data.append('601398')

In [72]: company_data
Out[72]: ['Pingan Bank', 64.7, '601398']

In [73]: company_data.extend('SPDB')

In [74]: company_data
Out[74]: ['Pingan Bank', 64.7, '601398', 'S', 'P', 'D', 'B']
```

提示

append() 方法将 '601398' 看作一个整体添加到 company_data 中；extend() 方法将 SPDB 看作一组字符串序列添加到 company_data 中。

（4）列表元素的删除：pop() 方法和 remove() 方法。

pop() 方法根据索引值删除相应元素并返回被删除的元素。若索引值缺省，则默认为 -1，删除列表末尾的元素。例如：

```
In [75]: company_codes = ['601939', '601318', '601398']


In [76]: company_codes.pop()
Out[76]: '601398'


In [77]: company_codes
Out[77]: ['601939', '601318']
```

或者，我们可以指定删除列表中的第二个元素：

```
In [78]: company_codes = ['601939', '601318', '601398']


In [79]: company_codes.pop(1)
Out[79]: '601318'


In [80]: company_codes
Out[80]: ['601939', '601398']
```

提示

索引值不能超过列表总长度，否则会报错。

remove() 方法将指定元素从列表中删除。例如，我们删除 company_codes 中的股票代码 '601318'：

```
In [81]: company_codes = ['601939', '601318', '601398']


In [82]: company_codes.remove('601318')


In [83]: company_codes
Out[83]: ['601939', '601398']
```

若指定元素在列表中多次出现，该方法删除的是列表中第一个匹配项的元素。例如：

```
In [84]: roes = [30.74, 40.39, 45.0, 39.43, 31.96, 26.42, 24.44, 32.95, 34.46, 33.12, 31.96]


In [85]: roes.remove(31.96)


In [86]: roes
Out[86]: [30.74, 40.39, 45.0, 39.43, 26.42, 24.44, 32.95, 34.46, 33.12, 31.96]
```

在列表 roes 中，虽然 31.96 出现了两次，但是 remove() 方法只会删除第一个 31.96。

提示

若指定的元素在列表中不存在，则系统会报错：

```
In [87]: roes.remove(11.23)
Traceback (most recent call last):

File "<ipython-input-53-948e3c729fa7>", line 1, in <module>
roes.remove(11.23)

ValueError: list.remove(x): x not in list
```

（5）获得元素的索引位置：index() 方法 。

index() 方法返回指定对象在列表中的索引位置。若指定对象在列表中多次出现，则用该方法返回第一个匹配项的索引位置。例如：

```
In [88]: roes = [30.74, 40.39, 45.0, 39.43, 31.96, 26.42, 24.44, 32.95, 34.46, 31.96]

In [89]: roes.index(45.0)
Out[89]: 2

In [90]: roes.index(31.96)
Out[90]: 4
```

提示

若指定的元素在列表中不存在，则系统会报错：

```
In [91]: roes.index(12.57)
Traceback (most recent call last):

File "<ipython-input-57-f41418135029>", line 1, in <module>
roes.index(12.57)

ValueError: 12.57 is not in list
```

2. 列表处理

处理对象是整个列表的常用函数及方法如表 9.5 所示。

表 9.5 列表整体对象的函数及方法

函数及方法	功能
< 列表 >.sort()	对列表进行排序
< 列表 >.reverse()	列表反转
< 列表 >.clear()	清空列表
< 列表 >.copy()	复制列表

（1）对列表进行排序：sort() 方法。

sort() 方法实现对列表元素的排序，其语法为 < 列表 >.sort()。该方法可以通过控制 sort() 内部参数来对列表进行升序或降序排列。若 sort() 方法括号内的参数缺省或为 reverse = False，则列表中的元素从小到大升序排列；若为 reverse = True，则列表中的元素从大到小降序排列。

例如，我们可对列表 roes 中的元素进行排序：

```
In [92]: roes = [30.74, 40.39, 45.0, 39.43, 31.96, 26.42, 24.44, 32.95, 34.46, 33.12]


In [93]: roes.sort()


In [94]: roes
Out[94]: [24.44, 26.42, 30.74, 31.96, 32.95, 33.12, 34.46, 39.43, 40.39, 45.0]


In [95]: roes.sort(reverse = True)


In [96]: roes
Out[96]: [45.0, 40.39, 39.43, 34.46, 33.12, 32.95, 31.96, 30.74, 26.42, 24.44]
```

提示

sort() 方法是对原列表进行操作。排序完成后，原先的顺序就不复存在。之后再调用列表，元素按照新的排序显示。

（2）反转列表：reverse() 方法。

reverse() 方法可以实现对列表元素的反向排序。例如：

```
In [97]: roes = [30.74, 40.39, 45.0, 39.43, 31.96, 26.42, 24.44, 32.95, 34.46, 33.12]


In [98]: roes.reverse()


In [99]: roes
Out[99]: [33.12, 34.46, 32.95, 24.44, 26.42, 31.96, 39.43, 45.0, 40.39, 30.74]
```

提示

reverse() 方法只是将列表元素的顺序倒置反向而已，即原来是从第一个元素到最后一个元素排列，反向后，变为从最后一个元素到第一个元素排列。该方法的排序与元素的值无关，只与元素的位置有关。

（3）清空列表：clear() 方法。

使用 clear() 方法可以将列表清空，该方法常用于列表的初始化。

```
In [100]: roes = [30.74, 40.39, 45.0, 39.43, 31.96, 26.42, 24.44, 32.95, 34.46, 33.12]


In [101]: roes.clear()


In [102]: roes
Out[102]: []
```

提示

列表清空后就变成空列表，不能再调用里面的元素了。

（4）复制列表：copy() 方法。

我们可以使用 copy() 方法将列表的内容复制到新建的列表中，从而根据现有的列表创建新的列表。例如：

```
In [103]: company_codes = ['601939', '601318', '601398']


In [104]: list_codes = company_codes.copy()


In [105]: list_codes
Out[105]: ['601939', '601318', '601398']
```

9.4 元组

9.4.1 元组与列表

元组（Tuple）与列表类似，都属于 Python 的内置序列之一，用于储存一系列元素。与列表相同，元组内的元素可以是不同数据类型。元组与列表的主要区别在于，元组的元素不能修改。因此，金融数据处理中，较少使用元组。

元组的基本形式为(元素 1, 元素 2, 元素 3)，即将一列元素放入圆括号中，元素之间用逗号隔开。例如，('600000', ' 贵州茅台 ', ' 高顿财经 ', '2019')。

9.4.2 元组的创建

我们可以直接根据元组的基本形式创建一个新的元组。例如空元组：

```
In [106]: void_tuple = ()

In [107]: void_tuple
Out[107]: ()
```

我们也可以创建只包含一个元素的元组，例如：

```
In [108]: company = ('贵州茅台',)
In [109]: company
Out[109]: ('贵州茅台',)
In [110]: type(company)
Out[110]: tuple
```

提示

需要特别注意的是，元组中只包含一个元素时，需要在元素后面添加逗号。否则，创建的并非元组，而是简单变量。变量的数据类型由括号内的数据类型决定。例如：

```
In [111]: company = ('贵州茅台''贵州茅台')
In [112]: company
Out[112]: '贵州茅台''贵州茅台'
In [113]: type(company)
Out[113]: str
```

9.4.3　元组的基本操作

虽然元组中的元素不能更改，但是我们仍然可以对元组进行操作，且操作方法与列表类似，常见的操作如表 9.6 所示。

表 9.6　元组的基本操作

操作符	功能
+	拼接
*	重复
< 元组 >[索引序号]	索引
< 元组 >[开始索引 : 结束索引 : 步长]	切片
for < 变量 > in < 元组 >	遍历
< 表达式 > in < 元组 >	成员检查

例如：

```
# 元组的拼接
In [114]: company = (' 贵州茅台 ',)
In [115]: pe = (31.96,)
In [116]: company + pe
Out[116]: (' 贵州茅台 ', 31.96)

# 元组的重复
In [117]: company = (' 贵州茅台 ',)
```

```
In [118]: company*4
Out[118]: (' 贵州茅台 ', ' 贵州茅台 ', ' 贵州茅台 ', ' 贵州茅台 ')

# 元组的索引
In [119]: company_codes = ('601939', '601318', '601398')
In [120]: company_codes[2]
Out[120]: '601398'

# 元组的切片
In [121]: company_codes = ('601939', '601318', '601398')
In [122]: company_codes[1:2]
Out[122]: ('601318',)

# 元组的遍历
In [123]: company_codes = ('601939', '601318', '601398')
In [124]: for code in company_codes:
   ...:         print(code)
   ...:
601939
601318
601398

# 元组的成员检查
In [125]: company_codes = ('601939', '601318', '601398')
In [126]: '601939' in company_codes
Out[126]: True
```

9.4.4 元组的函数

元组相关的内置函数如表 9.7 所示。

表 9.7 元组的函数

函数	功能
len(< 元组 >)	统计元组中元素的个数
min(< 元组 >)	返回元组元素中的最小值
max(< 元组 >)	返回元组元素中的最大值
list(< 元组 >)	将元组转化成列表，并创建副本
tuple(< 列表 >)	将列表转化成元组，并创建副本

表 9.7 中的前三个函数的用法与列表相同，例如：

```
In [127]: company_codes = ('601939', '601318', '601398')

In [128]: len(company_codes)
Out[128]: 3

In [129]: min(company_codes)
Out[129]: '601318'

In [130]: max(company_codes)
Out[130]: '601939'
```

通过 list() 函数和 tuple() 函数，我们可以实现元组和列表数据类型之间的转换，并创建相应的列表和元组副本。例如：

```
In [131]: company_codes = ('601939', '601318', '601398')

In [132]: codes_list = list(company_codes)
In [133]: codes_list
Out[133]: ['601939', '601318', '601398']

In [134]: codes_tuple = tuple(codes_list)
In [135]: codes_tuple
Out[135]: ('601939', '601318', '601398')
```

9.5 实例操作

假设某基金经理利用 Python 分析其投资组合中各家公司的财务状况。当前有两个序列——mycode 和 mype，其中，mycode 存放投资组合中股票的代码，mype 存放这些股票代码所对应公司的市盈率。若基金经理的投资组合发生改变，增加了一家新的公司。该公司的股票代码存放在变量 newc 中，该公司的市盈率存放在变量 newpe 中。

要求：

（1）把新公司的信息添加到对应的原序列中。

（2）将市盈率 pe 值按从小到大的顺序排列，并输出排序后的 pe 值及对应的公司股票代码。

【代码示例 9.5】对市盈率进行排序　9.5_List.py。

```
"""
编写者：高顿财经研究院
日期：某年某月某日
功能：对市盈率进行排序
"""

# 原列表
mycode=["601988","601318"," 600000"]
mype=[5.16,6.65,5.5]

# 新公司对应的股票代码和市盈率
newc="601913"
newpe=5.89

# 利用 copy() 方法对原列表进行复制
codes=mycode.copy()
pes=mype.copy()

# 利用 append() 方法，将新公司的信息放入对应的列表中
codes.append(newc)
pes.append(newpe)

# 利用 sort() 方法对存放市盈率的 pes 列表进行排序
pes.sort()
# 遍历列表 pes
for pe in pes:
    # 若 mype 列表中找不到 pe 值，则该 pe 是新公司的 pe，输出新公司的代码和 pe 值
    if mype.count(pe) == 0:
        print (newc, ":" ,newpe)
    # 否则，根据 pe 值，利用 index() 函数确定 pe 值在 mype 中的索引值，再利用索引值，访问 mycode 中对应的公司股票代码
    else:
```

```
            print (mycode[mype.index(pe)],":",pe)
```

上述代码的输出结果如下：

```
In [136]: runfile('C:/Users/Gaodun/Python_workship/Python book/pes_ranking.py', wdir='C:/Users/Gaodun/Python_workship/Python book')
601988 : 5.16
600000 : 5.5
601913 : 5.89
601318 : 6.65
```

提示

上述代码中有 3 点需要注意：

（1）我们要先为原序列创造一个复制的序列，并保持原始列表中的顺序，确保公司股票代码和市盈率的对应关系。

（2）对于新公司和原公司，要使用 if() 函数进行分类处理。

（3）借助列表的 index() 方法和列表的索引机制，将索引值作为中间桥梁，连接 pe 值和公司股票代码，利用原序列中公司股票代码和市盈率的一一对应关系，成对输出公司股票代码和 pe 值。

思考与练习

（1）阐述什么是列表。

（2）阐述列表在Python中的表达形式。

（3）列举列表的特点。

（4）列举列表的基本操作。

（5）现有如下列表company，其中存放白酒股票的名字。

company=['贵州茅台','水井坊','山西汾酒','五粮液','古井贡酒']

请问：

①company[2]的返回值是什么？

②如何从列表中返回'贵州茅台'？

③如何将company列表内的'山西汾酒'替换为'酒鬼酒'？

④请将'泸州老窖'添加至company列表中。

⑤请将'贵州茅台'从列表中删除。

⑥如何查验'贵州茅台'是否还存在于company列表中？

第 10 章　字　　典

学习目标：

- ◆ 熟悉字典的原理。
- ◆ 理解字典的运用场景。
- ◆ 掌握字典的常规操作。
- ◆ 掌握字典的函数与元素处理。
- ◆ 掌握字典的编写实例。

10.1　字典的概述

与列表一样，字典（Dict）也是 Python 中用于存放任意类型对象的可变容器。有所不同的是，相较于列表，字典这一数据结构类型更加复杂。字典是一系列键（key）值（value）对的集合，每个键都与一个值相匹配，且可以使用键来访问相匹配的值。由此可见，使用 Python 中字典的方式与我们实际生活中查字典的方式相似：被查找的单词即 Python 字典中的“键”，单词的释义即 Python 字典中的“值”。

10.1.1　字典的形式

字典的基本形式为：

{<键1>:<值1>, <键2>:<值2>,⋯, <键n>:<值n>}

即将一系列键值对放入大括号中。其中，键和值通过冒号“:”连接，不同的键值对之间通过逗号“,”分隔。

例如，dict1 = {'601398':'ICBC','601988':'BOC','600000':'SPDB'}。其中，字典 dict1 中存放了一一对应的股票代码及其公司字母简称：代码 '601398' 所对应的中国工商银行的字母简称为 'ICBC'，代码 '601988' 所对应的中国银行的字母简称为 'BOC'，代码 '600000' 所对应的浦发银行的字母简称为 'SPDB'。

10.1.2　字典的特征

字典具有以下几点主要特征：

1. 键值对之间没有顺序且不能重复

不同于有序的列表，字典是无序的。字典的键值对放入大括号中，而大括号在数学中用以表示集合，因此字典也具有和集合类似的性质：集合中的元素没有顺序且不能重复，字典中每一键都是唯一的。

2. 键和值之间存在一一对应的关系

键和值是相互匹配的，故而字典常被用于储存匹配的键值对。

3. 字典中键为不可变数据类型，但值可以是任意数据类型

字典中的键信息为不可变数据类型，故键可以是数字、字符串或元组等数据类型，但不可以是列表。键对应的值可以是任意类型的对象，包括数字、字符串、列表和字典。**正如一个单词可以对应多个释义一样，字典的值也可以是一系列数据**。因此，字典可以与前面的列表相结合，用于储存键和一系列值。例如：

```
In [1]: companies_codes = {
   ...:        '银行':['中国工商银行','中国银行','浦发银行'],
   ...:        '白酒':['贵州茅台','五粮液','水井坊','泸州老窖'],
   ...:        '券商':['东方证券','国泰君安','华泰证券','广发证券','招商证券']
   ...:        }

In [2]: companies_codes
Out[2]:
{'银行': ['中国工商银行', '中国银行', '浦发银行'],
 '白酒': ['贵州茅台', '五粮液', '水井坊', '泸州老窖'],
 '券商': ['东方证券', '国泰君安', '华泰证券', '广发证券', '招商证券']}
```

4. 字典是动态的

字典内的元素是可变的。通过使用与字典相关的函数和方法，可以对键值对进行创建、添加、访问、删除、修改等操作。

10.2　字典的基本操作

我们可以对字典进行最基本的操作，包括创建、访问、添加与修改、遍历、成员检查等。常用的操作命令总结如表 10.1 所示，在后文会逐一讲解。

表 10.1　字典的基本操作

操作符	功能
< 字典 >[< 键 >]	索引
for < 变量 > in < 字典 >	循环遍历所有键
< 键 > in < 字典 >	成员检查

10.2.1　字典的创建

在 Python 中，通常使用以下三种方法来创建字典。

1. 直接创建

可以根据字典的基本形式，运用大括号和键值对内容直接创建一个新的字典。例如，我们可以创建一个空的字典：

```
In [3]: void_dict = {}
In [4]: void_dict
Out[4]: {}
```

或者可以创建如下字典 dict1：

```
In [5]: dict1={'601398':'ICBC','601988':'BOC'}
In [6]: dict1
Out[6]: {'601398': 'ICBC', '601988': 'BOC'}
```

2. 可迭代对象方式

通俗来讲，可迭代对象方式就是通过列表创建字典。可以基于二维序列（列表或元组），通过 dict() 函数创建字典。在该方式下，dict() 函数的语法为：

<字典> = dict(<列表>)

其中，列表的元素可以为二维列表或二维元组。

例如，list1 和 list2 这两个列表中的元素为二维列表或二维元组，每个元素分别包含一家公司的股票代码（如 '601398'）和对应的股票价格（如 5.35）。运行 dict() 函数，Python 将自动识别：把二维列表中的第一个元素设为字典的键，第二个元素设为字典的值。于是，我们得到了相同的两个字典。

```
In [7]: list1=[['601398',5.35],['601939',6.68]]
In [8]: dict(list1)
Out[8]: {'601398': 5.35, '601939': 6.68}

In [9]: list2=[('601398',5.35),('601939',6.68)]
In [10]: dict(list2)
Out[10]: {'601398': 5.35, '601939': 6.68}
```

提示

Python 运行 dict() 函数时，默认列表中二维列表或二维元组的第一个元素为键，第二个元素为值。如果子列表中有三个以上元素，则 Python 会报错。

3. 传入关键字

可以通过传入关键字的方法创建字典。此时，dict() 函数的语法为：

<字典> = dict(<键1> = <值1>, <键2> = <值2>,⋯, <键n> = <值n>)

其中，键和值利用等号连接，即通过等号将值赋值给指定键。

例如，我们创建字典 dict3。其中：键为公司字母简称，值为对股票的推荐。假设分析师对 BOC 的评价升级为“推荐买入”，对 ICBC 的评价降级为“推荐卖出”，我们可以通过传入关键字的方法来创建字典。具体操作如下：

```
In [11]: dict3=dict(ICBC=' 推荐卖出 ',BOC=' 推荐买入 ')
In [12]: dict3
Out[12]: {'ICBC': ' 推荐卖出 ', 'BOC': ' 推荐买入 '}
```

10.2.2 字典的访问

与列表类似，我们可以通过操作符（<字典>[<键>]）来访问字典中的键值对。与访问字符串、列表和元组不同，访问字典中的键值对时，不再使用数字作为索引，而是使用字符（<键>）作为索引。不难看出，访问 Python 字典的过程和我们生活中用英汉词典查找英文单词的汉语释义很相像。

例如，已知字典为 codes_companies，若想要知道股票代码 601398 所对应的公司字母简称，则可以将字符 '601398' 作为索引，访问字典中对应的值。具体代码如下：

```
In [13]: codes_companies={'601398':'ICBC','601988':'BOC'}
In [14]: codes_companies['601398']
Out[14]: 'ICBC'
```

提示

如果字典里面没有该键信息，则系统会报错。具体操作如下：

```
In [15]: codes_companies={'601398':'ICBC','601988':'BOC'}
In [16]: codes_companies['600318']
Traceback (most recent call last):
File "<ipython-input-32-3f70e3267607>", line 1, in <module>
codes_companies['600318']
KeyError: '600318'
```

10.2.3　字典的添加与修改

字典中键值对的添加与修改都是通过对字典进行访问和赋值来实现的，两者的基本语法皆为：

<字典>[<键>] = <值>

1. 键值对的添加

若键信息未存在于字典中，则可以通过赋值语句，向字典中添加相应的键值对。例如，分析师想要将浦发银行的股票代码和字母简称存入字典 codes_companies 中，则可以通过下方代码实现：

```
In [17]: codes_companies['600000'] = 'SPB'
In [18]: codes_companies
Out[18]: {'601398': 'ICBC', '601988': 'BOC', '600000': 'SPB'}
```

2. 键值对的修改

若键信息已经存在于字典中，则可以通过赋值语句，对键所对应的值进行修改。例如，在将浦发银行的股票代码添加到字典中后，分析师发现浦发银行的字母简称应该是 SPDB 而非 SPB。因此，分析师需要修改字典中键 '600000' 所对应的值。

```
In [19]: codes_companies
Out[19]: {'601398': 'ICBC', '601988': 'BOC', '600000': 'SPB'}
In [20]: codes_companies['600000'] = 'SPDB'
In [21]: codes_companies
Out[21]: {'601398': 'ICBC', '601988': 'BOC', '600000': 'SPDB'}
```

10.2.4 字典的遍历

与字符串和列表类似，在字典中也可以通过 for-in 语句对字典元素进行遍历。其基本语法为：

for<变量>in<字典>

由于键值对中的索引是键，**因此 for-in 语句循环返回的变量是字典的键（而不是值）**。例如，遍历上述字典 codes_companeis 并输出，其代码实现如下：

```
In [22]: codes_companies
Out[22]: {'601398': 'ICBC', '601988': 'BOC', '600000': 'SPDB'}

In [23]: for key in codes_companies:
    ...:         print(key)
    ...:
601398
601988
600000
```

若想要实现对值的遍历，可以借助索引。例如，我们可以遍历字典 codes_companies 的值。

```
In [24]: codes_companies
Out[24]: {'601398': 'ICBC', '601988': 'BOC', '600000': 'SPDB'}

In [25]: for key in codes_companies:
    ...:         print(codes_companies[key])
    ...:
ICBC
BOC
SPDB
```

10.2.5 字典的成员检查

成员检查用于判断**某个键（而不是值）**是否存在于字典中。成员检查的语法为<键>in<字典>，其返回值为布尔值（True 或 False）。例如：

```
In [26]: codes_companies
Out[26]: {'601398': 'ICBC', '601988': 'BOC', '600000': 'SPDB'}

In [27]: '600000' in codes_companies
Out[27]: True

In [28]: '600052' in codes_companies
Out[28]: False

In [29]: 'ICBC' in codes_companies
Out[29]: False
```

提示

在 In[29] 中，'ICBC' in codes_companies 的返回值是 False 而不是 True。这是因为字典的成员检查是针对键的，而不是针对值的。

10.3 字典的函数与方法

与其他数据类型相似，Python 内置了一些与字典相关的函数和方法。根据操作对象的不同，这些函数和方法大致分为对字典的处理与对字典元素的处理两类。

10.3.1 对字典的处理

处理对象是整个字典的常用函数与方法总结如表 10.2 所示。

表 10.2 处理字典的常用函数与方法

函数与方法	功能
len(< 字典 >)	统计字典中的元素个数
sorted(< 字典 >)	以列表形式返回排序后的字典的键
< 字典 >.keys()	返回一个包含所有键的可迭代对象
< 字典 >.values()	返回一个包含所有值的可迭代对象
< 字典 >.items()	返回可遍历的 (< 键 >,< 值 >) 元组数组
dict.fromkeys()	以序列参数为键创建一个新字典
< 字典 >.copy()	返回字典的复制
< 字典 >.clear()	清空字典中所有的键值对
del < 字典 >	删除字典

1. 统计字典中的元素个数：len() 函数

我们可以使用 len() 函数来返回字典中键值对的个数。例如：

```
In [30]: codes_companies
Out[30]: {'601398': 'ICBC', '601988': 'BOC', '600000': 'SPDB'}


In [31]: len(codes_companies)
Out[31]: 3
```

2. 字典的排序：sorted() 函数

Python 的内置函数 sorted() 可以对字典的键进行排序，其语法为：

sorted(<字典>, reverse = False)

其中，参数 reverse 是用来指定排序方式的。reverse 的默认值为 False，即对字典的键进行升序排列。若 reverse 的值为 True，则对字典的键进行降序排列。函数以列表的形式返回按照指定顺序排列的键。

例如，我们可以对字典 codes_companies 进行排序：

```
In [32]: codes_companies = {'601398': 'ICBC', '601988': 'BOC', '600000': 'SPDB'}


In [33]: sorted(codes_companies)
Out[33]: ['600000', '601398', '601988']


In [34]: sorted(codes_companies,reverse = True)
Out[34]: ['601988', '601398', '600000']
```

3. 返回字典所有键：keys() 方法

keys() 方法将返回一个**包含所有键**的可迭代对象，可使用 list() 来转换为列表。例如：

```
In [35]: codes_companies ={'601398': 'ICBC', '601988': 'BOC', '600000': 'SPDB'}
In [36]: codes_companies.keys()
Out[36]: dict_keys(['601398', '601988', '600000'])
In [37]: keys_list = list(codes_companies.keys())
In [38]: keys_list
Out[38]: ['601398', '601988', '600000']
```

提示

在 Python3 中，keys() 方法的返回值并非列表，而是可迭代对象，即可以通过循环来遍历的对象。如果需要将返回结果以列表的形式存储，则需要使用 list() 函数将可迭代对象转换成列表。

4. 返回字典所有值：values() 方法

与 keys() 方法类似，values() 方法将返回一个**包含所有值**的可迭代对象，可使用 list() 将其转换为列表。例如：

```
In [39]: codes_companies.values()
Out[39]: dict_values(['ICBC', 'BOC', 'SPDB'])
In [40]: values_list = list(codes_companies.values())
In [41]: values_list
Out[41]: ['ICBC', 'BOC', 'SPDB']
```

5. 返回字典所有键值对：items() 方法

items() 方法将返回可遍历的 (< 键 >,< 值 >) 元组数组，该数组包括字典中所有键值对。字典中的所有键值对以 (< 键 >,< 值 >) 的形式存放在数组中。例如：

```
In [42]: codes_companies.items()
Out[42]: dict_items([("601398, 'ICBC'), ('601988', 'BOC'), ('600000', 'SPDB')])
```

借助 items() 方法，我们可以同时遍历字典中的键和值。例如：

```
In [43]: for code,company in codes_companies.items():
    ...:        print(code,':',company)
    ...:
601398 : ICBC
601988 : BOC
600000 : SPDB
```

6. 基于序列创建新字典：fromkeys() 方法

fromkeys() 方法的语法为：

dict.fromkeys(<列表>,[<值>])

该方法将以 < 列表 > 中的元素为键，以字典中所有键对应的初始值为值，创建一个新的字典。< 值 > 为可选参数，默认为空（None）。例如，列表 codes 保存了基金经理想要投资的一系列公司的股票代码，需要对其持股状况进行初始化如下：

```
In [44]: codes = ['601398', '601988', '600000']
In [45]: codes_void = dict.fromkeys(codes)
In [46]: codes_void
Out[46]: {'601398': None, '601988': None, '600000': None}
```

提示

由于 < 值 > 为可选参数，上述代码并没有为该参数赋值，因此默认为空。最终创建出来的字典以列表 codes 中的元素为键，对应的值都为空。

或者，基金经理对所有股票均持有 500 手，他以字典的形式储存股票代码及对应的持股数，相应的代码为：

```
In [47]: codes
Out[47]: ['601398', '601988', '600000']
In [48]: codes_shares = dict.fromkeys(codes,500)
In [49]: codes_shares
Out[49]: {'601398': 500, '601988': 500, '600000': 500}
```

7. 字典的复制：copy() 方法

与列表类似，copy() 方法可以用来对字典进行复制，从而根据现有字典创建新的字典，例如：

```
In [50]: codes_companies
Out[50]: {'601398': 'ICBC', '601988': 'BOC', '600000': 'SPDB'}
In [51]: new_codes_companies = codes_companies.copy()
In [52]: new_codes_companies
Out[52]: {'601398': 'ICBC', '601988': 'BOC', '600000': 'SPDB'}
```

```
In [53]: codes_companies['601398'] = 'ABC'
In [54]: new_codes_companies
Out[54]: {'601398': 'ICBC', '601988': 'BOC', '600000': 'SPDB'}
```

在 In[53] 中，我们更改了 codes_companies['601398'] 键的值，但并不会影响 Out[54] 中 new_codes_companies 键中的值。

8. 字典的清空：clear() 方法

与列表类似，clear() 方法可以将字典清空，常用于字典的初始化。

```
In [55]: codes_companies ={'601398': 'ICBC', '601988': 'BOC', '600000': 'SPDB'}
In [56]: codes_companies.clear()
In [57]: codes_companies
Out[57]: {}
```

提示

与列表类似，字典一旦被清空，将无法再调用字典中的元素。

9. 字典的删除：del 命令

若我们不再需要字典本身，可以使用 del 命令将整个字典删除，其语法为：

del <字典>

例如：

```
In [58]: codes_companies ={'601398': 'ICBC', '601988': 'BOC', '600000': 'SPDB'}
In [59]: del codes_companies
In [60]: codes_companies
Traceback (most recent call last):
File "<ipython-input-94-c72f2a0d983f>", line 1, in <module>
codes_companies
NameError: name 'codes_companies' is not defined
```

提示

一旦使用 del 命令删除字典，字典将不复存在。如果再次调用字典，Python 将会报错。

10.3.2 对字典元素的处理

处理对象是字典中单个元素的常用函数与方法总结如表 10.3 所示。

表 10.3 处理字典元素的常用函数与方法

函数与方法	功能
< 字典 >.get(< 键 >,< 默认 >)	键存在则返回对应值，否则返回默认值
< 字典 >.update(< 字典 2>)	将字典 2 的内容更新到原字典中

续表

函数与方法	功能
< 字典 >.popitem()	从字典中删除最后一组键值对，以元组形式返回
< 字典 >.pop(< 键 >,< 默认 >)	键存在则删除键值对并返回键对应的值，否则返回默认值
del < 字典 >[< 键 >]	键存在则删除键值对

1. 返回指定键的值：get() 方法

get() 方法的语法为：

<字典>.get(<键>,<默认>)

若键存在，该方法将返回指定键所对应的值；若键不存在，则返回默认值（None）。

```
In [61]: codes_companies ={'601398': 'ICBC', '601988': 'BOC', '600000': 'SPDB'}
In [62]: codes_companies.get('601398')
Out[62]: 'ICBC'
In [63]: codes_companies.get('600058')
```

提示

get() 方法的返回默认值（None）与 fromkeys() 方法的返回默认值（None）的含义不同。fromkeys() 方法的返回默认值（None）会在字典中返回显示 None，而 get() 方法的返回默认值（None）则不会有任何显示。

若我们希望当键不存在时，系统返回一个特定的值，则可以通过向 get() 方法传入第二个参数来改变默认值。例如，字典 accounts 储存了高顿证券公司的客户姓名及其账号。某投资者不确定自己是否已经在高顿开户。此时，业务员可以通过查询字典 accounts，判断客户是否已经开户。

```
In [64]: accounts = {'Jen Zhang': '000052', 'Long Ye': '001321', 'Yuan Xu': '000487'}
In [65]: accounts.get('Jen Zhang',' 未开户 ')
Out[65]: '000052'
In [66]: accounts.get('Dong Zhang',' 未开户 ')
Out[66]: ' 未开户 '
```

提示

通过上述例子可以看出，虽然 get() 方法和索引都可以通过键来返回对应的值，但是，如果键不存在于字典中，两者的返回结果不同。利用字典索引时，系统会报错；利用 get() 方法时，系统可以返回指定值。因此，get() 方法能够满足交互的需求。

2. 字典的更新：update() 方法

update() 方法可以将外部字典的内容更新到原字典中，其语法为：

<字典>.update(<字典2>)

若外部字典（<字典 2>）中的键存在于原字典中，则将外部字典中键对应的值更新到原字典中；若外部字典的键在原字典中不存在，则将键值对更新到原字典中。例如：

```
In [67]: accounts = { 'Long Ye': '001321', 'Yuan Xu': '000487','Jen Zhang': '000052'}
In [68]: accounts_updated = {'Jen Zhang':'000097','Wei Feng':'000666'}
In [69]: accounts.update(accounts_updated)
In [70]: accounts
Out[70]:
{'Long Ye': '001321',
'Yuan Xu': '000487',
'Jen Zhang': '000097',
'Wei Feng': '000666'}
```

提示

在将字典 accounts_updated 中的键值对更新到字典 accounts 中时，由于键 'Jen Zhang' 存在于 accounts 中，因此将对应的值从 '000052' 更新到 '000097'。同时，由于 'Wei Feng' 未出现在 accounts 中，因此将整个键值对更新到该字典中。

3. 删除键值对：popitem() 方法、pop() 方法和 del 命令

（1）删除末尾键值对：popitem() 方法。

popitem() 方法可以将字典中最后一组键值对删除，并以元组的形式返回该键值对。其语法为：

<字典>.popitem()

该语法不需要任何参数。

例如，字典 accounts 中存储着客户姓名及其账号，对其使用 popitem() 方法。

```
In [71]: accounts = {'Long Ye': '001321',
    ...:             'Yuan Xu': '000487',
    ...:             'Jen Zhang': '000097',
    ...:             'Wei Feng': '000666'}

In [72]: accounts.popitem()
Out[72]: ('Wei Feng', '000666')

In [73]: accounts
Out[73]: {'Long Ye': '001321', 'Yuan Xu': '000487', 'Jen Zhang': '000097'}
```

（2）删除指定键值对：pop() 方法。

pop() 方法可以删除指定键值对，并返回键对应的值。其语法为：

<字典>.pop(<键>,<默认>)

pop() 方法可以分为以下三种情况：

第一种，不论是否设定参数值，只要 < 键 > 存在于字典中，则返回此键对应的值，同时删除指定的键值对。

第二种，若设定默认参数，即使 < 键 > 不存在于字典中，Python 也不会报错，而是会返回默认值，且对字典不做任何处理。

第三种，如果不设定默认参数，且 < 键 > 也不存在于字典中，Python 会报错。具体代码如下：

```
In [74]: accounts = {'Long Ye': '001321',
    ...:             'Yuan Xu': '000487',
    ...:             'Jen Zhang': '000097',
    ...:             'Wei Feng': '000666'}

In [75]: accounts.pop('Wei Feng')
Out[75]: '000666'

In [76]: accounts.pop('Wei Deng','None')
Out[76]: 'None'

In [77]: accounts.pop('Wei Deng')
Traceback (most recent call last):
File "<ipython-input-25-8b0cfe58641c>", line 1, in <module>
accounts.pop('Wei Deng')
KeyError: 'Wei Deng'
```

（3）删除指定键值对：del 命令。

del 命令不仅可以用于删除整个字典，还可以删除指定键所对应的键值对，其语法为：

del <字典>[<键>]

若键未存在于字典中，则系统报错。例如：

```
In [78]: accounts = {'Long Ye': '001321',
    ...:             'Yuan Xu': '000487',
    ...:             'Jen Zhang': '000097',
    ...:             'Wei Feng': '000666'}

In [79]: del accounts['Wei Feng']

In [80]: accounts
Out[80]: {'Long Ye': '001321', 'Yuan Xu': '000487', 'Jen Zhang': '000097'}

In [81]: del accounts['Wei Feng']
Traceback (most recent call last):
File "<ipython-input-33-3b731c2a3ea1>", line 1, in <module>
del accounts['Wei Feng']
KeyError: 'Wei Feng'
```

第一个 del 命令将 'Wei Feng' 对应的键值对从字典 accounts 中删除，没有返回值，意味着删除成功。执行第二个 del 命令时，'Wei Feng' 已经不存在于字典 accounts 中，故而系统报错。

提示

del 命令和 pop() 方法的主要区别在于：del 命令没有返回值，pop() 方法可以返回默认值。

10.4 实例操作

某财富管理公司的客户信息存储于字典 accounts 中。字典的内容为客户的名字（键）及其账户对应的价值（值）。要求投资顾问：

（1）根据客户的资产价值筛选出贵宾（VIP）客户名单，成为 VIP 客户的条件是资产大于 500 万元。

（2）按照名字正序输出所有 VIP 客户的名字和其对应的账户价值。

【代码示例 10.1】筛选财富管理公司客户名单　10.1_Accounts.py。

```
"""
编写者：高顿财经研究院
日期：某年某月某日
功能：筛选财富管理公司客户名单
"""

# 客户名单
accounts={
    'Xu':30000,
    'Li':42480000,
    'Zhang':6879378,
    'Zhao':5828900,
    'Feng':8990378,
    'Wang':4992000,
    'Chen':500211
      }

# VIP 客户名单初始化
VIP_accounts={}

# 利用循环和判断语句，筛选符合要求的 VIP 客户
for key in accounts:
      if accounts[key]>=5000000:
      VIP_accounts[key]=accounts[key]

# 使用 sorted 函数，对 VIP 客户名单进行排序
```

```
27 VIP_sorted=sorted(VIP_accounts)
28
29 # 通过循环语句，遍历排序后的 VIP 客户名单的键
30 for key in VIP_sorted:
31     print(key," : ",VIP_accounts[key], " 万元 ")
```

上述代码中有几点需要注意：

第 19 行，我们初始化了一个空字典 VIP_accounts，用于存放筛选后的键值对。

第 22 行至第 24 行，我们通过对原字典 accounts 进行循环遍历，将所有符合要求的客户名单和账户价值放入新字典 VIP_accounts 中。

第 27 行，我们使用 sorted() 函数将 VIP_accounts 按客户名单排序。

第 30 行至第 31 行，我们将排序后的 VIP 客户名单和账户价值输出。

代码运行的结果具体如下：

```
In [82]:runfile('D:/Gaodun/Documents/ 提纲 /v1/10.1_Accounts.py')
Feng  :  8990378 万元
Li  :  42480000 万元
Zhang  :  6879378 万元
Zhao  :  5828900 万元
```

思考与练习

（1）阐述什么是字典。

（2）阐述字典的特征。

（3）列举字典的基本表达形式。

（4）列举字典的基本操作。

（5）请简述如何对字典的内容进行访问。

（6）现有一个字典dic存放了汽车行业的股票代码和股票名称：

dic={'600104':'上汽集团','601238': '广汽集团','601633':'长城汽车','600006':'东风汽车','600418':'江淮汽车'}

①请输出'上汽集团'。

②请将比亚迪与其所对应的股票代码002594添加至字典dic中。

③请返回这个字典当前的元素个数。

④请查看'广汽集团'是否存在于字典dic的值中。

⑤请将字典dic中所有的股票代码输出。

⑥将比亚迪及其股票代码从字典dic中删除。

第 11 章　包与模块的导入

学习目标：

◆ 熟悉 Python 程序的组织结构。

◆ 了解包、模块的概念。

◆ 掌握自定义包、模块的创建。

◆ 掌握包与模块的导入。

11.1　Python程序的组织结构

当需要编写一些稍微复杂的金融程序时，我们往往不会将程序中的所有代码放在一个 py 文件中，因为这样会显得代码非常冗长，不易阅读。在实际编程中，我们通常会将实现程序主要功能的代码放在一个 py 文件中（通常命名为 main.py，代表主程序），而将一些函数、类的定义放在其他 py 文件中形成模块。这样做的好处在于：第一，使用模块可以使主体程序的逻辑更加清晰；第二，将具有类似功能的函数放在一起，有利于代码管理；第三，创建的模块可以供多个程序使用，实现代码复用，提高效率。因此，对 Python 程序的组织结构有所了解，才能更好地构建并维护大型程序。

在 Python 中，程序的组织结构通常如图 11.1 所示。在图 11.1 中，最顶层的结构是包（Package），有时又称为“库”，它相当于我们通常所说的文件夹；包的下一级是模块，它相当于我们通常所说的文件。换言之，正如一个文件夹中可存放多个文件，一个包是由多个模块所构成的，每一个模块对应一个后缀名为 py 的文件。在模块之中，我们还能具体定义类、函数和变量；每一个类中还能再定义属于自己的函数与变量。

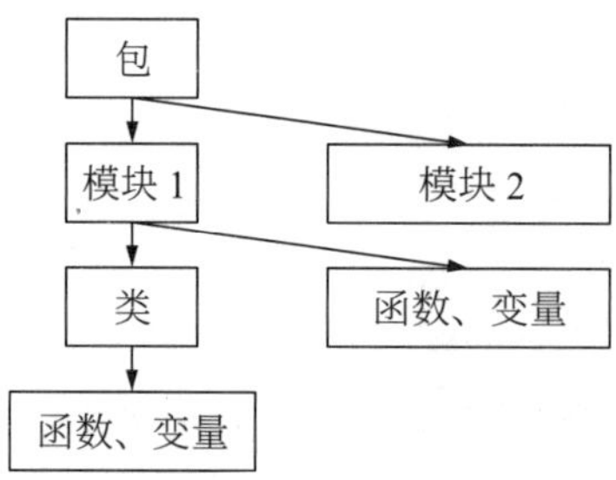

图 11.1　Python 程序的组织结构

例如，打开 Spyder，将位于右上方的【File explorer 区域】切换至【File explorer 选项卡】，右击鼠标后，选择【new】→【Package】，即可新建两个包，将它们分别命名为 p1 与 p2。随后，右击鼠标后选择【new】→【Module】，即可分别在两个包下新建三个模块，分别命名为 m1、m1 与 m2。注意，为了说明问题，我们刻意使得包 p1 下的模块 m1 与包 p2 下的模块 m1 重名。完成以上操作后，File explorer 中的包与模块应当如图 11.2 所示。

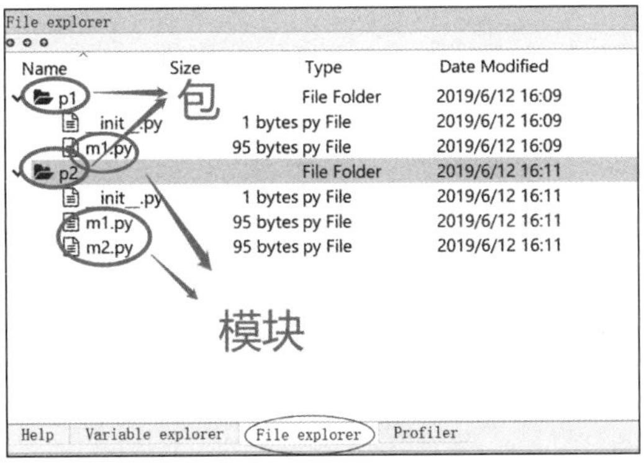

图 11.2　在 Spyder 中新建包与模块

从图 11.2 中可以看出，包 p1 与包 p2 就是以文件夹的标记显示的。需要指出的是，与文件夹不同的是，Python 中的包一定会包含一个 __init__.py 文件作为包的标识，__init__.py 可写入一些导入包的初始化代码，也可以为空，但不能删除。在下文中，会以图 11.2 的框架为例，说明如何导入包和模块。

11.2　创建模块

首先，创建包 p2 下的 m1.py 模块，在模块中输入以下代码。在该模块中，定义了一个名为 get_board_name 的函数，该函数根据股票的代码返回股票所在的板块。

【代码示例 11.1】创建 m1 模块　11.1_m1.py。

```
"""
编写者：高顿财经研究院
日期：某年某月某日
功能：说明如何自定义模块
"""
# 自定义模块 m1.py

# 根据代码返回所对应的板块
def get_board_name(code):
    code3 = code[:3]  # 代码前三位
    if code3 in ['600','601','603']:
        return '上海主板'
    elif code3 in ['000','001']:
        return '深圳主板'
    elif code3 in ['002']:
        return '深圳中小板'
    elif code3 in ['003']:
        return '深圳创业板'
    else:
        return '未识别'
```

接下来，我们来说明如何在程序的其他地方使用这个模块。

11.3 导入模块

11.3.1 导入同级目录下的模块

导入模块的语句是 import。在本书的其他章节已经多次使用过该语句，只不过之前导入的是他人开发的模块，而这里要导入自己开发的模块。

在上例中创建的 m1.py 文件所在的**同级目录**下新建一个 m2.py 文件，输入以下代码。

【代码示例 11.2】创建 m2 模块 11.2_m2.py。

```
1  """
2  编写者：高顿财经研究院
3  日期：某年某月某日
4  功能：说明如何导入模块
5  """
6  
7  import m1
8  
9  code = '600000'
10 
11 board_name = m1.get_board_name(code)
12 
13 print('The board name of {}: {}'.format(code,board_name))
```

在代码的第 7 行，使用 import 命令导入 m1 模块。

在代码的第 11 行，使用 m1 模块中的 get_board_name 函数。**注意调用模块中函数的写法是“模块名 . 函数名”**。如果漏写了模块名，程序依然无法找到 get_board_name 函数。

在导入模块时，可以为模块起个别名。这样做的好处是当一些模块的名称较为复杂时，不用每次都写出完整的模块名，使用别名即可。本例中，虽然 m1 模块的名称不复杂，但为了演示，在代码示例 11.3 的第 6 行，我们为 m1 模块起了个别名：“mm”。在第 10 行，使用 mm 来调用模块。具体代码如下：

【代码示例 11.3】创建 m2 模块 11.3_m2.py。

```
1  """
2  编写者：高顿财经研究院
3  日期：某年某月某日
4  功能：用别名调用模块函数
5  """
6  import m1 as mm
7  
8  code = '600000'
9  
10 board_name = mm.get_board_name(code)
11 
12 print('The board name of {}: {}'.format(code,board_name))
```

我们可以使用“from < 模块名 > import < 函数名或变量名 >”的方法来导入模块中的特定内容。代码示例 11.4 的第 7 行采用了这种导入方式。在第 11 行可以直接调用 get_board_name 函数，而不需要再指令其所在的模块。此外，使用“from < 模块名 > import *”可以导入模块中的所有内容。

【代码示例 11.4】导入 m1 模块的函数　11.4_Import.py。

```
1   """
2   编写者：高顿财经研究院
3   日期：某年某月某日
4   功能：说明如何导入模块中的特定内容
5   """
6   
7   from m1 import get_board_name
8   
9   code = '600000'
10  
11  board_name = get_board_name(code)
12  
13  print('The board name of {}: {}'.format(code,board_name))
```

11.3.2　导入不同级目录下的模块

如果模块文件位于当前目录的子目录下，可以使用点号（.）来指明路径。例如，m1.py 文件位于 p2 的子目录中。在该目录的上一级创建一个 m3.py 文件。通过以下代码的第 7 行帮助程序就可以找到 m1.py 文件。注意，在操作系统中，使用反斜杠（\）来进入一个目录；而在 import 语句中需要将反斜杠换成点号。

【代码示例 11.5】导入不同级目录下的模块　11.5_m3.py。

```
1   """
2   编写者：高顿财经研究院
3   日期：某年某月某日
4   功能：说明如何导入模块
5   """
6   
7   import p2.m1 as mm
8   
9   code = '600000'
10  board_name = mm.get_board_name(code)
11  print('The board name of {}: {}'.format(code,board_name))
```

如果模块文件不处于当前目录的子目录中，那么想要调用模块就需要先进行一些配置，其步骤如下：

（1）找到 Anaconda 的安装目录（默认为“C:\ProgramData\Anaconda3”）。

（2）进入安装目录下的“Lib\site-packages”目录。

（3）在该目录中新建一个后缀为 .pth 的文件（文件名可以随意）。

（4）使用文本编译器打开该文件，将 m1.py 所在的文件夹目录填入文件中。

（5）保存该文件。

（6）重启 Python 环境。

第 12 章　面向对象

学习目标：

◆ 理解面向对象程序设计和类的概念。
◆ 了解类的运用场景。
◆ 理解类的构造函数的定义与运用。
◆ 掌握类定义的结构与运用方法。
◆ 理解类的运用实例。
◆ 理解并编写简单的类的程序设计。
◆ 理解类的继承及运用。

12.1　面向对象程序设计

12.1.1　类与对象的基本概念

面向对象是指在程序设计中采用封装、继承、多态等设计方法。面向对象设计（Object-Oriented Design，OOD）是面向对象思想在程序设计中的应用，其编程理念源于生活。

面向对象有两个核心概念：类和对象。通俗地讲，类就是现实世界中的实体在计算机中的呈现，其将实体的属性及相关操作进行封装。而对象就是类的实例化、具象化。例如，生活中常见的交通工具包括地铁、汽车、自行车等类型。每种交通工具的类型其实就是一个“类”，它们具有相同的特征和功能。汽车是一“类”交通工具，某一辆具体的汽车就是一个对象。而只要属于汽车类的交通工具，都有一些共有的属性与方法，比如汽车都有品牌，都有最高时速的属性，都可以执行加速、倒车等操作方法。

在 Python 中，将对象的特征用数据来表示，称为对象的**属性变量**；将对象的行为用程序代码来实现，称为对象的**方法**。属性变量和方法统称为对象的**数据成员**。**具有相同数据成员的对象的集合称为类，而对象是类的实例化**。事实上，列表、字典、数组等数据类型都属于类。只不过这些是 Python 已为我们定义好属性变量、编写好方法且封装完成的类。

沿用上文的例子，对于汽车这个类来说，最高时速就是对象的属性变量，而倒车、启动发动机就是对象的方法，某一辆特定的宝马牌汽车就是类的实例对象。面向对象编程思想的精华就在于**以对象作为基本程序结构单元**。比如，我们要编写一个赛车类的游戏，就可以将所有赛车定义为一个类。而这个类就类似一个模具，每当我们需要生成一辆赛车的时候，无须重新编写代码，只需对事先定义的赛车类的属性进行赋值即可。在设计程序时，充分利用面向对象的思想，将具有相同特性和操作的对象封装为一个类，能够大幅提升代码的复用性、可读性。

12.1.2　类的举例

为了让读者更好地理解类的相关概念，这里以上市公司为例来说明类的生成，见图 12.1。

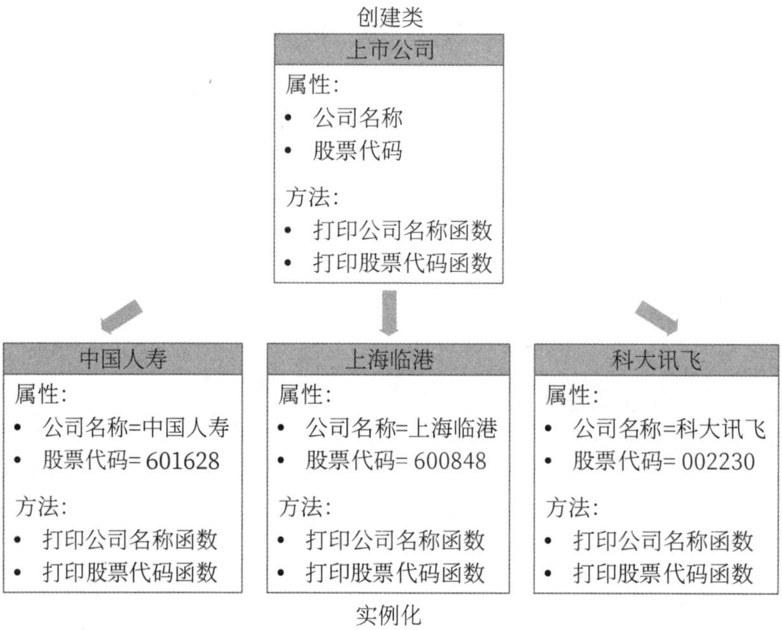

图 12.1　类的创建与实例化

如图 12.1 所示，我们创建了一个上市公司的类。每家上市公司共同具有的特征是公司名称和股票代码，故而定义了该类的两个属性变量，即公司名称和股票代码。每家上市公司都可以有的行为是显示名称和代码，故而定义了该类的两种方法，即打印上市公司名称和打印上市公司股票代码。

提示

虽然一般将类中定义的“函数”称为“方法”，但实际上两者并没有本质区别。

类可以被看作一个模板，通过套用该模板，可以将类实例化。例如，我们可以将上市公司这个类实例化为三个对象：中国人寿、上海临港和科大讯飞。每个对象都拥有上市公司类对应的属性变量和方法。接下来，我们通过 Python 代码来具体创建这个类。

12.2　类的运用

12.2.1　创建类

1. 类定义的基本语法

在 Python 中，定义类的代码块以关键字 class 开头，空格后接类的名称和英文半角冒号（:），具体语法如下：

```
class <类的名称>:
    <语句块>
```

与定义方法类似，定义类的变量和方法的代码块**以关键字 def 开头**，空格后接方法的名称，方法的参数放入英文半角圆括号中，多个参数之间用英文半角逗号隔开，具体的语法如下：

```
def <方法名称>(<self, 参数>):
    <语句块>
```

定义类的方法与定义普通方法的区别是**定义类方法时，括号里第一个参数必须是关键字 self，表明该方法是类自己的方法**。

2. 类定义的举例

承接上文的例子，我们创建一个名为 PubCmp 的类。该类有两个属性变量，即公司名称和股票代码。同时，该类有两种方法，即打印上市公司名称和打印上市公司股票代码。

【代码示例 12.1】定义 PubCmp 类　_12_1_Class.py。

```
1   """
2   编写者：高顿财经研究院
3   日期：某年某月某日
4   功能：定义 PubCmp 类
5   """
6   
7   class PubCmp():
8       def __init__(self, name, code):
9           self.name = name
10          self.code = code
11  
12      def get_name(self):
13          return self.name
14  
15      def get_code(self):
16          return self.code
17  
18      def print_name(self):
19          print(" 上市公司 : ",self.name)
```

提示

由于下文需要从该 py 文件中导入（Import）名为 PubCmp 的类，因此在对此 py 文件命名时需要注意两点：一是文件名不能以数字开头，二是文件名中不能有英文半角句点。

代码示例 12.1 的第 7 行，我们使用保留字 class 定义名为 PubCmp 的类。在 Python 中命名类时，通常首字母大写，冒号表示下文代码都属于该类的数据成员。

提示

在 Python 中给类命名时，类的名称的首字母一般为大写。虽然这样命名并非语法上的硬性要求，但将类的名称首字母大写可以将其与一般的变量名区分开（变量名一般为小写），以便在阅读程序时一目了然。此外，在定义变量时，我们习惯用下划线连接变量名中的两个单词，如 pub_cmp。而在定义类的名称时，我们习惯用大写字母来区分单词，如 PubCmp。

第 8 行，**__init__ 代表 initialize，其用于初始化类的特征，被称为构造函数**。在运用类模板**实例化一个对象时，Python 会自动调用 __init__() 方法来初始化一个对象**。需要注意的是，init 前后各有**两条下划线（不是一条）**，可避免 Python 默认该方法与普通方法发生冲突。定义的 __init__() 方法含有三个形式参数：self、name 和 code。其中，self 必不可少且必须位于第一个参数的位置。self 是一个指向实例本身的引用。通过 self，实例能够访问类中的属性和方法。

第 9 行和第 10 行，我们在 __init__() 方法下定义了类的两个属性变量。**以 self 为前缀的变量，称为实例变量，可以被类中所有的方法使用。同时，Python 可以通过类的任何实例来访问这些 self 变量**。形参 name 和 code 会将外部传来的值赋值给内部变量 self.name 和 self.code。

> **提示**
>
> 在定义类的实例方法时，**第一个位置上的参数必须为 self，不能省略**（第 8 行、第 12 行、第 15 行、第 18 行），其用于表示实例化时的具体对象。

第 12、15 和 18 行，我们使用保留字 def 分别定义了三个成员方法，用于返回公司的名称、股票代码和打印显示公司的名称。由于在实现功能时，这三个方法不需要外部再传入任何变量，直接调用类内部的变量即可，故这三个方法的形参均为 self。

12.2.2 类的实例化

1. 创建实例

在创建完类之后，我们得到了上市公司类的模板。此时，可以根据类创建实例，实现类的具体应用。例如，创建一个具体上市公司"平安银行"的实例，具体代码如下：

```
In [1]: from _12_1_Class import PubCmp

In [2]: c1 = PubCmp('平安银行','000001')
```

在 In[1] 中，我们需要先从 _12_1_Class.py 模块中导入 PubCmp 类，其导入语句与上一章中讲述的从模块中导入变量完全相同。

我们创建了一个名为"平安银行"、股票代码为"000001"的上市公司 c1, c1 是 PubCmp 类的一个对象，我们将整个实例存储在变量 c1 中。当 Python 运行到这行代码时，调用 PubCmp 中的方法 __init__(self,name,code), 将"平安银行"传递给形参 name，将"000001"传递给形参 code。之后，__init__() 方法又将形参 name 和 code 的值传递给 self.name 和 self.code。

> **提示**
>
> 在交互模式下运行 In[1] 前，必须先运行代码示例 12.1，否则 Python 会报错，指出 PubCmp 没有被定义。

2. 访问属性

创建实例后，我们可以使用句点表示法访问实例的属性。在实例 c1 中有两个属性，即公司名称和股票代码。调用这两个属性的代码为：

```
In [3]: print("公司名称：" + c1.name)
公司名称：平安银行

In [4]: print("股票代码：" + c1.code)
股票代码：000001
```

在 In[3] 与 In[4] 中访问属性时，Python 会先找到实例 c1，然后查找与 c1 相关联的属性 name 或 code。

3. 调用方法

创建实例后，我们也可以使用句点法调用类中定义的方法。在 PubCmp 类中，我们定义了三个方法，即 get_name、get_code 和 print_name。调用这三个方法的代码为：

```
In [5]: c1.get_name()
Out[5]: ' 平安银行 '

In [6]: c1.get_code()
Out[6]: '000001'

In [7]: c1.print_name()
上市公司 : 平安银行
```

12.2.3 设置类的默认参数

在创建类时，我们可以为属性设置默认值。与设置方法的默认参数原理类似，若没有外部值传入属性变量，Python 则会把默认值赋值给属性。例如，我们对 PubCmp 类进行扩展，为上市公司添加新的属性——挂牌交易所（Exchange），并设置默认值为上海证券交易所（SH）。具体代码如下：

【代码示例 12.2】 PubCmp 类的默认参数 12.2_Class.py。

```
"""
编写者：高顿财经研究院
日期：某年某月某日
功能：为 PubCmp 类设置默认参数并添加新属性
"""


class PubCmp:
    def __init__(self, name, code, exchange = "SH"):
        self.name = name
        self.code = code
        self.exchange = exchange

    def get_name(self):
        return self.name

    def get_code(self):
        return self.code

    def get_exchange(self):
        return self.exchange

    def print_name(self):
        print(" 上市公司 : ", self.name)
```

通过对类的属性设置默认值，在创建实例时，若上市公司的挂牌交易所为上海证券交易所，则不需要手动传入参数，以此提高编码效率；若上市公司的挂牌交易所为深圳证券交易所，则手动传入参数 'SZ'。例如，我们创建两个实例：一个在上海证券交易所上市的公司“工商银行”和一个在深圳证券交易所上市的公司“平安银行”，具体代码如下：

```
In [8]: c1 = PubCmp(" 工商银行 ",'601398')

In [9]: c2 = PubCmp(" 平安银行 ",'000001','SZ')

In [10]: c1.get_exchange()
Out[10]: 'SH'

In [11]: c2.get_exchange()
Out[11]: 'SZ'
```

在 In[8] 中创建实例 c1 时，由于没有向变量 exchange 传入值，因此属性变量使用默认值 'SH'。而在 In[9] 中创建实例 c2 时，由于将 'SZ' 赋值给变量 exchange，因此属性变量使用值 'SZ'。

12.2.4 查看类的类型

在前文中，介绍了可以使用 Python 自带的 type() 方法来查看数据类型。同样，我们也可以使用 type() 方法来查看创建的类的数据类型。具体代码如下：

```
In [12]: type(PubCmp)
Out[12]: type

In [13]: type(c1)
Out[13]: __main__.PubCmp

In [14]: type(c1.name)
Out[14]: str
```

其中：

（1）PubCmp 是创建的类，类本身就是一种数据类型。

（2）c1 是实现 PubCmp 类的一个实例，类型就是 PubCmp。

（3）c1.name 是以字符串形式出现的公司名称，所以 c1.name 的类型是 str。

12.3 类的继承

12.3.1 继承类的简介

继承是面向对象最显著的一个特性。简单来说，类的继承是指在一个已存在类的基础上建立一个新的类。已存在的类称为“基类”或者“父类”，而新建的类称为“派生类”或“子类”。通过继承，子类能在吸收父类的属性变量和方法的同时，拓展自己新的成员变量和成员方法。

这就好比一个大家族，每一代都有许多分支，每一代的后代子孙都继承了父辈的一些基本特征，同时会有所变化，因此代与代之间的个体存在区别。父类与子类继承的关系如图 12.2 所示。

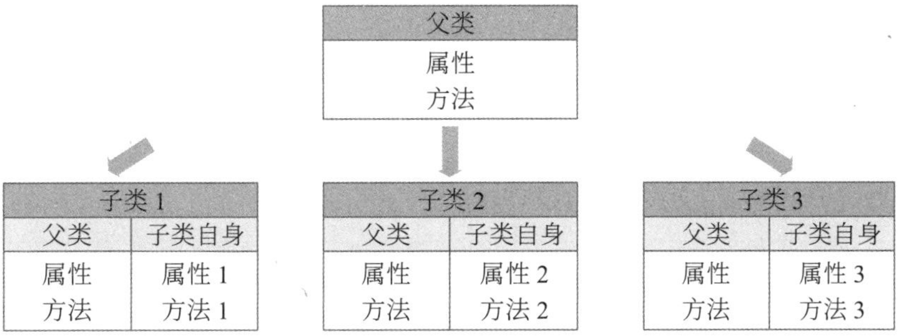

图 12.2 类的继承

提示

父类与子类的说法是相对的。例如，交通工具是一个父类，无论汽车、飞机还是地铁都能达到帮助人们出行的目的，因而汽车可以作为交通工具的子类，继承交通工具所特有的属性和方法，同时具有自己新的属性与方法。同时汽车类又可以继续派生出新的子类。比如，宝马牌汽车又可以作为汽车子类的子类，继承汽车类属性与方法的同时，又继续派生出新的属性与方法。因此，相对于交通工具类，汽车类是子类；而相对于宝马牌汽车类，汽车类是父类。

12.3.2 继承类的语法

1. 继承类的基本语法

继承类的基本语法如下：

```
class <父类名称>:
    <代码块>
class <子类名称>(<父类名称>):
    <代码块>
```

上述代码包括两个部分：第一部分由第一个 class 引导，是对父类的定义，包括对父类属性变量和方法的定义；第二部分由第二个 class 引导，是对子类的定义，后跟子类名称和父类名称，**且父类名称要放在括号中**。

2. 继承类的重载

继承类的重载又称重写。如果从父类中继承的方法不合适，或者功能不全，则需要重写方法。重写时，保持方法或方法的名称不变，改写其内部的参数、运算过程或输出结果等。

在 Python 中，最常见的是对构造方法 __init__() 的重载。若继承时，子类拥有其特有的属性变量，则需要 Python 在初始化的时候能抓取这些变量并传递给对象本身。因此在正常情况下，每一次继承都会重载一个新的 __init__() 方法。

12.3.3 继承类的运用

我们可以在代码示例 12.3 中 PubCmp 类的基础上，通过继承的方法，创建新的上市公司股票 PubCmpInv 类。除了继承父类 PubCmp 的属性和方法，子类 PubCmpInv 还定义了自己的属性——

评级（Grade）。在 A 股 3 500 多家上市公司中，只有部分公司会受到券商重视从而对公司进行调研并给出评级，如买入推荐或卖出推荐等。我们在原有的上市公司 PubCmp 类中新增一个属性 status，该属性只取 1 或 0 两种值，取 1 时表明该公司被券商给出评级，取 0 时表明该公司未被券商给出评级。我们定义那些被券商给出评级的上市公司为新的子类，该子类继承了上市公司类所有的属性变量与方法，并拥有新的属性——评级（Grade），以及新的方法——打印评级结果（print_result）。具体代码如下：

【代码示例 12.3】类的继承　12.3_SubClass.py。

```
"""
编写者：高顿财经研究院
日期：某年某月某日
功能：继承类的应用
"""
class PubCmp():
    def __init__(self, name, code, status=1, exchange='SH'):
        self.name=name
        self.code=code
        self.exchange=exchange

    def get_name(self):
        return self.name

    def get_code(self):
        return self.code

    def print_name(self):
        print(" 公司名字是 : ", self.name)


class PubCmpInv(PubCmp):
    def __init__(self, name, code, status=1, exchange='SH', grade='None'):
        self.name = name
        self.code = code
        self.exchange = exchange
        self.status = status
        self.grade = grade

    def print_result(self):
        if self.status==1:
            print(self.name,' 被调研过，评级是 ',self.grade,'。')
        else:
            print (self.name,' 没有被调研过，所以没有评级。')
```

上述代码的第 6 行至第 19 行是对父类的定义，与前文定义类的方法一样。代码的第 22 行至第 34 行是类的继承。其中：

（1）第 22 行，保留字 class 后空格跟子类的名称（PubCmpInv），**而子类名称后跟括号且括号内为父类名称（PubCmp）**。

（2）第 28 行，由于子类 PubCmpInv 定义了子类的新属性：评级。因此，我们需要重载 __init__() 方法，在原 __init__() 方法的基础上新增形参 grade，其默认值为 None，将形参 grade 的值赋值于内部变量 self.grade。

（3）第 30 行至第 34 行，为子类定义新的方法 print_result()。

在继承类创建完成后，我们可以创建新的实例并访问其属性或调用其方法。以下是一个实例，通过对上汽集团进行调研，输出调研结果。

```
In [15]: c1=PubCmpInv(' 上汽集团 ','600104',1,grade=' 强烈推荐 ')


In [16]: c1.name
Out[16]: ' 上汽集团 '


In [17]: c1.print_name()
公司名字是 : 上汽集团


In [18]: c1.status
Out[18]: 1


In [19]: c1.exchange
Out[19]: 'SH'


In [20]: c1.print_result()
上汽集团 被调研过，评级是   强烈推荐。
```

提示

在代码示例 12.3 中，如果去掉代码的第 24 行至第 27 行，程序仍然能够正常运行。这是因为第 22 行的语句 class PubCmpInv(PubCmp):，已经使子类 PubCmpInv 继承了父类 PubCmp 的属性方法给了子类 PubCmpInv。读者可以将代码示例 12.3 中的第 24 行至 27 行删除后，实例化一个 PubCmpInv 类，会发现仍能正常调用父类的方法并具有相关属性。

我们在定义子类属性时，不难看出第 24 行至 27 行是冗余的，即我们在父类中已经定义过的属性。如果父类包含成百上千个属性变量，我们在子类中重复这么多行代码是非常不友好的。实际上，第 24 行至 27 行可以用语句 super(PubCmpInv, self).__init__(name, code, status, exchange) 代替。其中，关键字 super().__init__() 代表调用父类的构造函数，从而继承父类属性的意思。读者可以自行尝试。

思考与练习

（1）请阐述什么是面向对象程序设计。

（2）请阐述什么是类以及类的作用。

（3）请举例说明类的运用场景和优势。

（4）请简述类的继承原理。

第 13 章　异常处理

学习目标：

- ◆ 理解程序“异常”与“错误”的区别和联系。
- ◆ 掌握异常信息的组成与含义。
- ◆ 了解 Python 的异常类型。
- ◆ 掌握异常处理的基本方式：for-except 语句。
- ◆ 熟悉异常处理的四种复杂形式。

13.1　例外情况与异常信息

13.1.1　程序的例外情况

在程序执行的过程中，若遇到例外情况（Exception），则会执行错误且返回异常信息。比如，我们想输入一个文件的原地址，但是，由于用户地址输入错误或该文件已经被转移，造成用户输入的文件地址不存在，那么程序就会异常报错。

又如，一个简单的正常 for 循环代码及运行结果如下：

```
In [1]: for i in range(5):
   ...:         print(i)
   ...:
0
1
2
3
4
```

但如果在输入代码时，忘记输入 for 语句结尾的冒号，那么程序将不能正常执行且会返回异常信息：

```
In [2]: for i in range(5)
        ...:         print(i)
File "<ipython-input-10-e309b1f0aa1c>", line 1
for i in range(5)^
SyntaxError: invalid syntax
```

程序可能遇到的例外情况可分为两种：异常（Checked Exception）和错误（Unchecked Exception）。

其中，异常是指可以“预见”的例外情况。**一般而言，发生异常的语句或表达式在语法上是正确的，其程序编码逻辑是无误的。这样的语句经过一定处理后是可以继续执行的**。例如，程序希望获得数字输入却被输入了字符，计算过程中分母为 0，等等。

错误是指“不可预见”的例外情况。与发生异常的语句不同，发生错误的语句或表达式本身在语法上可能是错误的，其程序编码逻辑是不合理的。程序本来就不应该处理错误的语句，故而这些语句是无法恢复执行的。例如，在 for 循环的条件后忘记加冒号，在中文字符输入法下输入双引号，等等。

13.1.2 异常信息

无论程序出现异常还是错误，程序都会在 Python 解释器中返回异常信息。但是，代码的运行环境不同，异常信息的形式也存在细微的差别。若直接在解释器中输入运行代码，则返回的异常信息如图 13.1 所示；若是在 Spyder 中运行 py 文件，则返回的异常信息如图 13.2 所示。

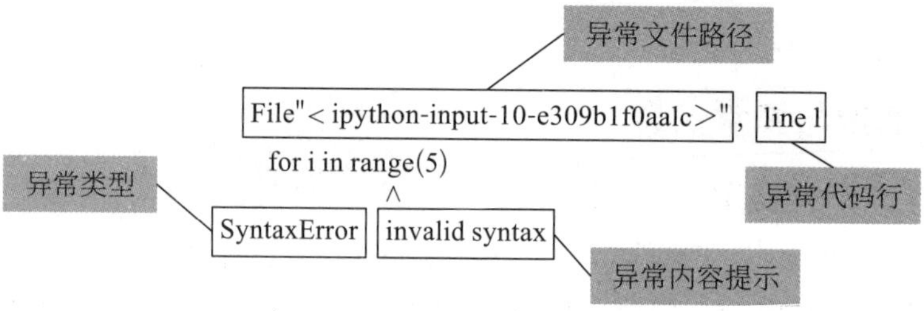

图 13.1 异常处理信息解读：解释器模式

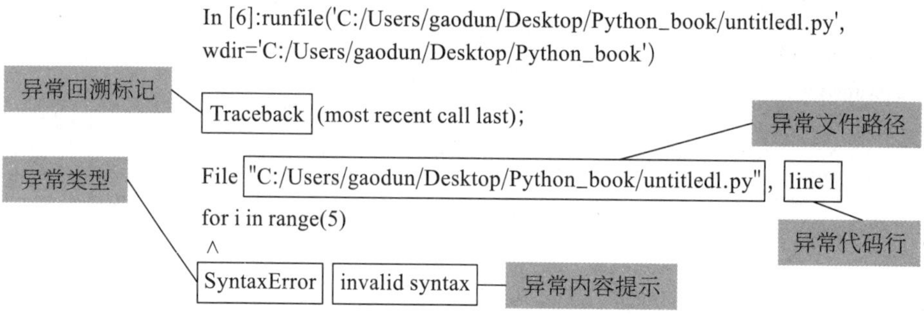

图 13.2 异常处理信息解读：文件模式

总体来说，以上两种形式所涵盖的内容非常相似，包括：

（1）**异常回溯标记**（Traceback）：表明异常信息的开始。若在解释器中直接输入、输出，则该行缺省。

（2）**异常文件路径**：“File”后跟异常文件的保存路径。大多数情况下，每个操作者的异常文件路径并不相同。

（3）**异常代码行**：“line”后跟发生异常的代码所在行数。我们可以根据代码行提示，追溯相应代码行，检查该行或附近行的代码。

（4）**异常类型**：表明使得程序发生异常的错误类型。

（5）**异常内容提示**：对异常错误进一步说明。

一般情况下，我们主要关注异常代码行、异常类型和异常内容提示。例如，图 13.2 中显示的异常信息告诉我们：在代码的第 1 行，发生了语法错误（SyntaxError），即用了不正确的语法（Invalid Syntax）。

13.2 常见的异常处理

虽然，无论出现异常还是错误，程序都会在 Python 解释器中返回异常信息。但是，**Python 只可以处理异常，而无法处理错误。**错误需要程序员自己通过异常信息主动修改。

对于异常，Python 可以通过 try、except、else、finally 等保留字来进行处理，分单异常处理和多异常处理；常见的异常处理语句有以下五种。

13.2.1 单异常处理

1. try-except 语句

try-except 语句用来检测 try 语句块中的错误，让 except 语句捕获异常信息并处理。

try-except 语句的基本语法形式为：

```
try:
    <语句块1>
except <异常类型>:
    <语句块2>
<语句块3>
```

try-except 语句的执行流程如图 13.3 所示。

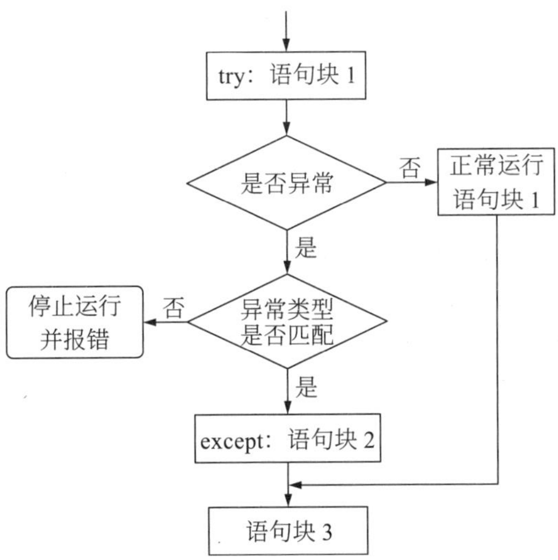

图 13.3 try-except 语句的执行流程

首先，程序尝试执行语句块 1。若语句块 1 正常执行，则跳过语句块 2，直接运行 try-except 语句之后的语句块 3。若执行语句块 1 出现异常，则跳转至 except 语句，对实际异常与 except 后声明的异常类型进行匹配。如果实际异常与声明异常相同，则执行语句块 2，然后执行语句块 3。如果实际异常与声明异常不同，则程序停止执行并返回异常信息。

例如，分析师需要计算一系列公司的市盈率。各个公司的股价存放在列表 price 中，相应的每股净利润存放在列表 earnings 中。

【代码示例 13.1】除零异常　13.1_ZeroDivisionError.py。

```
"""
编写者：高顿财经研究院
```

```
3   日期：某年某月某日
4   功能：除零异常
5   """
6
7   # 已知条件
8   prices = [23,45,23,56,19]
9   earnings = [3.4, 2.4,0,11,3.5]
10
11  for i in range(len(prices)):
12      print(" 第 %d 家公司：%.2f " %(i+1,prices[i]/earnings[i]))
```

上述代码运行错误并返回异常信息：

```
In [3]: runfile('C:/Users/Gaodun/Desktop/Python_book/13.1_ZeroDivisionError.py', wdir='C:/Users/Gaodun/Desktop/Python_book')
第 1 家公司：6.76
第 2 家公司：18.75
Traceback (most recent call last):

File "C:/Users/gaodun/Desktop/Python_book/13.1_ZeroDivisionError.py", line 12, in <module>
print(" 第 %d 家公司：%.2f" %(i+1,prices[i]/earnings[i]))

ZeroDivisionError: division by zero
```

从运行结果中我们可以看到，Python 已经正确计算并输出了 2 家公司的市盈率，但是在计算第 3 家公司的市盈率时，代码的第 12 行出现除零错误（代码中显示为 ZeroDivisionError）。此时，我们可以使用 try-except 语句来处理该异常。

【代码示例 13.2】除零异常　13.2_forExcept.py。

```
"""
编写者：高顿财经研究院
日期：某年某月某日
功能：除零异常
"""


# 已知条件
prices = [23,45,23,56,19]
earnings = [3.4, 2.4,0,11,3.5]

try:
    for i in range(len(prices)):
        print(" 第 %d 家公司：%.2f" %(i+1,prices[i]/earnings[i]))
except ZeroDivisionError:
    print(" 请检查第 %d 家公司的每股净利润是否为零 "%(i+1))
```

上述代码的输出结果为：

```
In [4]: runfile('C:/Users/Gaodun/Desktop/Python_book/13.2_forExcept.py', wdir='C:/Users/Gaodun/Desktop/Python_book')
第 1 家公司：6.76
第 2 家公司：18.75
请检查第 3 家公司的每股净利润是否为零
```

2. try-except-else 语句

try-except-else 语句的基本语法形式为：

```
try:
    <语句块1>
except <异常类型>:
    <语句块2>
else:
    <语句块3>
<语句块4>
```

try-except-else 语句的执行流程如图 13.4 所示。

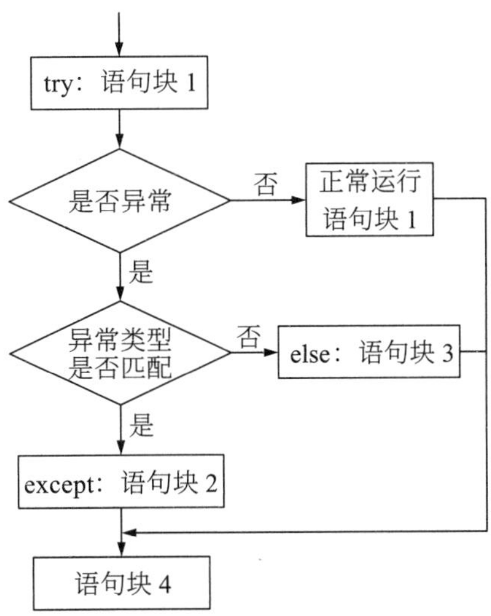

图 13.4　try-except-else 语句的执行流程

try-except-else 语句是在 try-except 语句的基础上增加了一个 else 语句。若执行 try 子句时没有发生异常，Python 将执行 else 后的语句；若执行 try 子句时发生异常，程序的运行流程与 try-except 语句相同。

【代码示例 13.3】除零异常　13.3_forExceptElse.py。

```
"""
编写者：高顿财经研究院
日期：某年某月某日
功能：除零异常
```

```
"""

# 已知条件
prices = [23,45,23,56,19]
earnings = [3.4, 2.4,0,11,3.5]

try:
    for i in range(len(prices)):
        print(" 第 %d 家公司：%.2f" %(i+1,prices[i]/earnings[i]))
except ZeroDivisionError:
    print(" 请检查第 %d 家公司的每股净利润是否为零 "%(i+1))
else:
    print(" 全部计算完成 ")
```

上述代码的输出结果为：

```
In [5]: runfile('C:/Users/Gaodun/Desktop/Python_book/13.1_forExceptElse.py', wdir='C:/Users/Gaodun/Desktop/Python_book')
第 1 家公司：6.76
第 2 家公司：18.75
请检查第 3 家公司的每股净利润是否为零
```

若我们将第 3 家公司的每股净利润从 0 改为 1，则代码的输出结果为：

```
In [6]: runfile('C:/Users/Gaodun/Desktop/Python_book/13.3_forExceptElse.py', wdir='C:/Users/Gaodun/Desktop/Python_book')
第 1 家公司：6.76
第 2 家公司：18.75
第 3 家公司：23.00
第 4 家公司：5.09
第 5 家公司：5.43
全部计算完成
```

3. try-except-else-finally 语句

try-except-else-finally 语句的基本语法形式为：

```
try:
    <语句块1>
except <异常类型>:
    <语句块2>
else:
    <语句块3>
finally:
    <语句块4>
<语句块5 >
```

try-except-else-finally 语句的执行流程如图 13.5 所示。

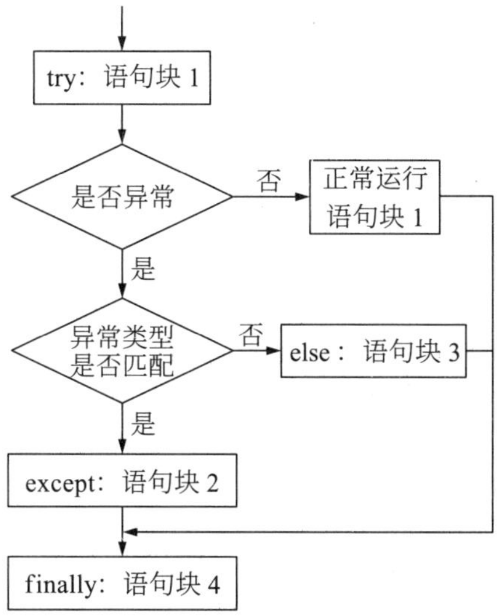

图 13.5　try-except-else-finally 语句的执行流程

try-except-else-finally 语句是在 try-except-else 语句的基础上增加了一个 finally 语句。无论语句块 1 是否有错、except 是否捕获异常、程序是否报错（显示 Traceback），finally 语句都会执行。

【代码示例 13.4】除零异常　13.4_forExceptElseFinally.py。

```
"""
编写者：高顿财经研究院
日期：某年某月某日
功能：除零异常
"""

# 已知条件
prices = [23,45,23,56,19]
earnings = [3.4, 2.4,0,11,3.5]

try:
    for i in range(len(prices)):
        print(" 第 %d 家公司：%.2f" %(i+1,prices[i]/earnings[i]))
except NameError:
    print(" 请检查第 %d 家公司的每股净利润是否为零 "%(i+1))
else:
    print(" 全部计算完成 ")
finally:
    print(" 程序运行完成 ")
```

上述代码的输出结果为：

```
In [7]: runfile('C:/Users/Gaodun/Desktop/Python_book/13.4_forExceptElseFinally.py', wdir='C:/Users/Gaodun/
Desktop/Python_book')
第 1 家公司：6.76
第 2 家公司：18.75
程序运行完成
Traceback (most recent call last):

File "C:/Users/gaodun/Desktop/Python_book/13.4_forExceptElseFinally.py", line 13, in <module>
print(" 第 %d 家公司：%.2f" %(i+1,prices[i]/earnings[i]))

ZeroDivisionError: division by zero
```

由于 except 没能捕获除零错误，因此程序停止并报错。但是，程序仍然输出语句“程序运行完成”。

13.2.2 多异常处理

1. try-except 分步处理

除了对单类异常进行捕获，我们还可以利用 try-except 分步处理语句，对多种错误类型进行排查，其基本语法形式为：

```
try:
    <语句块0>
except <异常类型1>:
    <语句块1>
except <异常类型2>:
    <语句块2>
……
else:
    <语句块n>
```

try-except 分步处理能够根据所捕获异常的类型，执行不同的相应语句块。

2. try-except 统一处理

若我们希望捕获多种错误并对其进行统一处理，则可以使用以下方式：

```
try:
    <语句块1>
except (<异常类型1>, <异常类型2>, …, <异常类型3>):
    <语句块2>
```

在 except 关键字后，将多种异常类型放入括号内，彼此之间用逗号隔开。

13.3 实例操作

基金经理为高净值客户进行资产配置时，客户常常会查看投资标的的基本信息，例如市盈率、每股利润（EPS）等。假设基金机构为客户开发了一个自动查询系统，客户可以自行查询相关信息。假设该系统的数据库里存储着银行类股票的相关信息，包括银行名称、PE 值、所在交易所、EPS 值等。在客户自行查询系统数据时，系统需要对客户的错误输入进行反馈。

该数据库中存放的基本信息如下：数据库的基本信息包括 [' 平安银行 ',6.81,'SZ',1.14]、[' 工商银行 ',6.16,'SH',0.67]、[' 中国银行 ',5.17,'SH',0.52] 和 [' 建设银行 ',5.52,'SH',0.86]。

【代码示例 13.5】自动查询系统的异常处理 13.5_searchSystem.py。

```
"""
编写者：高顿财经研究院
日期：某年某月某日
功能：自动查询系统的异常处理
"""
# 数据库原始数据
dataSets = [
            [' 平安银行 ',6.81,'SZ',1.14],
            [' 工商银行 ',6.16,'SH',0.67],
            [' 中国银行 ',5.17,'SH',0.52],
            [' 建设银行 ',5.52,'SH',0.86]]
items = ["PE 值 "," 交易所 ","EPS 值 "]

try:
    # 显示银行列表
    print("="*30)
    print(" 数据库所有银行列表：")
    print("No: 银行名称 ")
    for i in range(len(dataSets)):
        print (i+1,":",dataSets[i][0])

    # 信息查询
    ib = int(input(" 请输入所查银行的编号 :\n" ))
    print("\n 查询银行为：%s"%dataSets[ib-1][0])
    for i in range(len(items)):
        print (i+1,":",items[i])
    it=int(input(" 请输入查询项的编号 :" ))

    if it==1:
        if (dataSets[ib-1][it]>=6):
            print ("\nPE 值为 %.2f, 大于或等于市场平均值。"%dataSets[ib-1][it])
        else:
            print ("\nPE 值为 %.2f, 小于市场平均值。"%dataSets[ib-1][it])
```

```
    elif it==2:
        print("\n 该银行所在交易所为：%s"%dataSets[ib-1][it])
    else:
        if (dataSets[ib-1][it]>0.7):
            print ("\nEPS 值为 %.2f, 大于或等于市场平均值。"%dataSets[ib-1][it])
        else:
            print ("\nEPS 值为 %.2f, 小于市场平均值。"%dataSets[ib-1][it])

# 如果输入的数字超出列表的范围
except IndexError:
    print("\n 对不起，您所输入的编号不存在。")
# 输入的不是数字
except ValueError:
    print( "\n 对不起，请输入一个数字。" )
# 没有错误
else:
    print("\n 信息查询成功！ ")
# 无论是否有错，这是最后一步
finally:
    print(" 本次查询结束。")
    print("="*30)
```

由于程序需要客户两次主动输入数字，因此就有可能出现两种异常类型：索引错误（IndexError）和无效参数错误（ValueError）。当客户输入的数字编号超过数据库的数据范围时，会发生索引错误；当客户输入的不是数字编号而是其他数据类型时，会发生无效参数错误。因此，我们可以使用两个 except 语句对多异常进行分步处理，将相关错误类型反馈给客户。

1. 无异常情况

首先，我们可以按照程序的提示，按照正确的方式运行。具体的运行结果为：

```
In [8]: runfile('C:/Users/Gaodun/Desktop/Python_book/13.5_searchSystem.py', wdir='C:/Users/Gaodun/
Desktop/Python_book')
==============================
数据库所有银行列表：
No: 银行名称
1 : 平安银行
2 : 工商银行
3 : 中国银行
4 : 建设银行
```

```
请输入所查银行的编号 :
3

查询银行为：中国银行
1 : PE 值
2 : 交易所
3 : EPS 值

请输入查询项的编号 :3

EPS 值为 0.52, 小于市场平均值。

信息查询成功！
本次查询结束。
```

2. 异常处理：索引错误（IndexError）

在要求输入所查询的银行编号或者所查询的项目编号时，若输入的数字超过了程序允许的范围，则会产生索引错误。此时，程序会提示："对不起，您所输入的编号不存在。"例如：

```
In [9]: runfile('C:/Users/Gaodun/Desktop/Python_book/13.5_searchSystem.py', wdir='C:/Users/gaodun/
Desktop/Python_book')
================================
数据库所有银行列表：
No: 银行名称
1 : 平安银行
2 : 工商银行
3 : 中国银行
4 : 建设银行

请输入所查银行的编号 :
7

对不起，您所输入的编号不存在。
本次查询结束。
================================
```

3. 异常处理：无效参数错误（ValueError）

在要求输入所查询的银行编号或者所查询的项目编号时，若输入的不是数字而是其他字符，则会产生无效参数错误。此时，程序会提示："对不起，请输入一个数字。"例如：

```
In [10]: runfile('C:/Users/Gaodun/Desktop/Python_book/13.5_searchSystem.py', wdir='C:/Users/Gaodun/
Desktop/Python_book')
================================
数据库所有银行列表：
No: 银行名称
1 : 平安银行
2 : 工商银行
3 : 中国银行
4 : 建设银行

请输入所查银行的编号 :
s

对不起，请输入一个数字。
本次查询结束。
================================
```

思考与练习

（1）请阐述为什么程序会有异常。

（2）请对比介绍的四种异常处理，阐述各自的不同点。

（3）请简述异常处理适用的场景。

（4）请举例说明一个异常处理的语法。

第 2 部分

Python 金融编程的常用库

P y t h o n

第 2 部分介绍在金融编程中最常用的库 NumPy、Pandas 与 Matplotlib。其中，NumPy 库在金融编程中常用于对多维数组执行计算，提供了大量的与数值运算相关的库函数和操作，包括多维的矩阵运算方法。Pandas 以 NumPy 为基础，并参照 R 语言处理数据的方式，在功能上进行了扩展，可以很好地克服 NumPy 的缺点，是处理时间序列数据的最佳利器。Matplotlib 模块是基于 Python 语言开发的数学绘图库，其一大特点是函数绘图接口与 Matlab 非常类似，可以绘制出不同类型及不同图标属性的图像，如折线图、散点图、柱状图等，功能非常强大。

第 14 章　NumPy 数据结构及运用

学习目标：

- ◆ 了解 NumPy 库。
- ◆ 理解 NumPy 数组的运用场景。
- ◆ 掌握 NumPy 数组的创建方法。
- ◆ 掌握 NumPy 数组的索引。
- ◆ 理解 NumPy 数组的形态操作。
- ◆ 掌握 NumPy 数组的运算方法与函数。

14.1　NumPy库的简介及导入

14.1.1　NumPy库的简介

在金融编程中，组织金融数据以及展现金融数据是非常重要的两个环节。本章首先讲解如何组织数据。

如前文所介绍的，在 Python 中可以采用列表的形式来呈现数据。列表虽然形式灵活（每个元素都可以是不同类型），但效率较低（必须通过循环来进行遍历，还必须检查每一个元素的类别）。尤其在金融计算中，我们通常以二维乃至多维表格形式即矩阵的形式（而不是一维数据），来进行较为复杂的高性能科学计算或数据分析。在这种情况下，列表的数值运算性能就不是很出色。实际上，列表这种数据结构是为了更广泛的运用场景而设计的，并非为处理多维数组这一特殊需求所构建。

本章我们将介绍 Python 的第三方库 NumPy（Numerical Python）。其功能非常强大，足以弥补列表的不足，被广泛地运用于金融计算、机器学习、图像处理等领域。

NumPy 库在金融编程中常用于对多维数组执行计算。NumPy 这个词来源于两个单词——Numerical 和 Python。顾名思义，NumPy 提供了大量的与数值运算相关的库函数和操作，包括多维矩阵的运算方法。此外，NumPy 采用 n 维数组对象（ndarray）的方式进行存储，有着强大的计算方法。唯一的限制就是 **ndarray 里存储的元素必须是同一种类型的数据**。

提示

其实 Python 标准库中自带了 array 类型来保存数组类型的数据。但是，Python 自带的 array 类型有个致命的缺点，即不能以向量或矩阵的形式进行运算。这非常不适合金融计算，故一般情况下我们使用 NumPy 库提供的 ndarray 数组。本书中提到的“数组”，如无特别说明，均指 NumPy 的 ndarray 数组，而不是指 Python 自带的 array 数组。

14.1.2 NumPy库的导入

如前所述，NumPy 是一个第三方工具库，并不包含在 Python 的核心语法当中。因此，在使用 NumPy 前，我们需要将 NumPy 导入我们的编程环境。导入语句如下所示：

```
In [1]: import numpy as np
```

注意，本章后面的程序都默认已经在程序中输入了 import numpy as np 的语句。如果读者在运行程序时忘记输入该语句，程序会报错：NameError: name 'np' is not defined。

导入 NumPy 库后，输入命令 dir(np)，可以查看 NumPy 模块中的所有函数；输入 np.__version__ 可以查看 NumPy 库的版本。

提示

虽然从语法上来说，In[1] 中 as 后面的简写可以是任何符合 Python 语法规定的名称，但一般情况下，为了方便其他使用者理解程序，我们默认将 NumPy 简写为 np。此外，虽然利用语句 from numpy import * 也能实现导入 NumPy 库的目的，并且避免了在代码中出现 np，但正如我们在导入模块相关章节中所说明的，为了明确相关函数来源于哪个模块，我们不建议读者以这样的方式导入 NumPy 库。

14.2 数组的创建及其基本属性

NumPy 模块提供了一种新的数据结构——ndarray，即 n 维数组，并针对该数据结构提供了一系列相关操作，包括常见的数学运算、矢量运算、聚合运算、条件逻辑筛选等。

提示

NumPy 数组在内存中实际上是一个**连续的**空间，其也能被看成一个通用、高效且灵活的同构数据容器，通过 NumPy 库提供的函数，可以对数组中的**整块数据**执行相关运算和操作。

14.2.1 一个简单的运用场景

为方便读者理解，这里我们列举了一个非常简单的数组类型数据的运用场景。

假设我们考察两只股票的当前交易价格数据，那么我们只需创建两个变量分别存储两只股票的实时价格数据即可。考虑以下这样的情形：我们想要保存某一只股票过去一年的每日收盘价，共 252 个数据（扣除非交易日）。显然，为这项任务创建 252 个变量是极其不明智的做法，这时候我们就需要使用数组了。

数组可以用来保存一系列数据，使用数组相当于将数据编成一个组，然后用一个变量来表示这个组。如果我们想要保存一只股票过去一年的价格，我们可以创建一个数组，然后将这只股票过去一年的价格都存放在这个数组当中。这样，我们只需要一个变量就可以了。

如果我们使用电子表格来保存一系列股票价格，那么这张表格可能会如表 14.1 的形式呈现，即呈现为一维数组。数组在内存当中以类似于表 14.1 的结构存储，其中索引值是系统默认且不会显现出来的。

表 14.1 一维数组呈现方式

索引值	数组（阿里巴巴股价）
0	180.63
1	180.63
2	180.41
3	175.03
……	……
249	199.06
250	192.56
251	188.41

同理，如果我们要考察多只股票在过去 252 个交易日的收盘价，那就要用到二维数组，如表 14.2 所示，一个维度对应各交易日，另一个维度对应各公司。

表 14.2 二维数组呈现方式

	公司 1	公司 2	……	公司 n
索引值	0	1	……	n–1
0	180.63	888.00	……	102.29
1	180.63	884.96	……	108.69
2	180.41	820.00	……	108.09
3	175.03	880.00	……	107.98
……	……	……	……	……
249	199.06	857.13	……	111.69
250	192.56	857.13	……	84.28
251	188.41	970.00	……	84.18

14.2.2 直接创建数组并查看其基本属性

1. 直接创建数组

利用 NumPy 中的 array[①] 命令可以直接创建一个数组，其语法如下：

np.array(<对象>, dtype=None)

其中，<对象>通常为数组存储的数据对象；dtype 是可选参数，规定数组中元素的数据类型。

例如，我们记录了某只股票最近 5 个交易日的收盘价：5，5.1，5.4，5.2，4.9，可使用下列命令将这 5 个价格保存在一个数组当中。

① NumPy 中的 array 指的就是 ndarray，与 Python 中的 array 是不同的概念。

```
In [2]: a = np.array([5, 5.1, 5.4, 5.2, 4.9])

In [3]: a
Out[3]: array([5. , 5.1, 5.4, 5.2, 4.9])
```

提示

上述例子中，小括号代表输入参数，中括号代表输入的对象是列表。使用 array() 函数有个常犯的错误：遗漏中括号。如果我们忘记输入中括号的话，系统会给我们提示以下错误信息：only 2 non-keyword arguments accepted。这表明，Python 实际上将 5 个输入数据理解为 5 个参数传递给了 np.array() 函数，而该函数在未指明关键字时，最多只能接受 2 个参数，故报错。具体如下：

```
In [4]: a = np.array(5,5.1,5.4,5.2,4.9)
Traceback (most recent call last):

File "<ipython-input-164-0cc7919c4270>", line 1, in <module>
a = np.array(5,5.1,5.4,5.2,4.9)

ValueError: only 2 non-keyword arguments accepted
```

这里需要再次强调，与列表不同，ndarray 数组中每一个元素都必须是同一类型，否则 Python 会报错，具体如下：

```
In [5]: price = [' 收盘价 ',5.0, 5.1, 5.4, 5.2, 4.9]

In [6]: np.array(price,float)
Traceback (most recent call last):

File "<ipython-input-23-c9b319f1f2ad>", line 1, in <module>
np.array(price,float)

ValueError: could not convert string to float: ' 收盘价 '

In [7]: np.array([' 收盘价 ',5.0, 5.1, 5.4, 5.2, 4.9])
Out[7]: array([' 收盘价 ', '5.0', '5.1', '5.4', '5.2', '4.9'], dtype='<U3')
```

上例中，当我们将包含不同元素类型的列表 price 通过 np.array() 函数转化为数组时，通过参数指定类型 float 时发生报错。**这就是因为数组的元素必须为同一类型**。而在 In[7] 中，由于我们没有事先设定数组元素的类型，np.array() 函数为了保证元素类型相同，自动将后面 5 个数字类型元素转化为字符型。在 Out[7] 中通过 dtype 参数表明数组中元素的类型为 '<U3'，即长度不超过 3 的 Unicode 类型。

2. 数组的属性

金融编程中常用的数组属性有 4 个，如表 14.3 所示。

表 14.3　数组的属性与描述

数组的属性	描述
ndarray.ndim	数组的维度
ndarray.shape	数组的形状，数组的维度（行数）及每个维度的元素个数（列数）
ndarray.size	数组在**所有维度**上元素的总个数
ndarray.dtype	数组中元素的数据类型 注意：dtype 类型也可以用于创建数组

通过一个例子，我们可以非常直观地了解各属性的含义。我们构建一个二维数组 price，反映两只股票过去 5 个交易日的收盘价，具体如下：

```
In [8]: price = np.array([[5, 5.1, 5.4, 5.2, 4.9], [2.2, 2.21, 2.3, 2.25, 2.22]])

In [9]: price.ndim
Out[9]: 2

In [10]: price.shape
Out[10]: (2, 5)

In [11]: price.size
Out[11]: 10

In [12]: price.dtype
Out[12]: dtype('float64')

In [13]: price.shape[0]
Out[13]: 2

In [14]: len(price)
Out[14]: 2
```

上例中，有一些细节需要注意：

（1）在 In[8] 中，我们创建了一个包含两只股票过去 5 个交易日收盘价数据的二维数组。在输入代码时，要尤其注意二维数组对应两对中括号，不要遗漏外面的一对中括号。

（2）ndim 属性反映的是数组的维度，shape 属性反映的是维度及每个维度上元素的个数，而 size 属性反映的是**所有维度**上元素的总个数。

（3）price.shape 返回的是一个元组。其中，shape[0] 代表行数。回忆前面章节的知识，我们可以用 len() 函数返回一维数组（列表）的长度。但如果对象是一个二维数组，len() 函数返回的是第一维度的个数，即行数。因此，price.shape[0] 和 len(price) 得到的数值是相同的，见 Out[13] 与 Out[14]。

（4）dtype 属性反映的是数组中元素的数据类型。注意，虽然我们在 In[8] 中输入数据时，第一只股票的第一个交易日收盘价是 5，为 int 类型，但是由于后面的数据都是 float 类型，且数组中所有元素的类型必须相同，故 array() 函数会自动将 5 转化为 float 类型。

（5）Out[12] 中，dtype('float64') 中的 64 代表用于存储浮点数的位数为 64 位（8 个字节）。

14.2.3 创建等差数组

1. arange() 函数

np.arange() 函数可返回一个固定步长的数组，其语法如下：

np.arange([<开始值>], <结束值>,[<步长值>], dtype=None)

arange() 函数接收三个参数：第一个参数为数组的开始值，该参数可缺省，如果缺省则从 0 开始；第二个参数为数组的结束值；第三个参数为步长值，该参数可缺省，如果缺省则默认步长为 1。以下命令创建一个从 0 开始（包含 0）到 1 结束（不包含 1），增量为 0.1 的数组。

```
In [15]: a = np.arange(0, 1, 0.1)


In [16]: a
Out[16]: array([0. , 0.1, 0.2, 0.3, 0.4, 0.5, 0.6, 0.7, 0.8, 0.9])
```

提示

需要注意，使用 arange() 函数创建的数组**不包含终止值**。如上例 Out[16] 中，不包含最终值 1。在这一点上，arange() 函数与 range() 方法非常相似［如 range(0,20,2) 同样不包含最终值 20］。但有所不同的是，**arange() 函数可以以小数为步长，而 range() 方法则不能以小数为步长。**

由于 < 开始值 > 和 < 步长值 > 参数是可选的，因此我们可以只为 arange() 函数提供两个或一个参数。只提供两个参数时，第二个参数被认为是终止值，步长默认为 1；只提供一个参数时，该参数被认为是终止值，初始值默认为 0，步长默认为 1，如下例：

```
In [17]: a = np.arange(0,10)


In [18]: a
Out[18]: array([0, 1, 2, 3, 4, 5, 6, 7, 8, 9])


In [19]: np.arange(9)
Out[19]: array([ 0, 1, 2, 3, 4, 5, 6, 7, 8])
```

2. linspace() 函数

另一种创建等差数据的方法是使用 linspace() 函数，其语法如下：

np.linspace(<开始值>, <结束值>, num=50, endpoint=True, retstep=False, dtype=None)

其中需要注意的是，**linspace() 函数的第三个参数 num 不是步长而是代表生成元素的个数，**

默认值为 50；第四个参数 endpoint 的默认值为 True，代表生成的数组包含 stop 值；第五个参数 retstep 代表返回值形式，默认为 False，即以**等差的方式返回**数列组，如果设置为 True，则函数除了返回样本点外还会返回步长值。多数情况下，我们只会使用前三个参数。

提示

注意，与 arange() 函数不同，**linspace() 函数默认包含终止值**。

例如，我们想返回从 0 到 1 的 10 个数据点，包括起始点和终止点，具体代码如下：

```
In [20]: a = np.linspace(0,1,10)

In [21]: a
Out[21]:
array([0.        , 0.11111111, 0.22222222, 0.33333333, 0.44444444,0.55555556, 0.66666667, 0.77777778,
       0.88888889, 1.        ])
```

linspace() 函数常用于绘制函数图像。假设我们要绘制在 –pi 到 pi 之间的正弦函数图像，就可以利用 linspace() 函数来生成这一区间内的样本点。我们先生成从 –pi 到 pi 区间内 100 个等差序列数，然后计算每一个 x 值对应的 sin 值，记为 y 轴上的 y 值。具体操作如下：

```
In [22]: x = np.linspace(-np.pi, np.pi, 100)

In [23]: x
Out[23]:
array([-3.14159265, -3.07812614, -3.01465962, -2.9511931, -2.88772658,
       -2.82426006, -2.76079354, -2.69732703, -2.63386051, -2.57039399,
       -2.50692747, -2.44346095, -2.37999443, -2.31652792, -2.2530614,
       -2.18959488, -2.12612836, -2.06266184, -1.99919533, -1.93572881,
       -1.87226229, -1.80879577, -1.74532925, -1.68186273, -1.61839622,
       -1.5549297, -1.49146318, -1.42799666, -1.36453014, -1.30106362,
       -1.23759711, -1.17413059, -1.11066407, -1.04719755, -0.98373103,
       -0.92026451, -0.856798, -0.79333148, -0.72986496, -0.66639844,
       -0.60293192, -0.53946541, -0.47599889, -0.41253237, -0.34906585,
       -0.28559933, -0.22213281, -0.1586663, -0.09519978, -0.03173326,
       0.03173326, 0.09519978, 0.1586663, 0.22213281, 0.28559933,
       0.34906585, 0.41253237, 0.47599889, 0.53946541, 0.60293192,
       0.66639844, 0.72986496, 0.79333148, 0.856798, 0.92026451,
       0.98373103, 1.04719755, 1.11066407, 1.17413059, 1.23759711,
       1.30106362, 1.36453014, 1.42799666, 1.49146318, 1.5549297,
       1.61839622, 1.68186273, 1.74532925, 1.80879577, 1.87226229,
       1.93572881, 1.99919533, 2.06266184, 2.12612836, 2.18959488,
       2.2530614, 2.31652792, 2.37999443, 2.44346095, 2.50692747,
       2.57039399, 2.63386051, 2.69732703, 2.76079354, 2.82426006,
       2.88772658, 2.9511931, 3.01465962, 3.07812614, 3.14159265])
```

```
In [24]: y = np.sin(x)

In [25]: import pandas as pd

In [26]: pd.Series(y,index=x).plot()
```

其结果如图 14.1 所示。

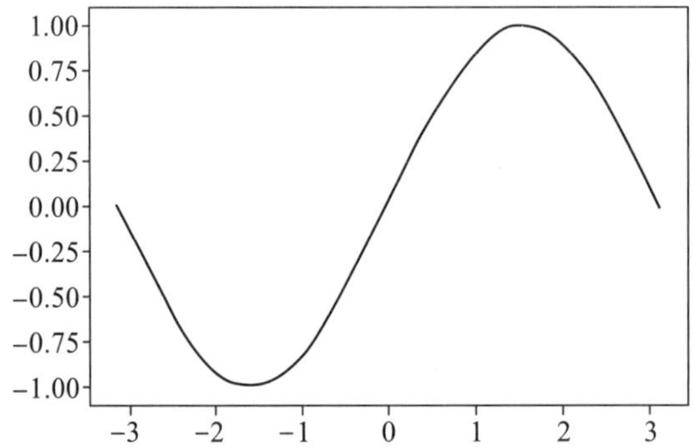

图 14.1 利用 linspace() 函数绘制正弦函数图像

在 In[22] 中，np.pi 是圆周率的近似值。

在 In[22] 中，我们利用 linspace() 函数，在闭合区间 [−3.14159265, 3.14159265] 中等距抽取了 100 个数（含 ±3.14159265）。

在 In[24] 中，NumPy 的 sin() 函数可以接收一个数组作为参数，然后对这个数组中每一个值计算 sin 值，将结果形成一个数组返回。这就是 NumPy 数值比列表优越的地方。

知识链接

在 In[25] 中，我们使用了 pandas 库中的功能来绘制图像。我们导入了 pandas 库，创建了一个 Series 对象，然后调用了 Series 的 plot() 方法。有关绘图的更多内容将在第 16 章中做详细的介绍。

14.2.4 创建随机数组

1. 生成 0 到 1 之间的随机数

利用 NumPy 库中的 random 模块可以生成服从各种分布的随机数。下例中，我们利用 random 模块下的 random_sample() 函数来生成左闭右开区间 [0,1) 之间服从连续均匀分布的随机数。

```
In [27]: np.random.random_sample(5)
Out[27]: array([0.33794602, 0.22756831, 0.25967204, 0.1905325 , 0.06772302])

In [28]: 5*np.random.random_sample(10)-1
Out[28]: array([ 0.92367184, 1.72540871, 3.46930321, 2.07735928, -0.40072295, 0.83214022, 2.98729264,
2.81581403, 1.12896801, 3.24716483])
```

（1）在 In[27] 中，我们利用 np.random.random_sample(5) 生成了 5 个在区间 [0,1) 之间服从连续均匀分布的随机数。

（2）在 In[28] 中，若想要生成左闭右开区间 [a,b) 之间的随机数，可以在区间 [0,1) 的基础上进行线性变化，即 (b−a) * random_sample() + a。此处，a 为 −1，b 为 4，生成了在区间 [−1,4) 之间的随机数。

通过指定不同维度上元素的个数，我们可以生成区间 [0,1) 之间的二维随机数组，具体代码如下：

```
In [29]: np.random.random_sample((3,2))
Out[29]:
array([[0.35044574, 0.63751291],
[0.76191721, 0.52457205],
[0.61275968, 0.73870542]])
```

在 In[29] 中，3 代表数组的维度（即几个数组），2 代表每个维度上元素的个数。

2. 生成随机整数

生成随机整数的函数是 randint()，其语法如下：

np.random.randint(<开始值>, <结束值>, size=None)

其中，< 开始值 >, < 结束值 > 分别为所要生成的随机整数的区间开始位置（包含）和区间结束位置（不包含）。size 为所要生成的随机数组的形状，默认为仅生成一个随机数。

例如，我们利用 random 模块中的 randint() 函数生成 10 个 [0,10) 之间的随机整数，具体代码如下：

```
In [30]: np.random.randint(0,10,size=10)
Out[30]: array([8, 5, 0, 9, 6, 2, 1, 3, 7, 0])
```

这里需要指出的是，随机整数的取值范围是左闭右开区间。从 Out[30] 中也可以看出，生成的随机数中出现了 0，但没有出现 10。

size 参数用于指定随机数的个数。虽然代码 np.random.randint(0,10,10) 可以实现相同的功能，但从代码可读性的角度出发，我们还是建议读者在代码中写出参数名称，即 size=10，而第一个参数与第二个参数的含义一目了然时，则不用刻意写出参数的名称。

3. 生成服从正态分布的随机数

通过 np.random.normal() 函数可以生成服从正态分布的随机数，具体代码如下：

```
In [31]: np.random.normal()
Out[31]: -0.7282608097198908


In [32]: np.random.normal(3,4,size=5)
Out[32]: array([ 5.30408755, -0.78868939, -2.34375951, 1.99432721, -3.52929823])
```

（1）在 In[31] 中，参数缺省的情况下，直接生成一个服从标准正态分布的随机数。

（2）在 In[32] 中，第一个参数代表均值，第二个参数代表标准差，第三个参数为随机数个数，即生成了 5 个服从 $N(3,16)$ 正态分布的随机数。

利用 random 模块还能生成服从其他各种分布的随机数，可以通过输入 np.random? 查看详情。

4. 随机种子

利用命令 np.random.random_sample() 生成随机数时，由于是“随机”的，每次运行结果都是不同的。然而在进行诸如蒙特卡洛模拟分析时，我们需要相同的随机数来验证结论。这就可以用到随机种子（Seed）来生成相同的随机数，具体代码如下：

```
In [33]: np.random.seed(333)

In [34]: np.random.random_sample(3)
Out[34]: array([0.54329109, 0.72895073, 0.01688145])

In [35]: np.random.seed(333)

In [36]: np.random.random_sample(3)
Out[36]: array([0.54329109, 0.72895073, 0.01688145])
```

在 In[33] 中，我们先利用 np.random.seed(333) 生成了一个随机种子，其中数字 333 可以是其他任意数字，只不过这里用 333 来标记随机种子。请读者注意这里代码的先后顺序，生成随机种子的代码要在生成随机数的代码之前。随后，In[34] 生成了 3 个 [0,1) 之间的随机数并自动存放在随机种子中。在 In[35] 中，我们调用了随机种子，故在 In[36] 中生成的随机数与 In[34] 中的随机数完全相同。如果没有 In[35] 语句，直接执行 In[36] 语句生成的随机数会完全不同。

提示

在多数情况下，计算机生成的随机数并不是真的随机数，而是伪随机数。

14.2.5 创建特殊数组

1. 创建全零数组

在大多数情况下，我们在创建数组时还无法确定其中元素的具体值。例如，我们想要模拟一只股票未来 5 天的股价走势。在程序运行前，我们并不知道模拟的结果。此时，我们可以根据数组的大小来创建数组，并将数组中的元素都初始化为 0。

zeros() 函数可以用来创建一个全零数组。例如，我们创建一个长度为 5 的数组，数组中的元素全部为 0，具体代码如下：

```
In [37]: a = np.zeros(5)
In [38]: a
Out[38]: array([0., 0., 0., 0., 0.])
```

2. 创建全一数组

我们不仅能创建元素全为 0 的数组，使用 ones() 方法还能创建所有元素全为 1 的数组，具体代码如下：

```
In [39]: a = np.ones(5)

In [40]: a
Out[40]: array([1., 1., 1., 1., 1.])
```

3. 创建空数组

我们可以使用 empty() 函数来创建一个未进行任何初始化的空数组。**值得指出的是，未进行初始化并不意味着数组中的元素值为空，** empty() 函数根据数组大小来分配相应的内存空间，相应的元素值为内存中现有的值，这个值可能是任何数，具体代码如下：

```
In [41]: np.empty(5)
Out[41]: array([0. , 0.25, 0.5 , 0.75, 1. ])
```

4. 创建多维数组

在进行股票价格的模拟时，可以使用数组来存放一只股票价格的序列。不过，一般在使用模拟方法的时候，我们不会仅仅模拟一只股票价格的走势，而可能需要模拟 1 000 只、10 000 只甚至更多只股票价格的走势。在这种情形下，为每一只股票模拟价格路径走势创建一个数组是低效的。因此，我们要用到多维数组的概念。先来看最简单的多维数组，即二维数组。

之前所定义的数组都是一维数组，一维数组中的元素是一个数字，而二维数组中的元素为数组，即数组的数组。这么表述可能有些抽象，我们不妨将二维数组想象成一个二维表格。假设我们希望模拟一只股票未来 4 天的价格走势，并且想要模拟 10 条路径，那么其结果可能就像图 14.2 所显示的那样。这张图的每一列代表一次模拟的路径。其中，所有的路径都是从 5 元这个价格开始的。

	A	B	C	D	E	F	G	H	I	J
1	路径1	路径2	路径3	路径4	路径5	路径6	路径7	路径8	路径9	路径10
2	5.00	5.00	5.00	5.00	5.00	5.00	5.00	5.00	5.00	5.00
3	5.48	5.28	5.45	5.37	5.47	5.09	5.41	5.09	5.46	5.35
4	6.00	5.54	5.89	5.45	5.96	5.30	5.69	5.48	5.81	5.59
5	6.37	5.91	6.12	5.66	6.54	5.51	6.19	5.51	6.08	5.62
6										

图 14.2 股价模拟路径

图 14.2 呈现的是一个 5×10 的表格，故我们需要创建一个 5×10 的全零二维数组，如下例。有了全零数组后，我们就可以开始生成模拟路径，后续章节会详细介绍此部分。

```
In [42]: a = np.zeros((5,10))


In [43]: a
Out[43]:
array([[0., 0., 0., 0., 0., 0., 0., 0., 0., 0.],
       [0., 0., 0., 0., 0., 0., 0., 0., 0., 0.],
       [0., 0., 0., 0., 0., 0., 0., 0., 0., 0.],
       [0., 0., 0., 0., 0., 0., 0., 0., 0., 0.],
       [0., 0., 0., 0., 0., 0., 0., 0., 0., 0.]])
```

提示

在创建二维数组时，表示维度的参数要放在另一个小括号内。外层的括号代表函数，里层括号中第一个维度参数代表行数，第二个维度参数代表列数，行、列放在一起作为一组参数（即元组）输入函数 zeros()，默认生成元素是 float 类型。类似地，可以创建一个二维全 1 矩阵。

5. 创建单位矩阵

金融助手

行数与列数相同的矩阵称为方阵。主对角线上元素取值为 1，其他元素取值为 0 的方阵称为单位矩阵。在金融编程中，我们经常需要利用单位矩阵构建方差、协方差矩阵，以此来表示投资组合中不同资产之间的相关性。

利用 np.identity() 函数可以创建指定阶数的单位矩阵，具体代码如下：

```
In [44]: np.identity(3)
Out[44]:
array([[1., 0., 0.],
       [0., 1., 0.],
       [0., 0., 1.]])
```

利用 np.eye() 函数可以构造 $N\times M$ 阶的单位矩阵，其语法如下：

np.eye(N, M=None, k=0, dtype=<class 'float'>, order='C')

其中，参数 N 代表行数；参数 M 代表列数，默认值 None 表示 $M=N$，即方阵；参数 k 代表矩阵中第 k 条对角线上的元素值为 1，其他元素值均为 0，当 $k>0$ 时，对应对角线在主对角线的上方，反之则在下方；dtype 参数用于设置元素的类型；order 参数用于控制输出的存储方式（较少用到）。

例如，利用语句 np.eye(3,k=-1) 即可生成一个 3×3 的方阵（M 参数缺省的情况下，列数等于行数为 3）。此外，由于 $k=-1$，故主对角线下的第 1 条对角线上所有元素的值为 1，其他元素的值均为 0。具体代码如下：

```
In [45]: np.eye(3,k=-1)
Out[45]:
array([[0., 0., 0.],
       [1., 0., 0.],
       [0., 1., 0.]])
```

提示

当需要将多个矩阵相乘时，np.eye() 语句常可用于构建单位矩阵，作为乘法累乘器的初始值。

14.2.6 根据已有数组创建新数组

copy() 方法可以用来复制一个现有的数组。例如，我们将数组 a 复制给数组 b。具体代码如下：

```
In [46]: a = np.array([5, 5.1, 5.4, 5.2, 4.9])

In [47]: b = a.copy()

In [48]: c = a
```

```
In [49]: a[0] = 4.8

In [50]: b
Out[50]: array([5. , 5.1, 5.4, 5.2, 4.9])

In [51]: c
Out[51]: array([4.8, 5.1, 5.4, 5.2, 4.9])
```

提示

在 In[47] 中，a.copy() 将创建现有数组的副本，而在 In[48] 语句中，c=a 只是创作了原始数据的视图。在 In[49] 中，当原始数据数组 a 改变时，我们发现数组 b 中的数据不会发生改变，而数组 c 中的数据会随着 a 的改变而改变。

此外，如果我们希望创建一个与现有数组大小一样的数组，并将其中的元素都初始化为 0，则可以使用数组的 shape 属性。接上例，具体代码如下：

```
In [52]: b = np.zeros(a.shape)

In [53]: b
Out[53]: array([0., 0., 0., 0., 0.])
```

提示

shape 属性返回数组形状。通过 a.shape 返回数组的大小参数，然后把该参数传递给 np.zeros 的方法，来创建结构大小相同的全零数组。

另一个更方便的方法是直接使用 zeros_like() 方法，返回与指定数组具有相同形状和数据类型的数组。zeros_like() 的基本语法为：

np.zeros_like(<对象>, dtype = None)

其中，< 对象 > 为指定数组，dtype 为数据类型，默认数据类型与指定数组元素的数据类型保持一致。

```
In [54]: b = np.zeros_like(a)

In [55]: b
Out[55]: array([0., 0., 0., 0., 0.])
```

提示

类似的函数还有 ones_like() 和 empty_like()，读者可自行尝试。

至此，我们可将所有创建数组的方法总结如表 14.4 所示。

表 14.4　NumPy 库常用的数组创建函数

函数	描述
np.array(< 对象 >,dtype=float)	根据列表或元组数据直接创建数组
np.arange(x,y,z)	创建一个从 x 开始，到 y 结束（不含 y），步长为 z 的数组
np.linspace(x,y,z)	创建一个从 x 开始，到 y 结束（默认含 y），共 z 个元素的等差数组
np.random.random_sample(x)	创建 size 为 x，取值范围在 0 到 1 之间（不含 1）的均匀分布随机数组
np.random.randint(x,y,size=z)	创建 size 为 z，取值范围在 x 到 y 之间（不含 y）的均匀分布随机数组
np.random.normal(x,y,size=z)	创建 size 为 z，服从均值为 x，标准差为 y 的正态分布随机数组
np.zeros()、np.zeros_like()	创建指定形状的全为 0 的数组
np.ones()、np.ones_like()	创建指定形状的全为 1 的数组
np.empty()、np.empty_like()	创建指定形状的空数组（按形状分配内存，但取值并不为空）
np.eye()、np.identity()	创建指定形状的单位矩阵

14.2.7　数组类型的设定与转换

1. 生成指定数据类型的数组

通过 ones()，zeros()，empty() 函数创建的数组，系统默认的元素类型为浮点数，eye() 函数默认的元素类型为整型。当然，我们可以使用 dtype 参数在创建数组时指定数组中元素的类型。假设我们有了某只股票的价格序列 a，现在我们想要模拟该股票成交量的序列 b，显而易见的是股票每天的收盘价与当天的交易量一一对应。具体创建数组 b 的过程如下：

首先，我们知道数组 b 的长度应该与 a 保持一致；其次，数组 b 中仅存放整数。于是，我们可以通过下列语句来创建数组 b。

```
In [56]: a = np.array([5, 5.1, 5.4, 5.2, 4.9])


In [57]: b = np.zeros_like(a, dtype='int')


In [58]: b
Out[58]: array([0, 0, 0, 0, 0])
```

提示

在这里，通过使用 zeros_like() 函数自动创建了一个跟 a 长度一样的数组，并且其默认类型为 int。在 In[57] 和 Out[58] 中，我们可以看到在创建数组时如果指定了数据类型，那么这个数组就会按照指定的类型来生成数组。

2. 数组数据类型的转换

我们可以使用 astype() 函数，通过向函数传入数据类型（dtype），对数组内的元素进行类型转换。

```
In [59]: a = np.empty((4,2))

In [60]: a.astype(int)
Out[60]: array([[0, 0],
         [0, 0],
         [0, 0],
         [0, 0]])

In [61]: a.astype(float)
Out[61]:array([[0.00000000e+000, 0.00000000e+000],
         [0.00000000e+000, 0.00000000e+000],
         [0.00000000e+000, 8.10267659e-321],
         [1.31351539e-311, 1.31351539e-311]])
```

提示

astype() 函数不会改变原始数组的结构和内容，只是数组 a 的元素类型发生了变化。在 Out[61] 中，诸如 8.10267659e-321 是科学记数的形式，表示非常小、接近于 0 的数。

假设我们有一个有关沪深 300 指数的投资策略，该策略给出对于每个交易日是否应持有指数的信息，即一个布尔类型（Bool）的数组。如果为 True，则表示持有指数，即做多；如果为 False，则表示空仓，即持有现金。具体代码如下：

```
In [62]: position = np.array([False,True,True,True,False])

In [63]: position
Out[63]: array([False, True, True, True, False])

In [64]: position = position.astype(float)

In [65]: position
Out[65]: array([0., 1., 1., 1., 0.])
```

在 In[62] 中，我们创建了一个布尔类型的数组 position，表示最近 5 个交易日内的持仓状况。在数组 position 中，元素值为 False 时表示空仓，元素值为 True 时表示全仓买入。根据 position 的取值，我们会进行以下操作：第一天持有现金，第二天收盘时全仓买入指数并持有到第五天收盘，最后在第五天收盘前全部卖出。为了更好地反映仓位，在 In[64] 中我们将数组 position 中元素的类型转化为浮点类型（Float），即 0. 表示空仓，1. 表示满仓。

提示

虽然这里用 0 或 1 表示仓位，但还是使用了 float 类型。这是因为在更一般的情况下，仓位并非只能在空仓和满仓之间做抉择，而是可以用 0 到 1 之间的任意实数表示持仓比重。

需要注意的是：对于简单数据类型，我们可以使用 Python 内置的 int()、float()、str() 等函数来转换数据类型；但是对于数组，我们不能直接使用该类函数来改变数组的数据类型，否则系统会提示错误。具体代码如下：

```
In [66]: a = np.zeros(5)

In [67]: int(a)
Traceback (most recent call last):

File "<ipython-input-66-8b2ab3991dae>", line 1, in <module>
int(a)

TypeError: only size-1 arrays can be converted to Python scalars
```

14.3 数组的索引与切片

14.3.1 简单索引

NumPy 数组索引的相关操作基本与列表索引一致，即用方括号来进行索引，这里不再赘述。例如，我们创建了一个含有白酒公司名称的数组 a，数组的索引值是从 0 开始编号的。因此，如果我们想得到数组中的第一个元素，应当使用 a[0]。同理 a[2] 将返回数组中的第三个元素。具体代码如下：

```
In [68]: a = np.array([' 贵州茅台 ',' 五粮液 ',' 泸州老窖 ',' 洋河股份 ',' 口子窖 ',' 水井坊 '])

In [69]: a
Out[69]: array([' 贵州茅台 ', ' 五粮液 ', ' 泸州老窖 ', ' 洋河股份 ', ' 口子窖 ', ' 水井坊 '], dtype='<U4')

In [70]: a[0]
Out[70]: ' 贵州茅台 '

In [71]: a[2]
Out[71]: ' 泸州老窖 '

In [72]: a[len(a)-1]
Out[72]: ' 水井坊 '

In [73]: a[-1]
Out[73]: ' 水井坊 '

In [74]: a[6]
Traceback (most recent call last):

File "<ipython-input-99-84c1e027215d>", line 1, in <module>
a[6]

IndexError: index 6 is out of bounds for axis 0 with size 6
```

（1）Out[69] 中的 dtype='<U4' 表明 a 中所有元素均为不超过 4 位的 Unicode 码。

（2）在 In[72] 与 In[73] 中，我们分别利用 len(a)–1 与 –1 返回数组中的最后一个元素，这与列表的操作是类似的。

（3）在 In[74] 中，如果超出了范围，则会得到错误信息。

提示

与列表相同，我们可以对索引出来的数组元素进行赋值，赋值操作将会改变原数组相应位置的元素。

14.3.2　切片与赋值

1. 切片

在 Python 中，获取多个元素的操作称为切片。与列表相同，我们使用冒号进行切片，续上例：

```
In [75]: a[1:4]
Out[75]: array([' 五粮液 ', ' 泸州老窖 ', ' 洋河股份 '], dtype='<U4')

In [76]: a[:4]
Out[76]: array([' 贵州茅台 ', ' 五粮液 ', ' 泸州老窖 ', ' 洋河股份 '], dtype='<U4')

In [77]: a[-3:-1]
Out[77]: array([' 洋河股份 ', ' 口子窖 '], dtype='<U4')

In [78]: a[-3:]
Out[78]: array([' 洋河股份 ', ' 口子窖 ', ' 水井坊 '], dtype='<U4')
```

（1）在 In[75] 中，我们获取了数组 a 中第 2 个到第 4 个元素（即索引 1 到索引 3）的切片。我们注意到，冒号后的那个位置的元素不会被包含在切片当中。在我们的例子中，冒号后是 4，也就意味着索引位置 4 的元素（' 口子窖 '）不会被包含在切片中。与 range() 函数类似，切片同样“含头不含尾”。

（2）在 In[76] 中，如果我们的切片从位置 0 开始，那么 0 可以省略不写。

（3）如果我们想索引数组中最后三个元素，该怎样实现呢？在 In[77] 中，索引 a[–3:–1] 没有索引到最后一个元素“水井坊”。在 In[78] 中，我们省略了 –3 冒号后的数字实现了这个目的。

2. 切片的赋值

我们可以利用切片对数组的相应元素进行赋值，如下例：

```
In [79]: a[1:3] = ['chivas','hennessy']

In [80]: a
Out[80]: array([' 贵州茅台 ', 'chiv', 'henn', ' 洋河股份 ', ' 口子窖 ', ' 水井坊 '], dtype='<U4')

In [81]: a = a.astype('U20')
```

```
In [82]: a[1:3] = ['chivas','hennessy']

In [83]: a
Out[83]: array([' 贵州茅台 ', 'chivas', 'hennessy', ' 洋河股份 ', ' 口子窖 ', ' 水井坊 '], dtype='<U20')

In [84]: a[1:] = ' 不是贵州茅台 '

In [85]: a
Out[85]:
array([' 贵州茅台 ', ' 不是贵州茅台 ', ' 不是贵州茅台 ', ' 不是贵州茅台 ',
       ' 不是贵州茅台 ', ' 不是贵州茅台 '], dtype='<U20')
```

（1）在 In[79] 中，我们试图将数组 a 中索引位置 1 和位置 2 的元素分别赋值为 'chivas' 和 'hennessy'。但在 Out[80] 中，我们查看赋值后的数组却发现结果并非我们所希望的那样。数组中的第二个元素 'chivas' 和第三个元素 'hennessy' 均被截断，仅保留了前 4 个字符。**这是因为，我们在创建初始数组时所有元素均为不长于 4 的字符串，即类型被确定为 dtype='<U4'**。为了将 'chivas' 和 'hennessy' 完整地放入数组中，我们需要调整数组的类型。

（2）In[81] 中的 astype() 语句将数组中的元素类型变为不长于 20 的字符串。**我们可以将标量赋值给一个切片，这样做的结果是将这个标量赋值到这一切片中的所有元素上**。In[84] 的切片赋值语句 a[1:]=' 不是贵州茅台 ' 就将该字符串赋值到了除索引位置 0 以外的所有元素上。

14.3.3 间隔索引

与列表相同，在数组中也能使用双冒号的切片方法实现间隔索引，其语法如下：

<数组>[<初始值>:<终值>:<步长>]

在下例中，我们利用间隔索引实现了从 0 开始到 3（不包括 3）结束每次跨两个元素索引。

```
In [86]: a = np.array([' 贵州茅台 ',' 五粮液 ',' 泸州老窖 ',' 洋河股份 ',' 口子窖 ',' 水井坊 '])

In [87]: a[0:3:2]
Out[87]: array([' 贵州茅台 ', ' 泸州老窖 '], dtype='<U4')

In [88]: a[0:5:2]
Out[88]: array([' 贵州茅台 ', ' 泸州老窖 ', ' 口子窖 '], dtype='<U4')
```

切片索引的初始值和终值可以省去不写。假设 price 是一个含有股票价格的数组，我们可以使用 In[87] 语句取得隔天的股票价格，索引中的 2 表示每两个数取一个，每次选取的步长为 2。我们利用该语句可以获取在一段时间内的隔天股票价格。

```
In [89]: price = np.array([5, 5.2, 5.1, 4.9, 4.4, 4.7, 5, 5.1])

In [90]: price[::2]
Out[90]: array([5. , 5.1, 4.4, 5. ])

In [91]: price[1:5:2]
Out[91]: array([5.2, 4.9])
```

14.3.4 二维数组的索引与切片

1. 二维数组的索引

二维数组的索引比一维数组更加复杂，但原理基本相同，如下例：

```
In [92]: a = np.array([[' 贵州茅台 ',' 泸州老窖 ',' 五粮液 '],[' 工商银行 ',' 农业银行 ',' 建设银行 ']])


In [93]: a
Out[93]:
array([[' 贵州茅台 ', ' 泸州老窖 ', ' 五粮液 '], [' 工商银行 ', ' 农业银行 ', ' 建设银行 ']], dtype='<U4')


In [94]: a[0]
Out[94]: array([' 贵州茅台 ', ' 泸州老窖 ', ' 五粮液 '], dtype='<U4')


In [95]: a[1]
Out[95]: array([' 工商银行 ', ' 农业银行 ', ' 建设银行 '], dtype='<U4')


In [96]: a[0][1]
Out[96]: ' 泸州老窖 '


In [97]: a[0,1]
Out[97]: ' 泸州老窖 '
```

（1）在 In[92] 中，我们创建一个二维数组 a，第一行存放白酒类股票，第二行存放银行类股票，见表 14.5。

表 14.5 二维数组的索引

	0	1	2
0	贵州茅台	泸州老窖	五粮液
1	工商银行	农业银行	建设银行

（2）a[0] 将返回数组的第一行，即白酒类股票；a[1] 将返回数组的第二行，即银行类股票。换言之，**a[0] 和 a[1] 本身也是数组，故我们可以将 a 理解为数组的数组**。

（3）如果想要取得二维数组中的元素，需要进行两次索引。比如，要取得数组 a 中第一行的第二个元素“泸州老窖”，应该输入 a[0][1] 而不是 a[1][2]，如表 14.5 所示。其中，第一个数字 0 可以理解为元素对应的行，第二个数字 1 可以理解为元素对应的列。通过最基本的几何坐标知识可以知道，横、纵两个坐标可以确定一个点。同理，在二维数组中，通过行、列坐标可以确定一个元素的位置。

（4）除了 In[96] 的形式，我们也可以用 In[97] 的形式来索引二维数组，即 a[0,1]。

2. 二维数组的切片

```
In [98]: a = np.array([[' 贵州茅台 ',' 泸州老窖 ',' 五粮液 '],[' 工商银行 ',' 农业银行 ',' 建设银行 '],[' 青岛海尔 ',
' 格力电器 ','TCL']])

In [99]: a[:,0]
Out[99]: array([' 贵州茅台 ', ' 工商银行 ', ' 青岛海尔 '], dtype='<U4')

In [100]: a[1:2]
Out[100]: array([[' 工商银行 ', ' 农业银行 ', ' 建设银行 ']], dtype='<U4')

In [101]: a[:1,:2]
Out[101]: array([[' 贵州茅台 ', ' 泸州老窖 ']], dtype='<U4')
```

（1）在 In[98] 中，我们构建了一个 3 行 3 列的二维数组，分别存放白酒类股票、银行类股票、家电类股票，其表现形式如表 14.6 所示。

表 14.6　二维数组的切片

	0	1	2
0	贵州茅台	泸州老窖	五粮液
1	工商银行	农业银行	建设银行
2	青岛海尔	格力电器	TCL

（2）二维数组同样可以进行切片操作。在 In[99] 中，我们通过 a[:,0] 得到数组 a 的第一列元素。其中，冒号可以理解为所有的行，第二个 0 可以理解为第一列，故 a[:,0] 表示每一行第一列的元素。同理，In[100] 中的 a[1:2] 表示从数组 a 的第 2 行开始，截取到第 3 行为止，但不包括第 3 行，故其返回结果为第 2 行的 3 只银行类股票。

（3）需要强调的是 In[101] 的输出结果。在 In[101] 中 a[:1,:2] 表示截取数组 a 的第一行的前两列，故截取的结果为 array([[' 贵州茅台 ', ' 泸州老窖 ']]。

14.3.5　布尔索引

布尔索引又称逻辑索引，即按照布尔值 True 和 False 来索引元素。具体而言，布尔索引通过数组的逻辑运算实现条件筛选，以此找出布尔数组中值为 True 所对应的目标数组中的数据。布尔索引常用于清洗金融数据。需要注意的是，**布尔型数组的长度必须与目标数组的长度一致。**

假设我们有两个基于沪深 300 指数的交易策略，我们根据策略发出的信号强度，选择持仓的程度。数组 position1 和 position2 记录了过去 5 天内两个策略对应的持仓程度，具体代码如下：

```
In [102]: position1 = np.array([0, 0.1, 0.2, 0.3, 0.4])
In [103]: position2 = np.array([0.1, 0.4, 0.5, 0.9, 0.9])
```

我们可以通过将两个仓位数组相加来得到总仓位 position。

```
In [104]: position = position1 + position2
In [105]: position
Out[105]: array([0.1, 0.5, 0.7, 1.2, 1.3])
```

注意，上例中最后两天的总仓位超过了 100%。在不允许融资交易的情况下，我们是无法达到 100% 以上仓位的。于是，我们想要将总仓位数组中大于 100% 的元素设置为 100%。布尔索引可以帮助我们达到这个目的。

我们首先要定位数组中有哪些元素大于 100%。下列语句返回给我们一个布尔数组 b，利用 position>1 语句可以判断出原数组中哪些值大于 100%。如果数组 b 中元素为 False，则表示 position 中相应位置的元素值不大于 1；如果数组 b 中元素为 True，则表示 position 中相应位置的元素值大于 1。

```
In [106]: b = position > 1
In [107]: b
Out[107]: array([False, False, False, True, True])
```

我们可以利用数组 b 来筛选出数组 position 中仓位超过 100% 的元素，即布尔索引。索引的结果为 position 中所有大于 1 的元素。

```
In [108]: position[b]
Out[108]: array([1.2, 1.3])
```

将上述索引的结果赋值为 1 即可达到我们的目的。

```
In [109]: position[b] = 1


In [110]: position
Out[110]: array([0.1, 0.5, 0.7, 1. , 1. ])
```

提示

不要忘了，切片赋值会直接改变原数组中的取值。

以上操作可以组合在一条语句中完成。对于专业程序员而言，这样精练的写法更为常见，具体代码如下：

```
In [111]: position[position > 1] = 1
```

提示

虽然只用了一句代码，但是这句语法先执行了括号内的判断语句，再根据判断结果对数组相应位置的元素进行赋值。

14.3.6 智能索引

NumPy 还有一个非常实用的功能就是智能索引。在智能索引中，索引可以是一个数组或索引列表，如下例：

```
In [112]: position = np.array([0,0.1,0.2,0.3,0.4])


In [113]: index = [0, 2, 4]


In [114]: position[index]
Out[114]: array([0. , 0.2, 0.4])
```

在上例中，数组 position 中依次存放了过去 5 天每天的持仓。假设我们特别关注过去 1 天、3 天以及 5 天的仓位。我们可以将其索引值单独存放在数组 index 中。然后，通过智能索引 position[index] 直接定位相关值。巧用智能索引可以实现各种各样的筛选操作。

14.4 数组的形态操作

NumPy 自带了非常多改变数组形态的操作，这里仅介绍金融编程中最常用的两个方法。

14.4.1 数组的重排

在某些情况下，为了更有效地使用数据，我们需要对数组的形态进行重构，可以通过使用 reshape() 方法来实现。reshape() 方法的基本语法为：

numpy.ndarray.reshape(<形态>)

其中，< 形态 > 可以是一个整数或整数元组。若为整数 n，则返回长度为 n 的一维数组；若为整数元组 (m, n)，则返回形态为 m 行 n 列的数组。m 或 n 中有一个可以为 −1，此时 Python 会自动根据另一个数值和剩余维度推断出 m 或 n 的实际值。例如：

```
In [115]: a = np.array([' 贵州茅台 ',' 泸州老窖 ',' 五粮液 ', ' 工商银行 ',' 农业银行 ',' 建设银行 ', ' 青岛海尔 ',
' 格力电器 ','TCL'])


In [116]: a.reshape(3,3)
Out[116]:
array([[' 贵州茅台 ', ' 泸州老窖 ', ' 五粮液 '],
[' 工商银行 ', ' 农业银行 ', ' 建设银行 '],
[' 青岛海尔 ', ' 格力电器 ', 'TCL']], dtype='<U4')


In [117]: a.reshape(3, −1)
Out[117]: array([[' 贵州茅台 ', ' 泸州老窖 ', ' 五粮液 '],
[' 工商银行 ', ' 农业银行 ', ' 建设银行 '],
[' 青岛海尔 ', ' 格力电器 ', 'TCL']], dtype='<U4')


In [118]: a.reshape(2, −1)
Traceback (most recent call last):
```

```
File "<ipython-input-30-facb943ca557>", line 1, in <module>
a.reshape(2, -1)

ValueError: cannot reshape array of size 9 into shape (2,newaxis)
```

上例中，我们先生成了一个包含 9 只股票分属 3 个行业的一维数组。

（1）在 In[116] 中，我们通过 a.reshape(3,3) 命令，将 9 只股票重排为一个 3×3 的矩阵。

（2）在 In[117] 中，a.reshape(3,-1) 表示我们要将数组 a 变为一个 3 行 n 列的矩阵。这里 m 的具体取值 Python 会自动计算。在本例中，n=9/3，即为 3 列。

（3）在 In[118] 中，我们想将数组变为一个 2 行 m 列的矩阵。但实际上，9 个元素无法重排为 2 行的矩阵，因此 Python 会报错。

14.4.2　数组的转置

矩阵的转置（即矩阵中的元素行列互换）是线性代数中最常见的运算之一。我们可以通过 T 方法和 swapaxes 方法来实现矩阵的转置。其中，T 方法无须传入任何参数，swapaxes 方法的基本语法为：

numpy.ndarray. swapaxes (<轴1>, <轴2>)

具体代码如下：

```
In [119]: a = np.array([['贵州茅台','泸州老窖','五粮液'], ['工商银行','农业银行','建设银行']])

In [120]: a.T
Out[120]:
array([['贵州茅台','工商银行'],
['泸州老窖','农业银行'],
['五粮液','建设银行']], dtype='<U4')

In [121]: a.swapaxes(0,1)
Out[121]:
array([['贵州茅台','工商银行'],
['泸州老窖','农业银行'],
['五粮液','建设银行']], dtype='<U4')
```

上例中，数组 a 最初是一个 2×3 的矩阵，通过 a.T 语句可以非常方便地将其转置为 3×2 的矩阵。我们一般可以利用 swapaxes() 函数，将某一 n 维数组的任意两个维度中的元素进行转置。在本例中，数组 a 是一个二维数组，我们将第 0 维和第 1 维上的数组元素调换实际上就实现了矩阵置换操作。

14.5　数组的运算

14.5.1　数组和标量之间的运算

标量与矢量是一组相对应的概念。标量只有数值大小，而没有方向；矢量不仅有数值大小还存在方向。我们之前介绍的简单数据类型就是标量，而本章介绍的数组可以看成矢量。数组与标量之间可以进行运算，其结果就是将数组中的**每一个元素**都分别与该标量进行计算。具体代码如下：

```
In [122]: a = np.array([1,2,3])

In [123]: a * 2
Out[123]: array([2, 4, 6])

In [124]: a-1
Out[124]: array([0, 1, 2])

In [125]: a ** 2
Out[125]: array([1, 4, 9], dtype=int32)

In [126]: 1 / a
Out[126]: array([1. , 0.5 , 0.33333333])
```

14.5.2 数组和数组之间的运算

数组和数组之间可以进行运算，其结果就是将这**两个数组中相同位置上的元素一一对应**进行运算。具体代码如下：

```
In [127]: a1 = np.array([1,2,3])

In [128]: a2 = np.array([4,5,6])

In [129]: a1 + a2
Out[129]: array([5, 7, 9])

In [130]: a2 * a2
Out[130]: array([16, 25, 36])
```

提示

数组之间进行运算时，**必须保证这两个数组的结构一致**，否则就会出现错误。如下例，一个三维的向量和一个二维的向量进行相加会得到如下的错误。此外，需要强调的是，数组间的相乘与线性代数中的矩阵相乘是有所区别的。

```
In [131]: a3 = np.array([5,6])

In [132]: a1 + a3
Traceback (most recent call last):

File "<ipython-input-77-beff51150b8c>", line 1, in <module>
a1 + a3

ValueError: operands could not be broadcast together with shapes (3,) (2,)
```

14.5.3　通用函数

NumPy 包含大量的各种数学运算的函数，有三角函数、算术运算函数、复数处理函数等。我们称这些 NumPy 已经编写好的函数为**通用函数**。通用函数可以接收一个数组作为参数，然后对数组中的每一个元素进行运算，最后返回一个保存有运算结果的数组。一般情况下，使用 NumPy 数组通用函数的运算速度比使用循环方法遍历数组元素快得多。下文会对一些金融编程中常用的 NumPy 函数进行介绍。

1. 对数函数、幂函数与指数函数

假设一个数组当中保存了一个股票价格的历史数据，我们想要计算出股票价格的对数值（Logprice），可以使用不同的方法。

金融助手

在计算资产价格收益率时，我们经常使用对数价格。可以证明，对数收益率和一般收益率是近似的，如下：

$$\ln\frac{p_t}{p_{t-1}}\approx\frac{p_t-p_{t-1}}{p_{t-1}}$$

其中，p_t 和 p_{t-1} 分别为 t 时刻和 $t-1$ 时刻资产的价格。

一种方法是先创建一个空数组 logprice，然后使用循环遍历存放股票价格的数组，即对每一个价格计算 log 值，并将其保存到 logprice 当中。然而这种做法并非最有效的方案，NumPy 中的通用函数，可以帮助我们方便、快速地实现这样的批量运算。

下面的代码展示了如何使用 NumPy 的 log() 函数，将一个价格序列转化为对数价格序列。若 log() 函数后面不跟任何参数，则默认以自然对数（e）为底。

```
In [133]: price = np.array([5, 5.2, 5.1, 4.9])


In [134]: logprice = np.log(price)


In [135]: logprice
Out[135]: array([1.60943791, 1.64865863, 1.62924054, 1.58923521])
```

如果要计算一个数组的任意幂，可以使用 power() 函数。比如，计算所有元素的三次方，具体代码如下：

```
In [136]: a = np.array([1,2,3])


In [137]: np.power(a,3)
Out[137]: array([ 1, 8, 27], dtype=int32)
```

提示

我们可以通过将 power() 函数的第二个参数设置为 0.5，来计算一个数组当中所有元素的平方根值，但其运算速度慢于直接使用 math 库中的 sqrt() 函数。

在金融中，经常需要计算连续复利，这就要计算以自然数 e 为底的指数函数，如下例：

```
In [138]: a = np.array([0.03, 0.03*2, 0.03*3])

In [139]: np.exp(a)
Out[139]: array([1.03045453, 1.06183655, 1.09417428])
```

在 In[138] 中我们生成了一个数组，分别存放了一年期、两年期与三年期的连续复利。在 In[139] 中我们利用 exp() 函数计算出了连续年化利率为 3% 的情况下，一年期、两年期与三年期的收益率。

2. 统计函数

统计函数可以帮助我们计算数组的统计值，比如：均值、标准差、最大值、最小值等。假设 price 数组中保存了一只股票的价格序列，我们可以使用“ndarray 对象 . 方法”的语法计算股价的最高价、最低价、均价和标准差。具体代码如下：

```
In [140]: price = np.array([5,5.2,5.1,4.9])

In [141]: price.max()
Out[141]: 5.2

In [142]: price.min()
Out[142]: 4.9

In [143]: price.mean()
Out[143]: 5.05

In [144]: price.std()
Out[144]: 0.11180339887498938
```

此外，我们还能直接使用“np. 函数”的语法计算一个变量的各种统计数据，具体代码如下：

```
In [145]: np.median(price)
Out[145]: 5.05

In [146]: np.average(price)
Out[146]: 5.05

In [147]: np.mean(price)
Out[147]: 5.05

In [148]: np.var(price)
Out[148]: 0.012499999999999976

In [149]: np.std(price)
Out[149]: 0.11180339887498938
```

在金融中，我们常常需要计算加权平均值。在这里可以利用 NumPy 的 average() 方法中的 weight 参数实现加权平均的计算。例如，某基金经理的资产组合中配有三种资产，权重分别为 20%、30% 与 50%，对应的收益率分别为 10%、8%、20%。如下例：

```
In [150]: wts = np.array([0.2, 0.3, 0.5])


In [151]: ret = np.array([0.1, 0.08, 0.2])


In [152]: np.average(ret, weights=wts)
Out[152]: 0.14400000000000002
```

提示

这里的 weights 是参数的关键字，代表按照 wts 这个权重来计算 price 数组的加权平均值。

3. 数组的 arg 运算

第 9 章讲过列表的排序。同样地，数组也有自带的排序方法，利用 np.sort() 函数可以将数组中的数值按从小到大的顺序排列。排序后，我们可以利用相关函数返回满足特定条件的数据索引值，具体代码如下：

```
In [153]: price = np.array([5, 5.2, 5.1, 4.9])


In [154]: price.sort()


In [155]: price
Out[155]: array([4.9, 5. , 5.1, 5.2])


In [156]: price.max()
Out[156]: 5.2


In [157]: price.argmax()
Out[157]: 3


In [158]: price.min()
Out[158]: 4.9


In [159]: price.argmin()
Out[159]: 0


In [160]: np.where(price>5)
Out[160]: (array([2, 3], dtype=int64),)
```

（1）在 In[154] 中，我们通过 sort() 函数对数组 price 中的元素进行排列，并且在 Out[155] 中可以看出，排序后数组 price 的元素位置也永久地发生了变化。

（2）在 In[156] 与 In[158] 中，我们分别利用 max() 与 min() 函数求出了 price 数组中的最大值与最小值，并在 In[157] 与 In[159] 中分别通过 argmax() 与 argmin() 函数找出了最大值和最小值所在位置的索引值。

（3）在 In[160] 中，利用选择函数 np.where() 函数返回输入数组中满足 price>5 的索引。

14.6 数组的遍历

14.6.1 索引遍历

实现遍历数组非常简单，我们只需要遍历数组所有的索引值（0，1，2，3，…）就可以遍历整个数组了。对于一个数组 a，数组中最后一个元素的索引值应该是 len(a)−1。因此，我们需要遍历的索引编号是 0，1，2，3，…，len(a)−1。

下例对 price 数组进行了遍历，并输出了每天的价格。

```
In [161]: price = np.array([5,5.2,5.1,4.9,4.4,4.7,5,5.1])


In [162]: for i in range(len(price)):
     ...:       print('Price in day {:.0f} = {:.2f}'.format(i,price[i]))


Price in day 0 = 5.00
Price in day 1 = 5.20
Price in day 2 = 5.10
Price in day 3 = 4.90
Price in day 4 = 4.40
Price in day 5 = 4.70
Price in day 6 = 5.00
Price in day 7 = 5.10
```

知识链接

有关 format 输出的相关知识可参看第 4 章相关内容。

14.6.2 元素遍历

另一种遍历数组的方法是直接遍历数组中的元素而不使用索引值进行遍历，这种方法更为普遍，读者应掌握。如下例：

```
In [163]: for prz in price:
    ...: print('Price today = {:.2f}'.format(prz))
    ...:
    ...:
```

```
Price today = 5.00
Price today = 5.20
Price today = 5.10
Price today = 4.90
Price today = 4.40
Price today = 4.70
Price today = 5.00
Price today = 5.10
```

提示

不要忘记 Python 是一种动态语言，在 for 循环语句中，变量 prz 将被逐一赋予数组 price 中的各元素值。

思考与练习

（1）阐述什么是数组。
（2）阐述数组的优势。
（3）阐述shape属性和size参数的区别。
（4）阐述二维数组的索引方法。
（5）阐述如何查看数组内的最大数和最小数。
（6）阐述如何计算两个数组的乘积。
（7）尝试创建一个三维数组，并理解其含义。

第 15 章　Pandas 基础：如何分析金融时间序列数据

学习目标：

◆ 熟悉数据结构和时间序列的原理。

◆ 理解 Pandas 的数据导入和可视化输出。

◆ 理解时间序列和数据结构的运用场景和优势。

◆ 掌握 DataFrame 的数据导入和数据结构。

◆ 掌握 DataFrame 的数据索引、概览及运算方法。

◆ 掌握时间序列的差分方法、缺失值处理及排序方法。

◆ 掌握 DataFrame 的数据累加、累乘和移动平均值的运算方法。

15.1　Pandas库的简介与导入

在经济与金融研究中，时间序列是我们最常遇到的数据类型。时间序列是按照时间顺序排列的，即以日期或时间为下标作为索引。例如，我国历年 GDP 增长率、某公司股价的每日收盘价数据都是时间序列。在 Python 中，Pandas 库是处理时间序列数据的最佳利器。Pandas 库是由量化专家 Wes McKinney 在大型对冲基金公司 AQR 工作时开发的。Pandas 的名称来自面板数据（Panel Data）和 Python 数据分析（Data Analysis），充分体现了 Pandas 的主要功能及处理对象。

金融助手

面板数据是经济学中关于多维数据集的一个术语，指以截面数据为基本单位的时间序列。其中，截面数据是在给定时间点上采集样本所构成的数据集。例如，我国部分省（区、市）2009—2017 年的地区生产总值（GDP），就是一个典型的面板数据。我们可以将该面板数据放置在一个 *m* 行 *n* 列的数据矩阵中（见表 15.1），其中，每一行数据对应给定年份下我国某省（区、市）的 GDP 数据；每一列数据为给定省（区、市）2009—2017 年的 GDP 数据。

表 15.1　面板数据示例：我国部分省（区、市）2009—2017 年 GDP 值　　单位：亿元

时间	北京市	天津市	河北省	山西省	内蒙古自治区	辽宁省	吉林省
2017 年	28 014.94	18 549.19	34 016.32	15 528.42	16 096.21	23 409.24	14 944.53
2016 年	25 669.13	17 885.39	32 070.45	13 050.41	18 128.10	22 246.90	14 776.80
2015 年	23 014.59	16 538.19	29 806.11	12 766.49	17 831.51	28 669.02	14 063.13
2014 年	21 330.83	15 726.93	29 421.15	12 761.49	17 770.19	28 626.58	13 803.14
2013 年	19 800.81	14 442.01	28 442.95	12 665.25	16 916.50	27 213.22	13 046.40
2012 年	17 879.40	12 893.88	26 575.01	12 112.83	15 880.58	24 846.43	11 939.24
2011 年	16 251.93	11 307.28	24 515.76	11 237.55	14 359.88	22 226.70	10 568.83
2010 年	14 113.58	9 224.46	20 394.26	9 200.86	11 672.00	18 457.27	8 667.58
2009 年	12 153.03	7 521.85	17 235.48	7 358.31	9 740.25	15 212.49	7 278.75

通过表 15.1 的例子可以看出，我们经常需要处理诸如此类的二维矩阵数据。只不过在金融分析中，我们更常处理的是同一个体的时间序列数据，上一章中介绍的 NumPy 库可以很好地实现各种与矩阵相关的矢量化运算。然而，NumPy 库存在一个缺陷：无法将数据与数据属性便捷地链接在一起，所以在同时操作多个 NumPy 数组时不是非常方便。Pandas 以 NumPy 为基础，并参照 R 语言处理数据的方式，在功能上进行了扩展，可以很好地克服 NumPy 的上述缺点。

我们可以通过以下语句导入 Pandas 模块及 Pandas 模块下的 Series 与 DataFrame 模块：

```
In [1]: from pandas import Series, DataFrame
In [2]: import pandas as pd
```

提示

在 In[1] 中，导入了 Pandas 模块下的 Series 与 DataFrame 模块。In[2] 语句导入了 Pandas 模块，与用 np 代表 Numpy 类似，一般情况下我们用 pd 代表 Pandas。

15.2 金融时间序列数据的导入

15.2.1 数据的基本描述

本章我们将通过一个具体的实例，来介绍如何利用 Pandas 处理金融时间序列。这里先对本章要使用的数据进行一个简单介绍。图 15.1 显示海康威视这只股票上市以来的相关时间序列数据，读者可以通过扫码（见本书插页）下载代码示例资料包获取完整数据，其文件名为：“SZ002415.csv”。本章所有的例子都是基于这个数据。

数据来源：Tushare													
股票代码	股票名称	行业	交易日期	开盘价/元	最高价/元	最低价/元	收盘价/元	前一交易日收盘价/元	涨跌幅/%	涨幅比率/%	成交量/手	成交额/元	RSI
002415.SZ	海康威视	电器仪表	2019/3/29	33.68	35.14	33.68	35.07	33.9	1.17	3.4513	445592.26	1544020.408	
002415.SZ	海康威视	电器仪表	2019/3/28	34.07	34.58	33.8	33.9	34.47	-0.57	-1.6536	234674.69	801091.776	
002415.SZ	海康威视	电器仪表	2019/3/27	34.32	34.65	33.66	34.47	33.92	0.55	1.6215	279367.18	954450.841	强势
002415.SZ	海康威视	电器仪表	2019/3/26	34.3	34.55	33.6	33.92	33.9	0.02	0.059	355117.84	1211614.684	强势
002415.SZ	海康威视	电器仪表	2019/3/25	33.99	34.39	33.8	33.9	34.6	-0.7	-2.0231	378688.18	1288693.016	强势
002415.SZ	海康威视	电器仪表	2019/3/22	35.3	35.35	34.2	34.6	35.14	-0.54	-1.5367	443430.56	1534638.751	强势
002415.SZ	海康威视	电器仪表	2019/3/21	35.42	35.42	35	35.14	35.28	-0.14	-0.3968	333055.83	1169590.406	强势
002415.SZ	海康威视	电器仪表	2019/3/20	36.17	36.17	35	35.28	36.18	-0.9	-2.4876	357032	1264172.539	强势

图 15.1 海康威视个股特征的时间序列数据

提示

后缀为 .csv 的文件格式以纯文本形式存储表格数据（数字和文本），多数情况下可默认用 Excel 打开，是在处理数据中非常常见的文件格式。csv 格式的文件常用逗号或制表符对不同字段进行分割。如果读者用纯文本编辑器（如 Notepad++ 软件）打开 csv 格式的文件，可以清晰地看到分隔符。如果用 Excel 打开 csv 格式的文件，数据将以表格形式呈现，但实际上分隔符仍然存在。

图 15.1 中，第一行显示了数据来源，从第二行开始是数据的整体。第一列至第三列分别列示了股票代码、股票名称与所属行业。这三列数据一般情况下不会随着时间的改变而改变。第四

列是交易日期，第五列开盘价至第八列收盘价、第十列涨跌幅至第十三列成交额分别给出了对应日期下该股票的交易情况数据。第九列是该股前一交易日收盘价，第十四列是 RSI（Relative Strength Index，相对强弱指标）的技术指标数据。如果根据 RSI 指标显示该股在某一交易日处于强势，则本列取值为“强势”，否则为空值。

15.2.2 时间序列数据的导入

导入 csv 格式文件的函数为 pd.read_csv()，我们先利用该函数的最简单形式导入文件“SZ002415.csv”，并将其赋予变量 df，如下：

```
In [3]: df = pd.read_csv(filepath_or_buffer="C:\\loveGaodun\\SZ002415.csv", encoding='gbk')


In [4]: df
Out[4]:
数据来源：Tushare Unnamed: 1 ... Unnamed: 12 Unnamed: 13
0 股票代码 股票名称 ... 成交额 RSI
1 002415.SZ 海康威视 ... 1544020.408 NaN
2 002415.SZ 海康威视 ... 801091.776 NaN
3 002415.SZ 海康威视 ... 954450.841 强势
4 002415.SZ 海康威视 ... 1211614.684 强势
5 002415.SZ 海康威视 ... 1288693.016 强势
6 002415.SZ 海康威视 ... 1534638.751 强势
7 002415.SZ 海康威视 ... 1169590.406 强势
8 002415.SZ 海康威视 ... 1264172.539 强势
9 002415.SZ 海康威视 ... 999606.667 强势
10 002415.SZ 海康威视 ... 1753497.936 强势
…
2092 002415.SZ    海康威视    ...    635491.8289    NaN
2093 002415.SZ    海康威视    ...    800740.0007    NaN

[2094 rows x 14 columns]
```

上例中，有几点需要注意：

（1）在 In[3] 中，参数 filepath_or_buffer 代表文件路径，读者将自己电脑中存放该文件的绝对路径输入即可。本例中存放该文件的绝对路径为 C:\loveGaodun\SZ002415.csv。但需要特别指出的是，由于绝对路径是以字符串的形式作为参数，因此在输入参数时最好连续输入两个反斜杠符号（\），否则 Python 有可能不能正确识别地址（被当作转义字符使用，详见第 3 章），或者在输入地址时用正斜杠来分割文件夹。

（2）由于 filepath_or_buffer 是该函数的第一个参数，因此参数名是可以省略的。

（3）参数 encoding='gbk' 是为了避免由于文件中含有中文而不能正常读入。

（4）Out[4] 中的最后一行告诉了我们所有数据的行数与列数。

（5）在上例中，读入数据的第一行只显示数据来源，是多余的，应该略去。

（6）由于我们没有指定索引列，Python 自动产生了一列索引列（见最左边第 1 列），从 0 开始到 2093 结束。

（7）由于读入数据的行列较多，所以无法满屏显示所有信息，不便于浏览数据。基于以上考虑，我们增加了一些参数设置，修改后的命令如下所示：

```
In [5]: df = pd.read_csv(filepath_or_buffer="C:/loveGaodun/SZ002415.csv", encoding='gbk',
   ...: sep=',', skiprows=1, nrows=10, index_col=[' 交易日期 '],
   ...: usecols=[' 交易日期 ', ' 股票代码 ', ' 收盘价 ', ' 涨跌幅 ', ' 成交量 '],
...: error_bad_lines=False, na_values='NULL')
In [6]: df
Out[6]:
              股票代码 收盘价 涨跌幅 成交量
交易日期
2019/3/29 002415.SZ 35.07 3.4513 445592.26
2019/3/28 002415.SZ 33.90 -1.6536 234674.69
2019/3/27 002415.SZ 34.47 1.6215 279367.18
2019/3/26 002415.SZ 33.92 0.0590 355117.84
2019/3/25 002415.SZ 33.90 -2.0231 378688.18
2019/3/22 002415.SZ 34.60 -1.5367 443430.56
2019/3/21 002415.SZ 35.14 -0.3968 333055.83
2019/3/20 002415.SZ 35.28 -2.4876 357032.00
2019/3/19 002415.SZ 36.18 -0.9039 277027.25
2019/3/18 002415.SZ 36.51 1.8410 486956.88
```

In[5] 中用到了很多参数，其含义如下：

（1）参数 sep 用于确定每列数据间的分隔符，如缺省默认是逗号。

（2）参数 skiprows 在本例中设定为 1，表示跳过第 1 行数据开始读入数据。

（3）参数 nrows 在本例中设定为 10，表示读取前 10 行数据。

（4）参数 index_col 在本例中设定为 [' 交易日期 ']，表示我们选取表格中“交易日期”这一列数据作为索引（下文会详细介绍）。

（5）参数 usecols 在本例中设定为 [' 交易日期 ', ' 股票代码 ', ' 收盘价 ', ' 涨跌幅 ', ' 成交量 ']，表示在表格所有数据中，我们仅选取上述几列作为研究对象赋给变量 df。

（6）参数 error_bad_lines 在本例中设定为 Fasle，表示如果表格中某行数据存在问题，直接跳过该行数据继续读入。这个参数在原始数据较为“脏乱”时非常有用。

（7）参数 na_values 在本例中设定为 'NULL'，表示如果表格中的数据为空就被认定为缺失值。

提示

pd.read_csv() 函数的参数非常多，这里只选取在实际中较常用到的参数进行讲解。实际运用中，上述参数也不是每次都必须用到，视具体情况而定。通常情况下，我们只要使用文件地址 filepath_or_buffer 这个参数就能正常地将数据导入，读者可以在交互模式下输入 pd.read_csv? 查看该函数的完整语法。

此外，与 pd.read_csv() 命令类似，导入 excel 格式文件的函数为 pd.read_excel()，导入 sas 格式文件的函数为 pd.read_sas()，导入 stata 格式文件的函数为 pd.read_stata()。这些不同格式文件的导入函数的参数用途都是类似的。

15.3 Series与DataFrame

15.3.1 为什么需要Series与DataFrame

将时间序列数据读入后，就可以做进一步分析了。

在本章之前，我们所列举的例子一直使用列表或数组来保存股票价格。然而，实际上股票的价格是与时间密切联系的量，是典型的时间序列。例如，上例中海康威视每日收盘价的部分数据结构如图 15.2 所示。

	A	B	C	D	E
1	交易日期	海康威视收盘价 /元			
2	2019/3/29	35.07			
3	2019/3/28	33.9			
4	2019/3/27	34.47			
5	2019/3/26	33.92			
6	2019/3/25	33.9			
7	2019/3/22	34.6			
8	2019/3/21	35.14			
9	2019/3/20	35.28			
10	2019/3/19	36.18			
11	2019/3/18	36.51			
12	2019/3/15	35.85			
13	2019/3/14	34.63			
14	2019/3/13	34.7			
15	2019/3/12	36.11			
16	2019/3/11	35.5			
17	2019/3/8	34.4			
18	2019/3/7	35.15			

图 15.2 海康威视的每日收盘价（部分）

无论数组还是列表都无法有效地表达如图 15.2 这样的时间序列结构。这是因为，数组和列表均存储一列元素，并且从 0 开始索引元素位置，而不是以一个日期或时间作为索引标识。如果一定要使用列表来反映不同时间点的收盘价，就不得不同时创建两个列表分别存储股价与对应的日期，具体操作如下：

```
In [7]: prices = [35.07, 33.9, 34.47, 33.92, 33.9]


In [8]: dates = ['20190329', '20190328', '20190327', '20190326', '20190325']


In [9]: for i in range(len(dates)):
   ...: print('Price on {}:{:.2f}'.format(dates[i],prices[i]))
   ...:
Price on 20190329:35.07
Price on 20190328:33.90
Price on 20190327:34.47
Price on 20190326:33.92
Price on 20190325:33.90
```

上述做法的不便之处在于，如果我们要对 prices 列表中的股票价格进行相关操作就不得不同时对 dates 列表进行相应的操作，否则这两个列表中元素的对应关系就会产生错误。毫无疑问，这样的数据管理方式是非常低效的。

Pandas 模块中的数据结构 Series 与 DataFrame 为我们提供了一个更好的解决方法。其中，DataFrame 数据结构非常类似于 Excel 中的数据表格。上例中，我们将读入的数据存放在变量 df 中。df 中的数据实际上就是以表格形式存放的数据。如同现实中的表格一样，DataFrame 数据结构可以进行行索引和列索引。要特别指出的是，DataFrame 中的单一列就是一个 Series 对象。

Series 是类似于一维数组的对象，由一组数据和与之对应的索引组成，可以准确地表达诸如股价之类的时间序列数据结构（数据是 prices，索引是 dates）。在下一节中，我们可以通过分析上面的例子来体会 Series 与 DataFrame 的便捷之处。

提示

值得指出的是，Series 数据结构与 NumPy 的 ndarray 数组是不同的。虽然两者都是序列，并可以通过索引定位序列中的元素，但是 Series 可自定义索引 index 的类型。索引值可以是整数型、浮点型甚至字符串型等，并不拘泥于 0，1，2，…的形式。如上例中，我们就指定用“交易日期”这一列作为索引。此外，Series 支持更多样、更丰富的数据操作方法，使用起来更为便捷。

在多数情况下，Series 与 DataFrame 的操作是完全互通的（实际上 Series 就是只有一列数据的 DataFrame）。下文将详细介绍 DataFrame 的相关操作方法。

15.3.2　DataFrame的基本介绍与索引

1. DataFrame 的数据结构

我们通过上例导入的数据来对 DataFrame 的一些基本概念和术语进行说明。我们通过以下命令导入数据：

```
In [10]: df = pd.read_csv(filepath_or_buffer='C:/loveGaodun/SZ002415.csv', encoding='gbk', skiprows= 1,
nrows=10, index_col=['交易日期'], usecols=['交易日期','收盘价','涨跌幅','成交量','RSI'])
```

导入的数据为 DataFrame 结构，其形式如图 15.3 所示。

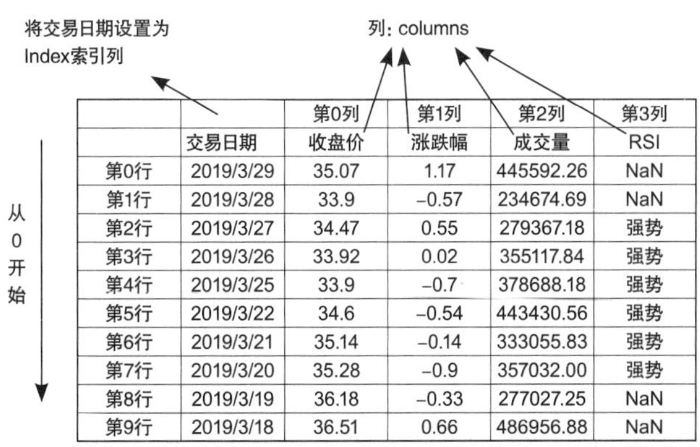

		第0列	第1列	第2列	第3列
	交易日期	收盘价	涨跌幅	成交量	RSI
第0行	2019/3/29	35.07	1.17	445592.26	NaN
第1行	2019/3/28	33.9	−0.57	234674.69	NaN
第2行	2019/3/27	34.47	0.55	279367.18	强势
第3行	2019/3/26	33.92	0.02	355117.84	强势
第4行	2019/3/25	33.9	−0.7	378688.18	强势
第5行	2019/3/22	34.6	−0.54	443430.56	强势
第6行	2019/3/21	35.14	−0.14	333055.83	强势
第7行	2019/3/20	35.28	−0.9	357032.00	强势
第8行	2019/3/19	36.18	−0.33	277027.25	NaN
第9行	2019/3/18	36.51	0.66	486956.88	NaN

图 15.3　DataFrame 数据结构示意图

图 15.3 显示了我们导入数据的形式可为行列二维表格。每列数据显示了该股票在某方面的特征，每行数据对应某一交易日期。由此不难看出，每列数据都对应一组时间序列，即一个 Series 格式。

对于表格中的任一数据，我们可以通过两种方式来进行定位或索引："index+columns" 或 "position"。

2. 通过 "index + columns" 索引 DataFrame 中的数据

上例中，我们通过 pd.read_csv() 命令中的参数 index_col=[' 交易日期 ']，将交易日期这一列数据设置为索引列（如果该参数缺省，则默认以 0，1，2，…进行索引）。于是，根据索引行（Index）"交易日期"、列名（Columns），我们可以轻松定位 DataFrame 中的相应数据。如下例：

```
In [11]: df.at['2019/3/25', ' 成交量 ']
Out[11]: 378688.18

In [12]: df.loc['2019/3/25']
Out[12]:
收盘价 33.9
涨跌幅 -2.0231
成交量 378688
RSI 强势
Name: 2019/3/25, dtype: object

In [13]: df.loc['2019/3/25' : '2019/3/20']
Out[13]:
                收盘价 涨跌幅 成交量 RSI
交易日期
2019/3/25 33.90 -2.0231 378688.18 强势
2019/3/22 34.60 -1.5367 443430.56 强势
2019/3/21 35.14 -0.3968 333055.83 强势
2019/3/20 35.28 -2.4876 357032.00 强势



In [14]: df[' 收盘价 ']
Out[14]:
交易日期
2019/3/29 35.07
2019/3/28 33.90
2019/3/27 34.47
2019/3/26 33.92
2019/3/25 33.90
2019/3/22 34.60
2019/3/21 35.14
```

```
2019/3/20 35.28
2019/3/19 36.18
2019/3/18 36.51
Name: 收盘价 , dtype: float64

In [15]: df[[' 收盘价 ', ' 涨跌幅 ', ' 成交量 ']]
Out[15]:
           收盘价 涨跌幅 成交量
交易日期
2019/3/29 35.07 1.17 445592.26
2019/3/28 33.90 -0.57 234674.69
2019/3/27 34.47 0.55 279367.18
2019/3/26 33.92 0.02 355117.84
2019/3/25 33.90 -0.70 378688.18
2019/3/22 34.60 -0.54 443430.56
2019/3/21 35.14 -0.14 333055.83
2019/3/20 35.28 -0.90 357032.00
2019/3/19 36.18 -0.33 277027.25
2019/3/18 36.51 0.66 486956.88
```

上例中，In[11] 利用 df.at 存取器，通过输入参数索引值“交易日期”（确定行）和列标题“成交量”（确定列），直接定位了 2019 年 3 月 25 日的成交量，即数据表中的单个数据元素；在 In[12] 与 In[13] 中，利用 df.loc 存取器，通过输入行参数“交易日期”定位了表格中的单行或多行数据；在 In[14] 与 In[15] 中，通过直接输入列参数定位了表格中的单列或多列数据。

3. 通过“position”索引 DataFrame 中的数据

除了通过 index+columns 的方式定位 DataFrame 中的数据之外，我们还能利用 df.iloc 存取器通过 position 来定位数据，这里的 position 即通过行与列的位置来进行定位。行与列的 position 标号如图 15.3 所示，行与列之间用逗号隔开。

```
In [16]: df.iloc[1]
Out[16]:
收盘价 33.9
涨跌幅 -1.6536
成交量 234675
RSI NaN
Name: 2019/3/28, dtype: object

In [17]: df.iloc[2:4]
Out[17]:
收盘价 涨跌幅 成交量 RSI
交易日期
```

```
2019/3/27 34.47 1.6215 279367.18 强势
2019/3/26 33.92 0.0590 355117.84 强势

In [18]: df.iloc[:,0:2]
Out[18]:
收盘价 涨跌幅
交易日期
2019/3/29 35.07 1.17
2019/3/28 33.90 -0.57
2019/3/27 34.47 0.55
2019/3/26 33.92 0.02
2019/3/25 33.90 -0.70
2019/3/22 34.60 -0.54
2019/3/21 35.14 -0.14
2019/3/20 35.28 -0.90
2019/3/19 36.18 -0.33
2019/3/18 36.51 0.66

In [19]: df.iat[3,2]
Out[19]: 355117.84
```

提示

通过 df.iloc 存取器来定位数据的原理与 Excel 表格是类似的。iloc 存取器与 loc 存取器的区别在于：loc 是按照标签来选取，而 iloc 是按照索引的位置来选取。iloc 不关心标签的具体值，只关心位置，所以使用 iloc 时方括号中只能使用整数数值。

15.3.3 利用DataFrame全方位了解数据

在着手分析数据之前，我们需要对数据的“模样”先有一个大致的了解。续上例：

```
In [20]: df.sample(n=2)
Out[20]:
收盘价 涨跌幅 成交量 RSI
交易日期
2019/3/22 34.60 -1.5367 443430.56 强势
2019/3/27 34.47 1.6215 279367.18 强势

In [21]: df.sample(frac=0.4)
Out[21]:
```

```
收盘价 涨跌幅 成交量 RSI
交易日期
2019/3/26 33.92 0.0590 355117.84 强势
2019/3/28 33.90 −1.6536 234674.69 NaN
2019/3/18 36.51 1.8410 486956.88 强势
2019/3/25 33.90 −2.0231 378688.18 强势

In [22]: df.describe()
Out[22]:
          收盘价      涨跌幅   成交量
count 10.000000 10.000000 10.0000
mean 34.897000 −0.202890 359094.2670
std 0.924759 1.940025 82054.8477
min 33.900000 −2.487600 234674.6900
25% 34.057500 −1.624375 292789.3425
50% 34.835000 −0.650350 356074.9200
75% 35.245000 1.230875 427244.9650
max 36.510000 3.451300 486956.8800

In [23]: df.dtypes
Out[23]:
收盘价 float64
涨跌幅 float64
成交量 float64
RSI object
dtype: object

In [24]: df.shape
Out[24]: (10, 4)

In [25]: df.columns
Out[25]: Index([' 收盘价 ', ' 涨跌幅 ', ' 成交量 ', 'RSI'], dtype='object')

In [26]: df.index
Out[26]:
Index(['2019/3/29', '2019/3/28', '2019/3/27', '2019/3/26', '2019/3/25','2019/3/22', '2019/3/21', '2019/3/20',
'2019/3/19', '2019/3/18'],dtype='object', name=' 交易日期 ')
```

注意：

（1）在 In[20] 与 In[21] 中，我们利用 df.sample() 函数随机抽取数据中的样本来观测数据所具有的基本特征。In[20] 中的参数 n=2，表示随机抽取数据中的两个样本，In[21] 中的参数 frac=0.4 表示随机抽取数据中 40% 的样本，本例中样本总数为 10，所以随机抽取了 4 个样本。

（2）df.describe() 函数列示了数据中所有变量的统计特征，包括所有样本每个变量的非空取值个数、均值、标准差、最小值、25% 分位数、50% 分位数、75% 分位数与最大值。

（3）df.dtypes 列示了所有数据的类型。

（4）df.shape 列示了整个 DataFrame 对象的形状，本例中由于我们只读取了前 10 个数据，因此数据形状为 10×4 的矩阵。

（5）df.columns 与 df.index 分别将该数据的列、行名称（或标签）列示了出来。

15.3.4 DataFrame的运算

1. Series 的运算

多数情况下，DataFrame 的运算都是以列为单位的，即以一组时间序列 Series 结构为基本单位对其中每个元素进行运算，如下例：

```
In [27]: df[' 成交量 '] * 100
Out[27]:
交易日期
2019/3/29 44559226.0
2019/3/28 23467469.0
2019/3/27 27936718.0
2019/3/26 35511784.0
2019/3/25 37868818.0
2019/3/22 44343056.0
2019/3/21 33305583.0
2019/3/20 35703200.0
2019/3/19 27702725.0
2019/3/18 48695688.0
Name: 成交量 , dtype: float64

In [28]: df[' 成交额 '] = df[' 收盘价 '] * df[' 成交量 ']

In [29]: df[' 成交额 ']
Out[29]:
交易日期
2019/3/29 1.562692e+07
2019/3/28 7.955472e+06
2019/3/27 9.629787e+06
2019/3/26 1.204560e+07
2019/3/25 1.283753e+07
2019/3/22 1.534270e+07
2019/3/21 1.170358e+07
2019/3/20 1.259609e+07
2019/3/19 1.002285e+07
2019/3/18 1.777880e+07
Name: 成交额 , dtype: float64
```

在 In[27] 中，我们通过命令 df[' 成交量 '] * 100 显示了将“成交量”这一列数据的每个元素都乘以 100 后的数值，即代表当日成交量约有多少股（100 股 =1 手）；在 In[28] 与 In[29] 中，我们将“收盘价”这列数据中的每个元素与“成交量”这列数据中的每个元素相乘得到新的一列“成交额”数据。

2. 统计函数

我们还可以利用统计函数对每列数据的特征进行描述，重新导入数据如下例：

```
In [30]: df = pd.read_csv(filepath_or_buffer="C:/loveGaodun/SZ002415.csv", encoding='gbk', skiprows= 1, nrows=10, usecols=[' 收盘价 ', ' 前日收盘价 '])

In [31]: df
Out[31]:
            收盘价 前日收盘价
0 35.07 33.90
1 33.90 34.47
2 34.47 33.92
3 33.92 33.90
4 33.90 34.60
5 34.60 35.14
6 35.14 35.28
7 35.28 36.18
8 36.18 36.51
9 36.51 35.85

In [32]: df[' 收盘价 '].mean()
Out[32]: 34.897

In [33]: df[[' 收盘价 ', ' 前日收盘价 ']].mean(axis=0)
Out[33]:
收盘价 34.897
前日收盘价 34.975
dtype: float64

In [34]: df[[' 收盘价 ', ' 前日收盘价 ']].mean(axis=1)
Out[34]:
0 34.485
1 34.185
2 34.195
3 33.910
4 34.250
5 34.870
6 35.210
7 35.730
8 36.345
9 36.180
dtype: float64
```

上例中，In[32] 是对“收盘价”这一列数据求均值（相当于过去 10 天收盘价的均值，MA10），In[33] 是分别对“收盘价”与“前日收盘价”这两列数据求均值。而 In[34] 是按行对这两列数据求均值（相当于过去两天的收盘价均值），故一共求得 10 个均值。

提示

需要指出的是 In[33] 与 In[34] 中参数 axis 取值的含义，这对许多统计函数都是适用的。如果 axis=0 意味着**沿着行求均值**，即将收盘价这列数据的所有行加总后求平均数；如果 axis=1 意味着**沿着列求均值**，即将每一行数据对应的所有列加总后求平均数。例如，对于第一行来说，34.485 为 35.07 和 33.90 的平均数。

除了 mean() 之外，常用的统计函数如表 15.2 所示，读者可自行尝试，一些有关时间序列的特殊函数会在后文详细介绍。

表 15.2　Pandas 中常用的统计函数

函数	含义
count()	非 NA 值的数量
describe()	针对 Series 或 DataFrame 的列计算汇总统计
min (), max()	最小值和最大值
argmin(), argmax()	最小值和最大值的索引位置（整数）
idxmin(), idxmax()	最小值和最大值的索引值
quantile()	样本分位数（0 到 1）
sum()	求和
mean()	均值
median()	中位数
mad()	根据均值计算平均绝对离差
var()	方差
std()	标准差
skew()	样本值的偏度（三阶矩）
kurt()	样本值的峰度（四阶矩）
cumsum()	样本值的累计和
cummin(), cummax()	样本值的累计最小值和累计最大值
cumprod()	样本值的累计积
diff()	计算一阶差分（对时间序列很有用）
pct_change()	计算百分数变化

15.4　利用DataFrame处理金融时间序列数据

15.4.1　时间序列的差分与滞后处理

金融助手

差分与滞后是处理时间序列最常规的操作。时间序列差分是求时间序列在 t 与 t–1 时间点的差值：

$$y_t - y_{t-1}$$

时间序列的滞后项表示在当期 y_t 的基础上往前滞后。例如，y_t 滞后一期为 y_{t-1}，y_t 滞后两期为 y_{t-2}。

具体而言，续前例我们可以仅导入某一股票的"收盘价"数据，并由此通过差分和滞后生成"涨跌幅"与"涨跌比率"两列数据：

```
In [35]: df = pd.read_csv(filepath_or_buffer="C:/loveGaodun/SZ002415.csv", encoding='gbk', skiprows= 1,
nrows=10, index_col=['交易日期'], usecols=['交易日期', '收盘价'])

In [36]: df['涨跌幅'] = df['收盘价'].diff(-1)

In [37]: df['涨跌比率'] = df['收盘价'].pct_change(-1)

In [38]: df
Out[38]:
收盘价 涨跌幅 涨跌比率
交易日期
2019/3/29 35.07 1.17 0.034513
2019/3/28 33.90 -0.57 -0.016536
2019/3/27 34.47 0.55 0.016215
2019/3/26 33.92 0.02 0.000590
2019/3/25 33.90 -0.70 -0.020231
2019/3/22 34.60 -0.54 -0.015367
2019/3/21 35.14 -0.14 -0.003968
2019/3/20 35.28 -0.90 -0.024876
2019/3/19 36.18 -0.33 -0.009039
2019/3/18 36.51 NaN NaN

In [39]: del df['涨跌幅']

In [40]: del df['涨跌比率']

In [41]: df['昨日收盘价'] = df['收盘价'].shift(-1)
```

```
In [42]: df
Out[42]:
收盘价 昨日收盘价
交易日期
2019/3/29 35.07 33.90
2019/3/28 33.90 34.47
2019/3/27 34.47 33.92
2019/3/26 33.92 33.90
2019/3/25 33.90 34.60
2019/3/22 34.60 35.14
2019/3/21 35.14 35.28
2019/3/20 35.28 36.18
2019/3/19 36.18 36.51
2019/3/18 36.51 NaN
```

In[36] 与 In[37] 分别利用 df[' 收盘价 '].diff(-1) 与 df[' 收盘价 '].pct_change(-1) 计算当日收盘价与昨日收盘价之差，以及当日涨跌比率。需要注意的是，收盘价数据按日期从近到远排列，diff() 函数的参数取值是 -1 而不是 1，表示计算当行收盘价与下一行收盘价之差。pct_change() 函数是计算当日涨跌幅与前一日收盘价的比率。

In[39] 与 In[40] 使用了 del() 函数删除了“涨跌幅”与“涨跌比率”两列数据。

In[41] 中，df[' 收盘价 '].shift(-1) 函数意味着将时间序列每一行对应的收盘价滞后一期，从而生成了前一日收盘价的时间序列。

Out[38] 与 Out[42] 中新增列的最后一行均为 NaN，这是由于“2019/3/18”前一日的收盘价数据缺失，从而无法计算相关列的值。

15.4.2 时间序列缺失值的处理

在实际处理数据时，很多情况下数据并不会像本章示例中的数据那样规整，因此，需要对数据进行“清洗”。而“清洗”数据的工作通常是非常耗时且复杂的，这不是本书关注的重点，这里我们仅介绍在实际“清洗”数据过程中最常见的问题之一：如何处理缺失值。

我们先导入原始数据的最后一列“RSI”，通过观察数据，可以发现该列数据的取值为“强势”，或者数据缺失（在 Spyder 中显示为 NaN，在 Excel 中为空值）。

金融助手

RSI 的全称为相对强弱指标，能够在一定程度上反映出市场的景气程度，是技术分析中常用的指标。RSI 的基本原理非常简单，即通过计算买卖双方的力量来判断股票价格未来上涨或下跌的概率。例如，面对同一件商品，10 个人中有超过 5 个人有意愿购买，则我们会推断在相互竞价下该股上涨的概率较大。

```
In [43]: df = pd.read_csv(filepath_or_buffer="C:/loveGaodun/SZ002415.csv", encoding='gbk', skiprows= 1, nrows=10, index_col=['交易日期'], usecols=['交易日期', 'RSI'])

In [44]: df
Out[44]:
RSI
交易日期
2019/3/29 NaN
2019/3/28 NaN
2019/3/27 强势
2019/3/26 强势
2019/3/25 强势
2019/3/22 强势
2019/3/21 强势
2019/3/20 强势
2019/3/19 NaN
2019/3/18 NaN
```

如何处理上述数据的缺失值呢？ RSI 指标取值有两种：“强势”或者“弱势”。一种处理方式是将所有缺失值都填充为“弱势”。我们可以利用 df.fillna 语句来实现，将参数 value 设置为弱势，具体操作如下：

```
In [45]: df.fillna(value="弱势")
Out[45]:
RSI
交易日期
2019/3/29 弱势
2019/3/28 弱势
2019/3/27 强势
2019/3/26 强势
2019/3/25 强势
2019/3/22 强势
2019/3/21 强势
2019/3/20 强势
2019/3/19 弱势
2019/3/18 弱势
```

另一种处理方式是将部分缺失值填充为“弱势”，其他缺失值填充为“强势”。如在本例中，2019 年 3 月 29 日与 28 日缺失值的取值应为“弱势”，而 2019 年 3 月 19 日与 18 日缺失值的取值应为“强势”。在这种情况下，我们可以通过以下代码来实现对缺失值的填充：

```
In [46]: df = df.fillna(method='ffill')

In [47]: df
Out[47]:
RSI
交易日期
2019/3/29 NaN
2019/3/28 NaN
2019/3/27 强势
2019/3/26 强势
2019/3/25 强势
2019/3/22 强势
2019/3/21 强势
2019/3/20 强势
2019/3/19 强势
2019/3/18 强势

In [48]: df = df.fillna(value=' 弱势 ')

In [49]: df
Out[49]:
RSI
交易日期
2019/3/29 弱势
2019/3/28 弱势
2019/3/27 强势
2019/3/26 强势
2019/3/25 强势
2019/3/22 强势
2019/3/21 强势
2019/3/20 强势
2019/3/19 强势
2019/3/18 强势
```

在上例 In[46] 中，我们将函数 df.fillna() 中的参数 method 设置为 'ffill'。这个参数的第一个字母 f 代表 forward，其含义是**向前填充**：如果出现缺失值，则 Python 会自动往前一行搜索，直到发现第一个不为空的取值，并将该不为空的取值填充到原先的缺失值中。在本例中，由于 2019 年 3 月 29 日为第一行数据，无法往前一行搜索非空值了，故执行完命令后，Out[47] 中 3 月 29 日与 3 月 28 日的 RSI 取值仍然为空值。而对于 3 月 19 日与 3 月 18 日的空值，往前搜索到 3 月 20 日的数据取值为“强势”，故 Python 将自动填充这两日的 RSI 指标为“强势”。最后，在 In[48] 中，我们通过设置 value 参数再将 3 月 29 日与 3 月 28 日的 RSI 指标设置为“弱势”。

提示

除了将 method 参数设置为 'ffill' 之外，还能将其设置为 'bfill'。'bfill' 中的字母 b 代表 backward，其含义是向后填充：如果出现缺失值，则 Python 会自动往后一行搜索，直到发现第一个不为空的取值，并将该不为空的取值填充到原先的缺失值中。读者可以自行尝试运行该参数。

15.4.3　时间序列的排序

排序是处理与分析数据中最常见的操作。原始数据中的“交易日期”是按递减顺序排列的，这可能不符合某些用户的使用习惯。我们可以利用 df.sort_values() 方法将所有数据按交易日期的升序排列。其中，我们将参数 by 设置为“交易日期”，表明所有数据按“交易日期”这一列进行排序。具体操作如下：

```
In [50]: df = pd.read_csv(filepath_or_buffer="C:/loveGaodun/SZ002415.csv", encoding='gbk', skiprows= 1, nrows=10, index_col=['交易日期'], usecols=['交易日期','收盘价','成交量','RSI'])

In [51]: df
Out[51]:
          收盘价 成交量 RSI
交易日期
2019/3/29 35.07 445592.26 NaN
2019/3/28 33.90 234674.69 NaN
2019/3/27 34.47 279367.18 强势
2019/3/26 33.92 355117.84 强势
2019/3/25 33.90 378688.18 强势
2019/3/22 34.60 443430.56 强势
2019/3/21 35.14 333055.83 强势
2019/3/20 35.28 357032.00 强势
2019/3/19 36.18 277027.25 NaN
2019/3/18 36.51 486956.88 NaN

In [52]: df.sort_values(by=['交易日期'])
Out[52]:
          收盘价 成交量 RSI
交易日期
2019/3/18 36.51 486956.88 NaN
2019/3/19 36.18 277027.25 NaN
2019/3/20 35.28 357032.00 强势
2019/3/21 35.14 333055.83 强势
```

```
2019/3/22 34.60 443430.56 强势
2019/3/25 33.90 378688.18 强势
2019/3/26 33.92 355117.84 强势
2019/3/27 34.47 279367.18 强势
2019/3/28 33.90 234674.69 NaN
2019/3/29 35.07 445592.26 NaN
```

上例中，我们其实省略了参数 ascending（升序）的赋值。参数 ascending 的取值默认为 True，表明按照升序排列；如果将其设置为 False 则表明按照降序排列。我们将所有数据按照收盘价的降序排列，如下例：

```
In [53]: df.sort_values(by=[' 收盘价 '], ascending=False)
Out[53]:
            收盘价 成交量 RSI
交易日期
2019/3/18 36.51 486956.88 NaN
2019/3/19 36.18 277027.25 NaN
2019/3/20 35.28 357032.00 强势
2019/3/21 35.14 333055.83 强势
2019/3/29 35.07 445592.26 NaN
2019/3/22 34.60 443430.56 强势
2019/3/27 34.47 279367.18 强势
2019/3/26 33.92 355117.84 强势
2019/3/28 33.90 234674.69 NaN
2019/3/25 33.90 378688.18 强势
```

此外，我们还能按照多个关键字进行排序，如下例：

```
In [54]: df.sort_values(by=['RSI',' 交易日期 '], ascending=[True, False])
Out[54]:
            收盘价 成交量 RSI
交易日期
2019/3/27 34.47 279367.18 强势
2019/3/26 33.92 355117.84 强势
2019/3/25 33.90 378688.18 强势
2019/3/22 34.60 443430.56 强势
2019/3/21 35.14 333055.83 强势
2019/3/20 35.28 357032.00 强势
2019/3/29 35.07 445592.26 NaN
2019/3/28 33.90 234674.69 NaN
2019/3/19 36.18 277027.25 NaN
2019/3/18 36.51 486956.88 NaN
```

在 In[54] 中，我们将 by 参数设置为 ['RSI',' 交易日期 ']。这表明，所有数据将首先按照 RSI 的取值排序，其次按照“交易日期”排序。同时，对应的参数 ascending 的取值为 [True, False] 表明“RSI”一列按照升序排列，而“交易日期”一列按照降序排列。

提示

在 Python 中，空值 NaN 的数值可以近似认为是“无穷大”。因此，“RSI”一列按照升序排列后，NaN 排在“强势”后面。

此外，我们还能对某一列变量的取值进行排名。如下例，我们利用 rank() 函数将所有数据按照“成交量”一列进行降序排列后，返回每一日成交量数值的排名结果，如下例：

```
In [55]: df[' 成交量排名 '] = df[' 成交量 '].rank(ascending=False, pct=False)


In [56]: df[[' 成交量 ', ' 成交量排名 ']]
Out[56]:
          成交量 成交量排名
交易日期
2019/3/29 445592.26 2.0
2019/3/28 234674.69 10.0
2019/3/27 279367.18 8.0
2019/3/26 355117.84 6.0
2019/3/25 378688.18 4.0
2019/3/22 443430.56 3.0
2019/3/21 333055.83 7.0
2019/3/20 357032.00 5.0
2019/3/19 277027.25 9.0
2019/3/18 486956.88 1.0
```

在 In[55] 中，ascending 的取值为 False，表明我们将数据按照降序排列后定名次。在本例中，10 个交易日的数据中 3 月 18 日的成交量最大，故其名次为 1；3 月 28 日的成交量最小，故其名次为 10。此处需注意，排名并不改变数据本身的顺序。

在 In[55] 中，参数 pct 的取值为 False（默认值亦为 False）。如果取值为 True，则返回值不是排名，而是排名的百分比。例如，如果某日期的排名百分比取值为 0.2，则表明该日的成交量大小在所有数据中排名前 20%。当数据样本容量较大时，排名百分比相较于排名更加直观。

15.4.4 累计成交量、最新市值与移动平均线

这里介绍如何利用 Pandas 自带的函数来计算量化分析中常用的几个指标。

1. 累加函数

利用 cumsum() 函数可以计算累计求和值，如下例：

```
In [57]: df = df.sort_values(by=' 交易日期 ')


In [58]: df[' 累计成交量 '] = df[' 成交量 '].cumsum()
```

```
In [59]: df[[' 成交量 ', ' 累计成交量 ']]
Out[59]:
            成交量 累计成交量
交易日期
2019/3/18 486956.88 486956.88
2019/3/19 277027.25 763984.13
2019/3/20 357032.00 1121016.13
2019/3/21 333055.83 1454071.96
2019/3/22 443430.56 1897502.52
2019/3/25 378688.18 2276190.70
2019/3/26 355117.84 2631308.54
2019/3/27 279367.18 2910675.72
2019/3/28 234674.69 3145350.41
2019/3/29 445592.26 3590942.67
```

需要注意，在 In[57] 中我们先把数据按照“交易日期”升序排列再计算累加，否则计算的数值缺少经济含义。

在 Out[59] 中，我们列出了“成交量”和“累计成交量”两列数据。其中“累计成交量”一列的数据表明从起始日 2019 年 3 月 18 日到该交易日为止累计成交的量。例如，2019 年 3 月 29 日的累计成交量数值为 3 590 942.67 手，这表明自 3 月 18 日至 3 月 29 日期间一共成交了 3 590 942.67 手。

2. 累乘函数

与累加函数类似，累乘函数可以计算一列变量累乘的结果。我们可以利用累乘函数计算所投资某一股票的最新市值。例如，假设股票是无限可分的。2019 年 3 月 18 日，我们向海康威视的股票投资了 1 元钱。那么，当日收盘后这 1 元钱变为（1+1.841 0%）元（1.841 0% 为当日涨幅）。在 3 月 19 日收盘时，1 元钱变成（1+1.841 0%）×（1−0.903 9%）元。以此类推，不难发现 1 元钱的最新市值可以通过累乘计算而得。具体操作如下：

```
In [60]: df = pd.read_csv(filepath_or_buffer="C:/loveGaodun/SZ002415.csv", encoding='gbk', skiprows= 1, nrows=10, index_col=[' 交易日期 '], usecols=[' 交易日期 ', ' 收盘价 ', ' 涨跌比率 '])

In [61]: df = df.sort_values(by=' 交易日期 ')
In [62]: df[' 最新市值 '] = (1 + df[' 涨跌比率 ']/100).cumprod()

In [63]: df[[' 涨跌比率 ', ' 最新市值 ']]
Out[63]:
            涨跌比率 最新市值
交易日期
2019/3/18   1.8410   1.018410
2019/3/19  −0.9039   1.009205
```

```
2019/3/20   -2.4876   0.984100
2019/3/21   -0.3968   0.980195
2019/3/22   -1.5367   0.965132
2019/3/25   -2.0231   0.945606
2019/3/26   0.0590   0.946164
2019/3/27   1.6215   0.961506
2019/3/28   -1.6536   0.945607
2019/3/29   3.4513   0.978243
```

提示

通过累乘计算，我们得到 1 元钱在 2019 年 3 月 29 日的最新市值为 0.978 243 元。利用最新市值，我们可以轻松判断投资策略在某一时点的盈亏比例。这里需要注意的是，在 In[61] 中我们同样需要先把数据按照“交易日期”升序排列，以体现市值随着时间变化的情况。

3. rolling() 函数

移动平均线（Moving Average, MA）是用统计分析的方法，将一定时期内的证券价格加以平均，并把不同时间的平均值连接起来，形成一根曲线。移动平均线也是构建各种投资策略的基础。在时间序列分析中，最常见的操作之一就是计算移动平均值。利用 rolling() 函数，我们可以轻松计算移动平均值，如下例：

```
In [64]: In [56]: df = pd.read_csv(filepath_or_buffer="C:/loveGaodun/SZ002415.csv", encoding='gbk',
skiprows= 1, nrows=10, index_col=[' 交易日期 '], usecols=[' 交易日期 ', ' 收盘价 '])


In [65]: df = df.sort_values(by=' 交易日期 ')


In [66]: df[' 收盘价 '].rolling(5).mean()
Out[66]:
交易日期
2019/3/18 NaN
2019/3/19 NaN
2019/3/20 NaN
2019/3/21 NaN
2019/3/22 35.542
2019/3/25 35.020
2019/3/26 34.568
2019/3/27 34.406
2019/3/28 34.158
2019/3/29 34.252
Name: 收盘价 , dtype: float64
```

提示

在 In[66] 中，rolling(5).mean() 表示计算过去 5 日的平均价格。例如，2019 年 3 月 22 日的取值为 35.542，这是通过计算从 3 月 18 日到 3 月 22 日收盘价的平均值得到的。而 3 月 18 日至 3 月 21 日的取值均为 NaN，这是因为这些日期往前推 5 日的收盘价数据不足。

思考与练习

（1）举例说明时间序列的运用场景。

（2）举例说明数据表的运用场景。

（3）简述时间序列和数据表的区别。

（4）阐述时间序列的数据处理和运算的方法。

（5）阐述数据表的数据源获取方法。

（6）阐述数据表的数据的查看和修改的方法。

（7）阐述数据表的索引重置的方法。

（8）阐述数据表的运算方法。

第 16 章 数据可视化输出

学习目标：

- ♦ 熟悉画图工具的运用。
- ♦ 掌握折线图画法。
- ♦ 掌握散点图画法。
- ♦ 掌握柱状图画法。
- ♦ 掌握散点图和折线图的混合画法。
- ♦ 掌握二维图像画法。

16.1 Matplotlib模块简介

“一张图表胜千言”，数据可视化是数据分析过程中必不可少的步骤。以图形的形式呈现数据不仅仅是为了让研究报告更加“赏心悦目”，更深层次的目的是通过可视化的方式帮助数据使用者发现隐藏在数据背后的规律和特征。例如，在对股价进行技术分析时，就必须绘制关于股票的价格及成交量的 K 线图。

本章将介绍如何使用 Python 的 Matplotlib 模块进行图像输出。Matplotlib 模块是基于 Python 语言开发的数学绘图库，其一大特点是函数绘图接口与 Matlab 非常类似，可以绘制出不同类型及不同图标属性的图像，如折线图、散点图、柱状图等，功能非常强大。本章我们介绍的一些绘图函数均位于 Matplotlib 模块下的 pyplot 模块。因此，在练习本章的所有例子之前，先将 pyplot 模块导入，并将其简化命名为 plt，以避免重复导入 pyplot，具体代码如下：

```
In [1]: import matplotlib.pyplot as plt
```

16.2 各类图形的绘制

16.2.1 折线图

折线图是利用曲线的升降变化来表示数据发展趋势的一种图形。折线图尤其适用于显示在相等时间间隔下金融时间序列的趋势变化，是数据分析中最常见的图像之一。下面我们就利用 Matplotlib 来绘制一幅最简单的折线图，然后逐步丰富图像中各种元素。

图 16.1 使用的数据是我国 2011 年至 2017 年的人均 GDP 增长率，用百分数（%）表示，数据来源于国家统计局。具体代码如下：

```
In [2]: import matplotlib.pyplot as plt


In [3]: y=[17.90,9.90,9.61,7.64,6.46,7.33,10.61]  #2011 年至 2017 年的人均 GDP 增长率
In [4]: plt.plot(y)
Out[4]: [<matplotlib.lines.Line2D at 0x1f0258f0b38>]
```

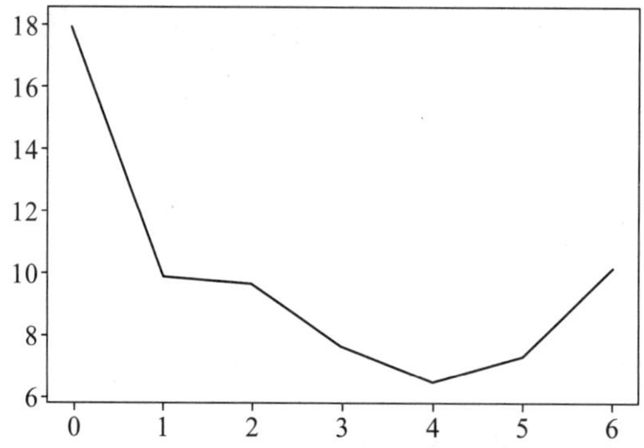

图 16.1　简单的折线图

在 In[4] 中，我们将要绘制的数据传入 plt.plot() 函数，以折线图的形式绘出。由于我们仅向 plot() 函数传入了历年人均 GDP 增长率而没有传入对应的年份，因此横轴显示的是数字序列。我们要将横坐标更改为年份，使得图像更有意义，修改代码如下，输出的折线图如图 16.2 所示。

```
In [5]: y=[17.90,9.90,9.61,7.64,6.46,7.33,10.61]
   ...: x=[2011,2012,2013,2014,2015,2016,2017]
   ...: plt.plot(x,y)
Out[5]: [<matplotlib.lines.Line2D at 0x1f02597d588>]
```

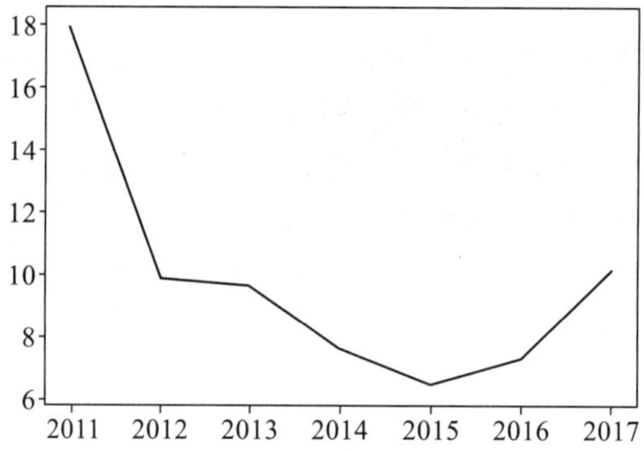

图 16.2　添加横坐标年份的折线图

提示

plt.plot 命令默认读取第一组数据作为横坐标，读取第二组数据作为纵坐标。

我们还能利用 color 参数来设置折线的颜色，代码如下，输出的折线图如图 16.3 所示。

```
In [6]: y=[17.90,9.90,9.61,7.64,6.46,7.33,10.61]
   ...: x=[2011,2012,2013,2014,2015,2016,2017]
   ...: plt.plot(x,y,'r')
Out[6]: [<matplotlib.lines.Line2D at 0x1f0259d7cc0>]
```

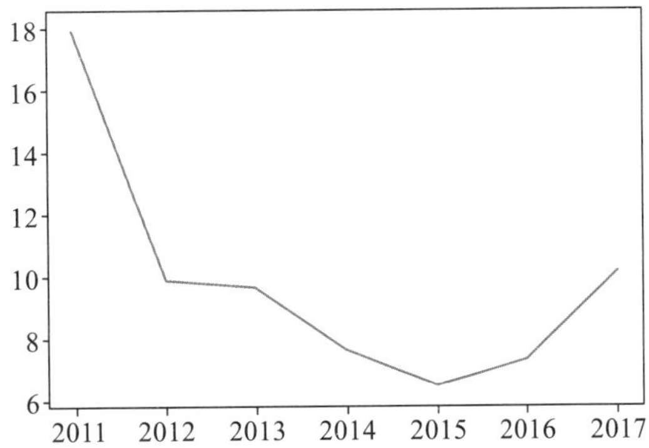

图 16.3 设置曲线颜色的折线图

提示

在 In[6] 中，我们实际上省略了参数名“color”。这是因为，color 恰好为函数的第三个参数，省略它不会让计算机产生“误解”。参数值取 r 表示红色，其可选值及代表颜色如表 16.1 所示。

表 16.1 参数 color 的可选取值及代表颜色

取值	代表颜色
b	蓝色（Blue）
g	绿色（Green）
r	红色（Red）
y	黄色（Yellow）
k	黑色（Black）
w	白色（White）

利用参数 lw，我们可以更改折线的粗细，代码如下，输出的折线图如图 16.4 所示。

```
In [7]: y=[17.90,9.90,9.61,7.64,6.46,7.33,10.61]
   ...: x=[2011,2012,2013,2014,2015,2016,2017]
   ...: plt.plot(x,y,'r',lw=4)
Out[7]: [<matplotlib.lines.Line2D at 0x1f025a2fcc0>]
```

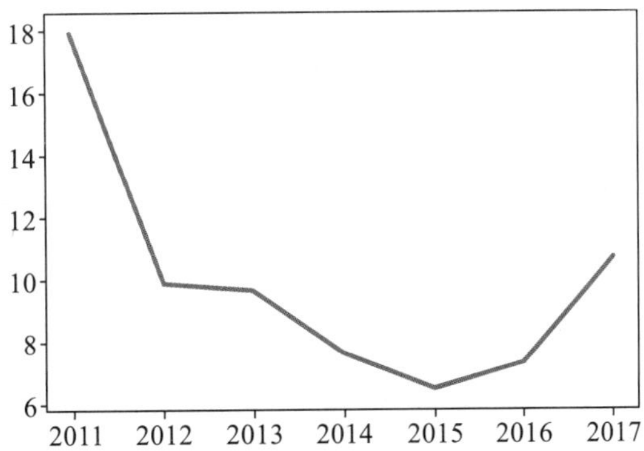

图 16.4 设置曲线粗细的折线图

图 16.4 还缺少对折线数据说明的图例。利用参数 label 以及 legend 命令我们可以设置图例及图例放置的位置，具体操作如下：

```
In [8]: from pylab import mpl

In [9]: mpl.rcParams['font.sans-serif'] = ['SimHei']

In [10]: y=[17.90,9.90,9.61,7.64,6.46,7.33,10.61]
    ...: x=[2011,2012,2013,2014,2015,2016,2017]
    ...: plt.plot(x,y,'r',lw=4,label=" 人均 GDP 增长率 ")
    ...: plt.legend(loc=1)
    ...: plt.grid(True)
```

其结果如图 16.5 所示。

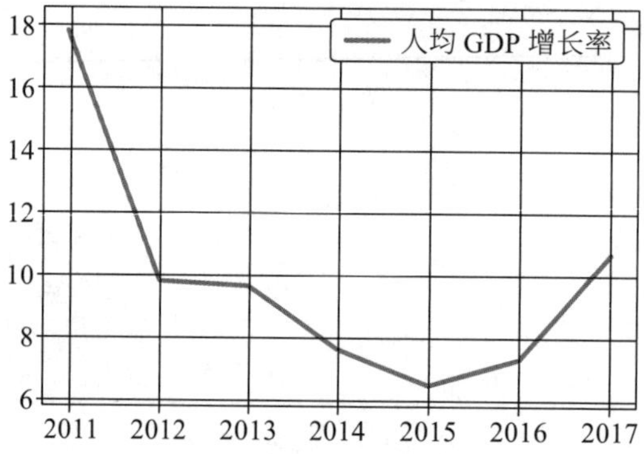

图 16.5 添加图例及网格的折线图

注意：

（1）In[8] 与 In[9] 语句是为了保证中文能够正常显示，对字体参数进行设置，以下例子均假设已运行了这两个语句。

（2）参数 label 和添加图例的命令 legend 通常都是一起使用的。plot 命令中的参数 label 用于设置图例的说明文字。legend 命令中的参数 loc 用于设置图例在图中所放置的位置。表 16.2 是参数 loc 的取值及对应位置。

表 16.2 参数 loc 的取值及对应位置

取值	对应位置
0	最佳位置
1	上右
2	上左
3	下左
4	下右
5	右
6	中左
7	中右
8	下中
9	上中
10	中

（3）plt.grid(True) 命令是为了给图像添加网格，便于我们对比数据。

最后，我们可以利用 plt.xlabel()、plt.ylabel() 以及 plt.title() 函数分别添加 x 轴标题、y 轴标题以及图表标题，代码如下：

```
In [11]: y=[17.90,9.90,9.61,7.64,6.46,7.33,10.61]
    ...: x=[2011,2012,2013,2014,2015,2016,2017]
    ...: plt.plot(x,y,'r',lw=4,label=" 人均 GDP 增长率 ")
    ...: plt.legend(loc=1)
    ...: plt.grid(True)
    ...: plt.xlabel(' 年份 ')
    ...: plt.ylabel(' 人均 GDP 增长率 ')
    ...: plt.title(' 我国历年人均 GDP 增长率 ')
Out[11]: Text(0.5, 1.0, ' 我国历年人均 GDP 增长率 ')
```

其结果如图 16.6 所示。

图 16.6　添加坐标轴与图表标题的折线图

到此为止，我们完成了一张折线图的绘制，并添加了图表的基本元素。总结运用 plot() 方法绘制图像的语法如下：

plt. plot（数据,样式,label=标题,linewidth=宽度）

其中，数据代表绘制图像所使用的数据，样式包括曲线的标志形状和颜色，label 代表数据的图例，linewidth 代表曲线的宽度。

除以上介绍的语法之外，我们还能利用 plt 模块中的各种相关函数往图像中添加相应元素，如表 16.3 所示。

表 16.3　plt 模块的相关函数

函数	作用
legend(loc= 位置)	添加图例并注明图例位置
figure(figsize=(长 , 宽))	创建一个 figure 并设置图像大小
grid(True)	添加网格
xlabel()	添加横坐标标题
ylabel()	添加纵坐标标题
title()	添加整个图表的标题

下面请读者自行尝试运用 2009 年至 2017 年城镇居民消费水平增长率数据来绘制一张折线图（图 16.7）。

【代码示例 16.1】城镇居民消费水平增长率　16.1_plot.py。

```
"""
编写者：高顿财经研究院
时间：某年某月某日
功能：绘制城镇居民消费水平增长率折线图
"""

import matplotlib.pyplot as plt
from pylab import mpl
mpl.rcParams['font.sans-serif']=['SimHei']
plt.rcParams['axes.unicode_minus']=False
y=[7.58,13.07,16.42,9.79,8.00,7.69,7.02,7.66,5.93]
x=[2009,2010,2011,2012,2013,2014,2015,2016,2017]

plt.plot(x,y,'g',lw=4,label=' 城镇居民消费水平增长率 ')
plt.legend(loc=5)
plt.grid(True)
plt.xlabel(' 年份 ')
plt.ylabel(' 增长率 ')
plt.title(' 我国历年城镇居民消费水平增长率 ')
```

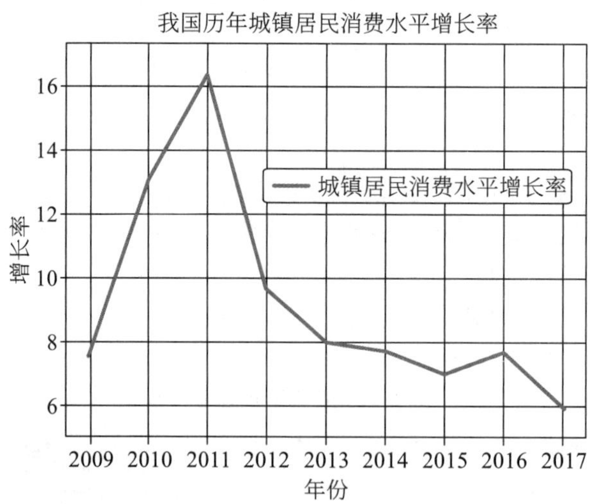

图 16.7　我国历年城镇居民消费水平增长率的折线图

16.2.2　散点图

散点图也称点状图，它将所有的数据以点的形式展现在直角坐标系上。通过观测散点图，我们能对变量之间的相互关系形成初步判断。如果变量之间不存在任何形式的相互关系，那么其散点图就会表现为随机分布的离散点；反之，如果存在某种相关性，那么大部分的数据点分布就会呈现出某种趋势。

散点图同样可以通过 plot() 函数进行绘制，语法结构也基本相同。唯一不同之处在于，我们必须在样式参数中表明散点呈现的样子，如下例将画出我国历年 GDP 增长率以及人均消费支出增长率的散点图，如图 16.8 所示。

```
In [12]: GDP=[10.90, 7.88, 6.97, 8.15, 10.10, 10.38, 18.40, 18.25, 9.17, 18.20, 23.08, 17.15, 15.74, 17.76,
12.90, 9.79, 10.55, 10.73]

In [13]: exp=[6.15, 7.66, 7.02, 7.69, 8.00, 9.79, 16.42, 13.07, 7.58, 12.67, 16.21, 9.22, 10.72, 9.58, 4.64, 5.75,
4.64, 10.20]

In [14]: plt.plot(exp,GDP,'b*',label="GDP 增长率 vs 人均消费支出增长率 ")
    ...: plt.legend(loc=0)
    ...: plt.grid(True)
    ...: plt.xlabel(' 我国历年人均消费支出增长率 ')
    ...: plt.ylabel(' 我国历年 GDP 增长率 ')
    ...: plt.title(' 我国历年 GDP 与人均消费支出增长率 ')
Out[14]: Text(0.5, 1.0, ' 我国历年 GDP 与人均消费支出增长率 ')
```

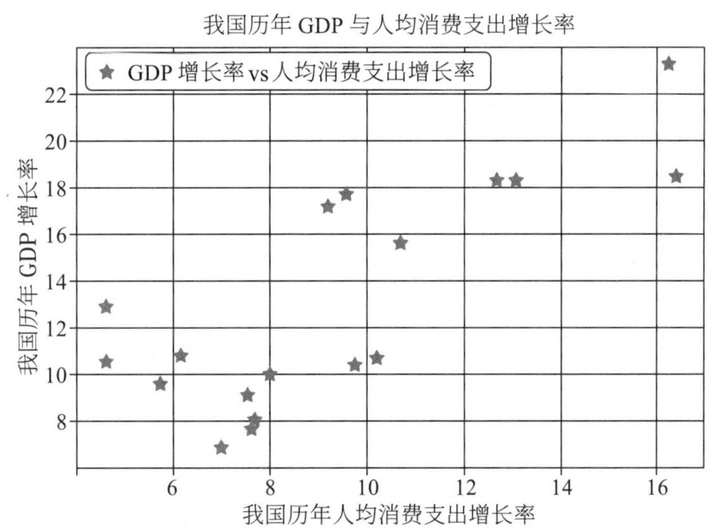

图 16.8 我国历年 GDP 增长率与人均消费支出增长率的散点图

从图 16.8 中我们不难看出，GDP 增长率与人均消费支出增长率呈现出正相关关系，即当 GDP 增长率上升时，人均消费支出增长率也倾向于上升。

提示

上例中，我们将样式参数设置为“b*”。这表明散点的颜色为蓝色（b），而散点的形状为★。需要指出的是，如果我们不设置散点形状，则 Python 将以折线图的形式输出，读者可自行尝试。

上例中，我们用星号来标记散点，除了用星号之外，还可以用其他符号来标记散点，如表 16.4 所示。

表 16.4　散点可选样式（部分）

标记	样式含义
s	正方形
+	加号
×	乘号
D	菱形
.	点
o	圈
v	倒三角
^	正三角

再来看一个随机数散点图的例子。我们导入 NumPy 数组工具包，并运用 np.random.standard_normal() 函数，产生 30 个服从标准正态分布的随机数列，如图 16.9 所示，具体操作如下：

```
In [15]: import numpy as np
    ...: plt.rcParams ['axes, unicode_minus']=False
    ...: y=np.random.standard_normal(30)
    ...:
    ...: plt.plot(y,'bo')
    ...: plt.grid(True)
    ...: plt.xlabel(' 随机数的序列号 ')
    ...: plt.ylabel(' 随机数的取值 ')
    ...: plt.title(' 随机数的散点图 ')
Out[15]: Text(0.5,1,' 随机数的散点图 ')
```

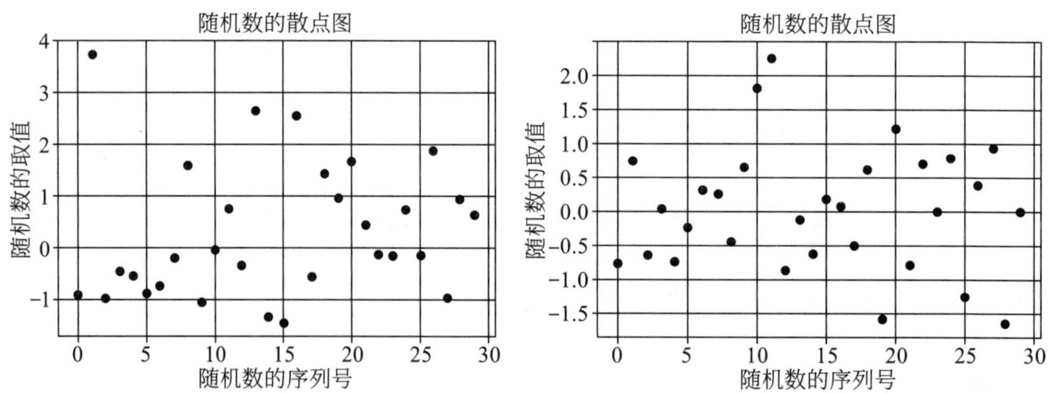

图 16.9　随机数的散点图

从图 16.9 中不难看出，该数列是随机产生的，相互之间不存在相关性。随机数在金融分析与模拟中经常被使用到。

提示

输入代码“plt.rcParams ['axes.unicode_minus']=False”是为了解决负号无法正常显示的问题。本例中，我们将样式参数设置为“bo”，表明散点的颜色为蓝色（b），而散点的形状为圆圈。

16.2.3　柱状图

柱状图是一种以柱状高度反映变量取值的统计报告图，非常直观且易于阅读。

绘制柱状图可以运用 plt.bar() 函数，其函数常用语法为：

plt.bar(横轴变量数据,纵轴变量数据,height=柱状高度,width=柱状宽度(默认0.8),
bottom=y轴起始坐标,align=柱状位置,label=数据标题)

其中，有关 plt.bar() 函数中常用参数的具体说明如表 16.5 所示。

表 16.5　plt.bar 命令的参数说明

参数	说明
height	柱状的高度，可为 int 或 float 类型
width	柱状的宽度，默认 0.8，取值范围为 0~1
bottom	柱状的起始位置（即 *y* 轴的起始坐标）
align	柱状的中心位置，取值为 "center" 或 "edge"，默认取值为 "center"。
color	柱状的颜色，取值范围为 "r","b","g","#123465"，默认为 "b"
edgecolor	柱状边框的颜色
linewidth	柱状边框的宽度
log	*y* 轴使用对数法表示，布尔类型默认为 False

下例中，有一组 2017 年 9 月至 2018 年 3 月我国私募产品发行数量的数据（数据来源：和讯基金网）。这组数据以字典的形式存储（字典的 key 为时间，value 为私募产品发行数量）。我们将不同时间对应的私募产品发行数量通过柱状图画出，添加背景网格，并将数据标题置于右上角，且设置横纵轴标题和图像标题（图 16.10）。

```
In [16]: dict1={'201709':2234,'201710':1814,'201711':2425,'201712':2495,'201801':3191,'201802':1798,'201803':
2287}


In [17]: plt.figure(figsize=(9,5))
    ...:plt.bar(dict1.keys(),dict1.values(),width=0.3,align='center',label='Hedge Funds')
    ...: plt.grid(True)
    ...: plt.legend(loc=1)
    ...: plt.xlabel(' 发行年月 ')
    ...: plt.ylabel(' 发行数量 ')
    ...: plt.title(' 私募产品发行数量 ')
Out[17]: Text(0.5,1,' 私募产品发行数量 ')
```

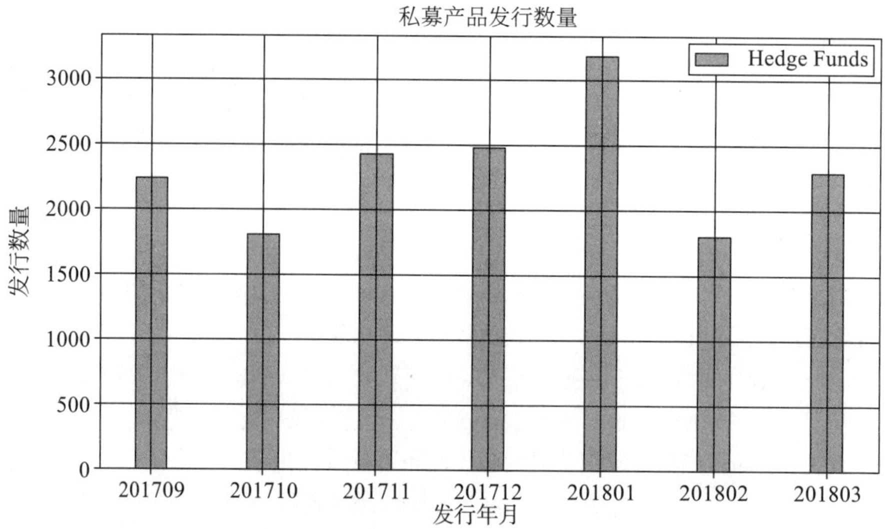

图 16.10　2017 年 9 月至 2018 年 3 月我国私募产品发行数量的柱状图

16.2.4　同时绘制多种图像

1. 折线图的混合

很多情况下，我们需要在同一张图像上同时展示两组数据，以方便对比或观测规律。Python 支持在一张图像上输出多组数据，其实现方法也非常简单，即在同一张图形（画布）上不断叠加各种数据的图像。

下例中我们想在同一张图像上绘制两组数的折线图，一组代表 A 股市场回报率，另一组代表 H 股市场回报率（图 16.11）。稍有不同的是，这两组市场回报率都不是历史数据，而是通过随机数模拟生成的，具体代码如下：

```
In [18]: import numpy as np
In [19]: plt.rcParams['axes.unicode_minus']=False
In [20]: y=np.random.standard_normal((20,2))
    ...: plt.figure(figsize=(7,4))
    ...: plt.plot(y[:,0],'b',lw=3.5,label='A share')
    ...: plt.plot(y[:,1],'r',lw=1.5,label='H share')
    ...: plt.grid(True)
    ...: plt.legend(loc=0)
    ...: plt.xlabel(' 年 ')
    ...: plt.ylabel(' 回报率 ')
    ...: plt.title('A 股和 H 股市场回报率 ')
Out[20]: Text(0.5,1,'A 股和 H 股市场回报率 ')
```

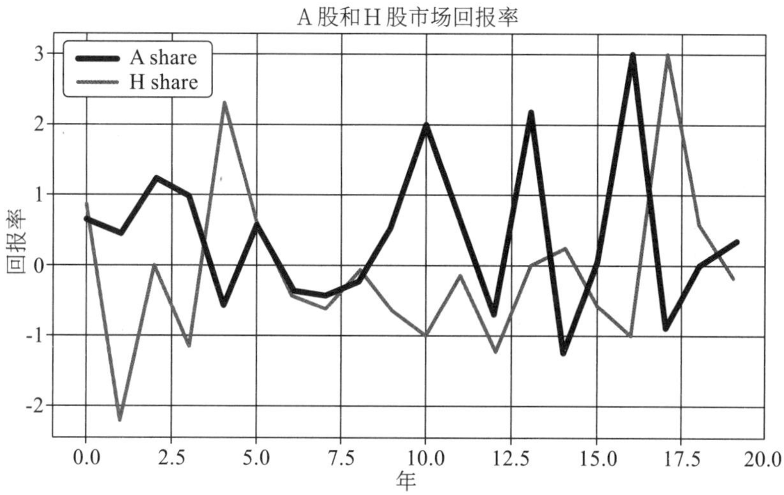

图 16.11　A 股与 H 股市场回报率（模拟）的折线图

提示

上述代码中，有以下三点需要注意：

In[19] 是用来解决坐标轴负数的显示问题。若缺失本行代码，则坐标轴刻度中的负号会显示乱码。

np.random.standard_normal((20,2)) 表示产生 2 组随机序列，每组随机数列有 20 个随机数，分别代表 A 股和 H 股市场 20 年的每年回报率。由于其是随机数，运行上述程序画出的图像是各不相同的。

y[:,0] 表示选取数组第一列的数据，y[:,1] 表示选取数组第二列的数据。

2. 折线图与散点图的组合

在绘制折线图时，如果想在折线图上用圆点标注出每个数据的取值，该如何操作？一种实现方法是在同一张图像上两次绘制相同的一组数据，只不过其中一组数据以折线图的形式呈现，另一组数据则以散点图的形式呈现（图 16.12）。具体示例如下：该组数据是上投摩根智选 30 混合（370027）从 2018 年 12 月 31 日到 2019 年 1 月 10 日的基金净值（数据来源：东方财富网）。

```
In [21]: stmg=[1.253,1.239,1.226,1.247,1.266,1.265,1.267,1.277]
    ...: date=['12/31/2018','1/2/2019','1/3/2019','1/4/2019','1/7/2019','1/8/2019','1/9/2019','1/10/2019']
    ...: plt.figure(figsize=(7,4))
    ...: plt.plot(date,stmg,'b',label=' 上投摩根 370027')
    ...: plt.plot(date,stmg,'ro')
    ...: plt.grid(True)
    ...: plt.legend(loc=0)
    ...: plt.xlabel(' 日期 ')
    ...: plt.ylabel(' 净值 ')
    ...: plt.title(' 上投摩根 370027 基金净值 ')
Out[21]: Text(0.5,1,' 上投摩根 370027 基金净值 ')
```

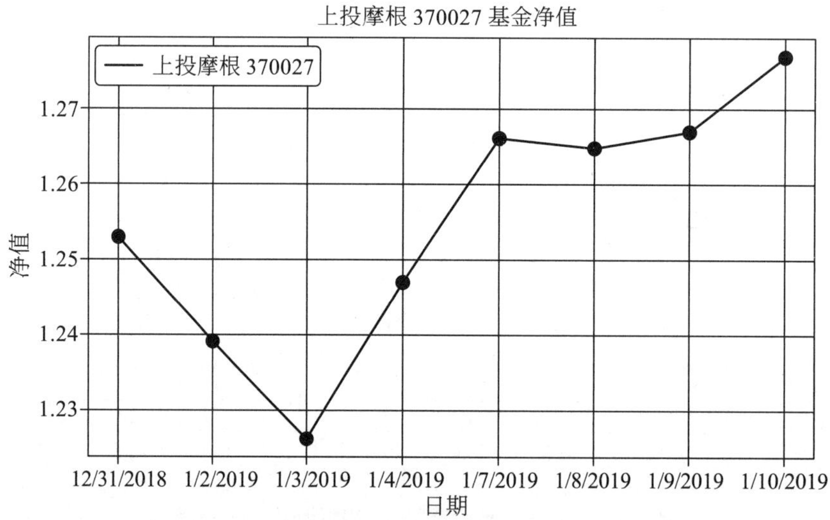

图 16.12 上投摩根基金净值图（折线图加散点图）

3. 设置左右坐标

在金融分析中，很多情形下我们都需要将两组单位差异较大的时间序列数据放在同一图像上进行比较，以观测趋势。这个时候，我们就需要在左右纵坐标轴上标注不同数据的对应标尺。在 Python 中实现上述效果的语句如下：

fig,ax1=plt.subplots() 表示图像 1，其数据单位对应左 y 轴；ax2=ax1.twinx() 表示图像 2，其数据单位对应右 y 轴。

下例中，我们运用该方法在同一张图中同时输出万科公司股票在 2018 年 12 月 14 日至 28 日的成交价格和交易量（图 16.13）。按照惯例，成交价格按照折线图的形式输出，交易量按照柱状图的形式输出。

```
In [22]: date=['12/14','12/17','12/18','12/19','12/20','12/21','12/24','12/25','12/26','12/27','12/28']
In [23]: price=[26.46,26.52,25.5,25.38,25.3,24.25,23.88,23.97,23.8,23.44,23.82]
In [24]: vol=[31147260,32153238,41367428,29066349,41224980,60791923,49321942,42690126,22198726,
35250178,32281093]
In [25]: fig,ax1=plt.subplots()
    ...: plt.bar(date,vol,width=0.3,label=' 交易量 ')
    ...: plt.legend(loc=1)
    ...: plt.xlabel(' 日期 ')
    ...: plt.ylabel(' 交易量 ')
    ...: plt.title(' 万科 ')
    ...: ax2=ax1.twinx()
    ...: plt.plot(price,'r',lw=2,label=' 价格 ')
    ...: plt.grid(True)
    ...: plt.legend(loc=8)
    ...: plt.ylabel(' 价格 ')
Out[25]: Text(0,0.5,' 价格 ')
```

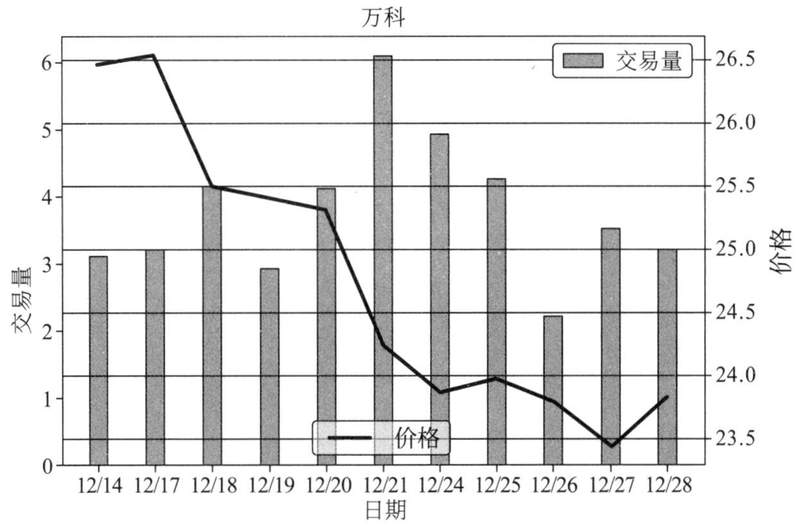

图 16.13　万科公司股票成交价格和交易量

提示

图 16.13 中，柱状图代表交易量，其数据对应左 y 轴；折线图代表价格，其数据对应右 y 轴。

4. 上下图与左右图

在 Matplotlib 中，我们还能利用 plt.subplot 命令实现多组数据的多图输出，其具体语法为：

plt.subplot(数字1数字2数字3)

其中，数字 1 表示组合图片总行数，数字 2 表示组合图片总列数，数字 3 表示这幅图片在组合图片中所处的位置。

下例中，我们将绘制两幅图，按照上下位置存放。图 16.14 中，第一幅图表示 2010 年到 2017 年的上证指数和深证指数，第二幅图表示同期上海证券交易所和深圳证券交易所的上市公司数量（数据来源：万得）。

```
In [26]: date=[2017,2016,2015,2014,2013,2012,2011,2010]
    ...: pSH=[3307.2,3103.6,3539.2,3234.7,2116,2269.1,2199.4,2808.1]
    ...: pSZ=[1899.3,1969.1,2308.9,1415.2,1057.7,881.2,866.7,1290.9]
    ...: nSH=[1396,1182,1081,995,953,954,931,894]
    ...: nSZ=[2089,1870,1746,1618,1536,1540,1411,1169]
    ...: date.reverse()
    ...: pSH.reverse()
    ...: pSZ.reverse()
    ...: nSH.reverse()
    ...: nSZ.reverse()
    ...: plt.figure(figsize=(7,10))
    ...: #1
    ...: plt.subplot(211)
    ...: plt.plot(date,pSH,'b',lw=1.5,label=' 上证 ')
   ...: plt.plot(date,pSH,'ro')
```

```
   ...: plt.plot(date,pSZ,'b',lw=1.5,label=' 深证 ')
   ...: plt.plot(date,pSZ,'ro')
   ...: plt.grid(True)
   ...: plt.legend(loc=0)
   ...: plt.xlabel(' 日期 ')
   ...: plt.ylabel(' 指数 ')
   ...: plt.title(' 市场指数 ')
   ...: #2
   ...: plt.subplot(212)
   ...: plt.plot(date,nSH,'b',lw=1.5,label=' 上证公司数量 ')
   ...: plt.plot(date,nSZ,'r',lw=1.5,label=' 深证公司数量 ')
   ...: plt.grid(True)
   ...: plt.legend(loc=0)
   ...: plt.xlabel(' 日期 ')
   ...: plt.ylabel(' 数量 ')
   ...: plt.title(' 上市公司数量 ')
Out[26]: Text(0.5,1,' 上市公司数量 ')
```

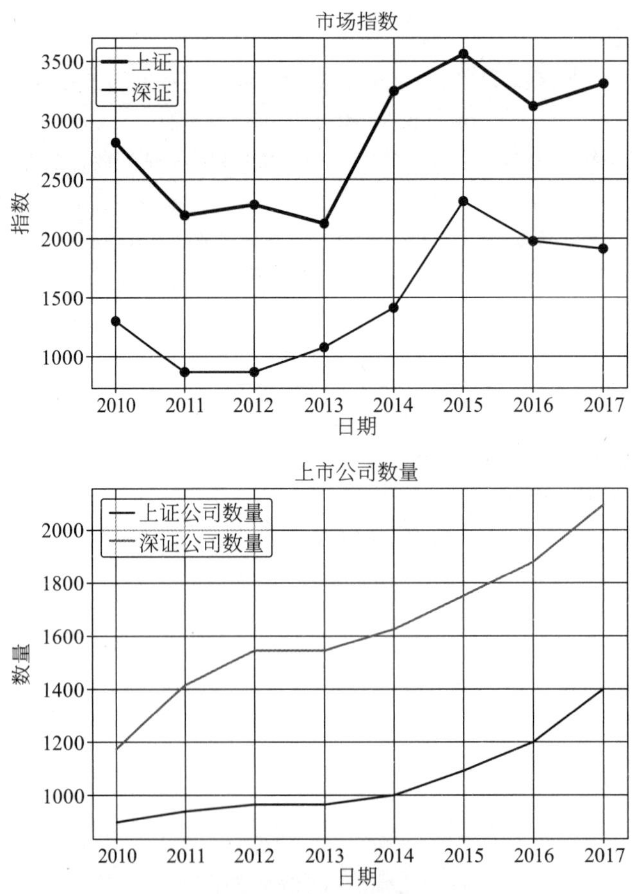

图 16.14　市场指数与上市公司数量的上下组合图

上例中，我们利用 reverse() 函数对所有列表进行了倒置，以便让数据按从小到大的年份排序输出到图像。

图 16.14 中，绘制第一幅图所用的 plt.subplot(211) 方法中的 2 表示组合图一共有 2 行，中间的 1 表示组合图一共有 1 列，故这是一个 2×1 组合图像的输出排列。最后一个 1 表示接下来要绘制的图处在 2×1 组合的第一个位置。同理，可理解 plt.subplot(212) 的含义。

下例我们通过生成两组服从正态分布，且均值相同、标准差不同的随机数来模拟市场收益率的波动状况。我们将模拟生成的两个市场的波动率分别绘制在左右两幅图上（图 16.15）。

【代码示例 16.2】绘制并对比市场波动率　16.2_plot.py。

```
"""
编写者：高顿财经研究院
时间：某年某月某日
功能：绘制并对比市场波动率
"""

import numpy as np
import matplotlib.pyplot as plt

plt.rcParams['font.sans-serif']=['SimHei']
plt.rcParams['axes.unicode_minus']=False

y1=np.random.normal(scale=3,size=20)
y2=np.random.normal(scale=1,size=20)

# 绘制画板
plt.figure(figsize=(10,10))
# 绘制第一幅图
plt.subplot(121)
plt.ylim((-6,6))
plt.plot(y1,'ro',label=' 第一组 ')
plt.grid(True)
plt.legend(loc=0)
plt.title(' 波动大市场 ')
# 绘制第二幅图
plt.subplot(122)
plt.ylim((-6,6))
plt.plot(y2,'b*',label=' 第二组 ')
plt.grid(True)
plt.legend(loc=0)
plt.title(' 波动小市场 ')
```

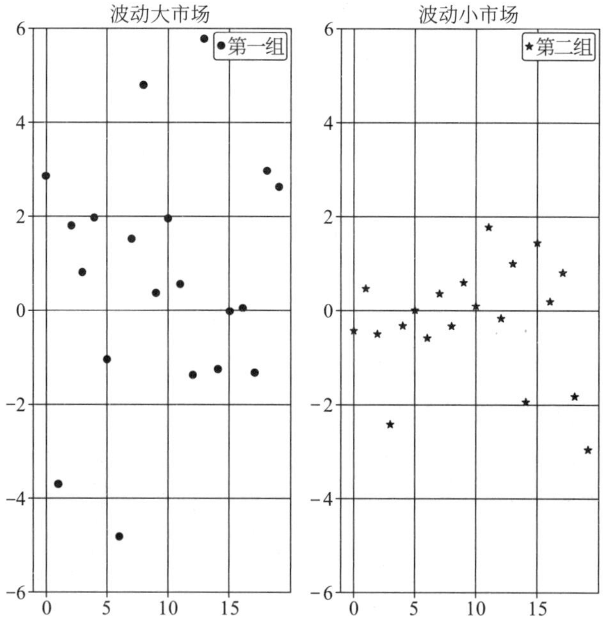

图 16.15 模拟市场波动率的左右组合图

在代码示例 16.2 中，第 13 行与第 14 行代码生成了两组标准差不同的服从正态分布的随机数。通过直接对比图 16.15 中的左右图，我们可以明显看出，左图市场的收益率分布更加离散，因此左图市场中的波动率高于右图。

提示

本例的绘图有个小技巧，即指定左右图纵坐标相同的取值范围。这样做的好处在于，即便不看纵坐标取值，我们也可以直接从左右图中判断出两个市场波动率的大小。如果不指定纵坐标取值，则左右图会根据散点的取值自动调整纵坐标的取值范围，这样图像的可阅读性就不是很强。

plt.ylim((–6,6)) 表示纵坐标的取值范围是 –6 到 6。

16.3 实例运用

16.3.1 实例一：欧式期权价值与标的资产价格

在讲述具体实例之前，我们先引入欧式看涨期权的概念。

金融助手

欧式看涨期权赋予期权购买者在期权合约到期时按照约定价格（称为行权价）买入某种资产的权利。欧式看涨期权的买方需要支付一笔期权费以获得这个权利，欧式看涨期权的卖方在买方行权时有义务按约定价格卖出该标的资产。

例如，假设某欧式看涨期权的标的资产是某股票，其到期价格为 S，其行权价 X 为 100 元。那么当 $S>X=100$ 元时，欧式看涨期权的买方会行使自己购买的权利，以行权价 100 元买入一只价值超过 100 元的股票，此时对于买方而言看涨期权的价值为 $S-X$；反之，如果到期股票价格 S 低于行权价 100 元，则买方不会行使自己的权利（以 100 元买入一只不值 100 元的股票），此时对于买方而言，看涨期权的价值为 0。综上所述，我们可将欧式看涨期权的价值与标的股票价格 S 的关系绘制如图 16.16 所示。

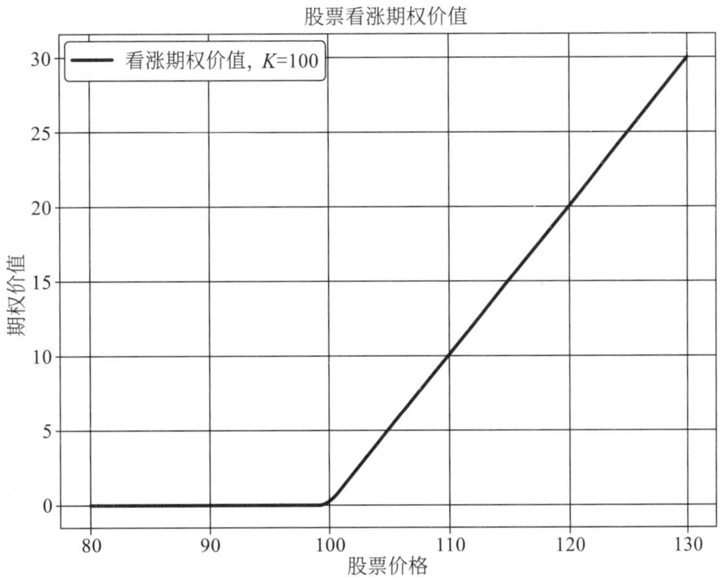

图 16.16 欧式看涨期权的价值图

图 16.16 的绘制可以通过以下 Python 代码来实现。

【代码示例 16.3】期权价值关于股票价格曲线 16.3_plot.py。

```
"""
编写者：高顿财经研究院
日期：某年某月某日
功能：期权价值关于股票价格曲线
"""

import numpy as np
import matplotlib.pyplot as plt

K=100
S=np.linspace(80,130)
v=S-K
y=np.maximum(v,0)

plt.figure(figsize=(8,6))
plt.plot(S,y,lw=3,label=' 看涨期权价值，K=100')
plt.legend(loc=0)
plt.xlabel(' 股票价格 ')
plt.ylabel(' 期权价值 ')
plt.title(' 股票看涨期权价值 ')
plt.grid(True)
```

16.3.2 实例二：欧式看涨期权与行权价格

我们再来绘制一幅欧式看涨期权价值与行权价格的图。根据著名的期权定价模型——布莱克-斯科尔斯-默顿模型（Black-Scholes-Merton Model）有：

$$C_0=S_0N(d_1)-Ke^{(-rT)}N(d_2)$$

其中，C_0 为期权初始价格，K 为期权行权价格，S_0 为所交易金融资产现价，T 为期权有效期，r 为市场无风险利率，σ 为股票回报的波动率（标准差），$N(d_1)$ 和 $N(d_2)$ 为正态分布的累计函数。

该模型中 d_1，d_2 的计算公式为：

$$d_1=\left[\ln\left(\frac{S_0}{K}\right)+(r+0.5\sigma^2)T\right]/(\sigma\sqrt{T})$$

$$d_2=d_1-\sigma\sqrt{T}$$

要绘制关于欧式看涨期权价值与行权价格的图形，我们就需要一组关于行权价格及每个行权价格下对应欧式期权价格的数据。我们假设股票当前价格为 100 元，欧式期权还有 0.3 年到期，无风险利率为 3%，波动率为 20%。

【代码示例 16.4】期权价值关于行权价曲线　16.4_plot.py。

```
"""
编写者：高顿财经研究院
日期：某年某月某日
功能：期权价值关于行权价曲线
"""

from scipy import stats
import numpy as np
import matplotlib.pyplot as plt

plt.rcParams['font.sans-serif']='SimHei'

def option_value(K,S0=100.00,T=0.3,r=0.03,sigma=0.2):
    """ 通过输入参数按照欧式看涨期权定价公式计算期权价值 """

    d1=(np.log(S0/K)+(r+0.5*sigma**2)*T)/(sigma*np.sqrt(T))
    d2=d1-sigma*np.sqrt(T)

    value=S0*stats.norm.cdf(d1)-K*np.exp(-r*T)*stats.norm.cdf(d2)

    return value

x=np.linspace(80,130)
```

```
24  y=option_value(x)
25
26  plt.figure(figsize=(8,6))
27  plt.plot(x,y,linewidth=1,label='S0=100,T=0.3,r=3%,vol=0.2')
28  plt.legend(loc=0)
29  plt.xlabel(' 行权价 ')
30  plt.ylabel(' 期权价值 ')
31  plt.title(' 期权价值关于行权价曲线 ')
32  plt.grid(True)
```

在代码示例 16.4 中，第 13 行到第 21 行编制了一个欧式期权价格的计算函数，根据输入参数，按照 BSM 定价公式来计算欧式期权价格。第 23 行生成了一组范围在 80 到 130 之间的行权价格，第 24 行调用之前的欧式期权价格计算函数，计算出对应行权价格下的期权价值。最后，我们通过第 26 行到第 32 行的代码绘制出了我们想要的曲线图（实际上是高密集点的折线图）。

通过代码示例 16.4，我们可将所需图像绘出，见图 16.17。

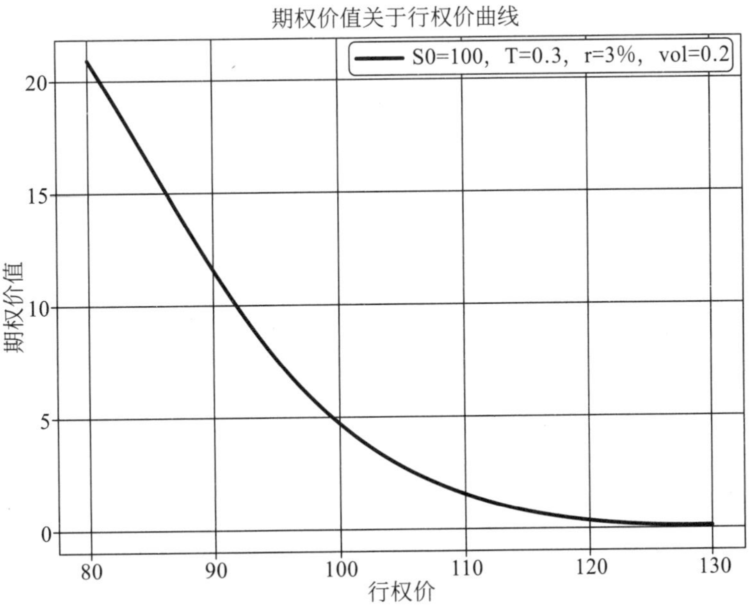

图 16.17　期权价值关于行权价曲线图

思考与练习

（1）请简述折线图的用途和语法。

（2）请简述散点图的用途和语法。

（3）请简述柱状图的用途和语法。

（4）阐述二维图像输出需注意的要点。

（5）请概述将两组数据输出在一张图表上的方法。

（6）请概述将两组数据输出在两张不同的图表上的方法。

（7）给图像添加背景网格使用什么语句？

（8）给图像添加图像标题使用什么语句？

（9）如何设置能使数据标题位于图像的右下角位置？

（10）如何设置纵轴数据名称？

第 3 部分
实战项目

P y t h o n

在学完前文各章节的内容后，读者已掌握了 Python 的基本操作方法。从本部分开始，将结合之前讲解的编程方法，选取两个金融领域的经典实例，给读者一个实际操练的机会。两个项目的难度由浅入深，分别是“期权定价模型”和“寻找最优投资组合”。在“期权定价模型”项目中，将介绍期权的定价方法，并以上证 50ETF 基金为例计算期权价格，同时展示如何计算期权的 delta、gamma 和 vega 值。“寻找最优投资组合”项目将运用马科维茨的资产组合理论，寻找最优的资产配置权重及有效前沿。

第 17 章　期权定价模型

17.1　理论背景知识

17.1.1　股票期权的定义

期权是在金融实务中非常常见的一种衍生品合约。期权赋予持有人在某一特定日期或该日期之前的任何时间以固定价格购进或售出标的资产的权利。当期权标的资产是股票时，该合约为股票期权。

17.1.2　期权的分类

1. 看涨期权与看跌期权

从期权的定义中不难看出，期权赋予买方的是一种权利，同时对于卖方来说就是一种义务。因此，我们可以按照期权赋予买方的权利类型将期权分为两种：看涨期权和看跌期权。

看涨期权，也称认购期权，是指期权的买方向期权的卖方支付一定数额的权利金后，即拥有在期权的有效期内，按约定的价格向期权卖方**买入**一定数量的标的资产的权利。这里需要指出的是，**买方所拥有的是权利而不是义务，即买方可以选择不行使自己的权利，但一旦买方选择行使其买入标的资产的权利，期权卖方就有义务在合约规定的有效期内，以合约事先规定的价格向买方卖出合约规定的标的资产**。由于期权的买方享有权利而卖方承担义务，因此**在合约签订的初期，买方必须支付卖方一定的权利金**。

看跌期权，也称认沽期权，是指期权的买方向期权的卖方支付一定数额的权利金后，即拥有在期权的有效期内，按约定的价格向期权卖方卖出一定数量的标的资产的权利。

在本章中，我们将标的资产的价格记为 S，合约中约定的固定购进或售出价格记为 K，合约到期时间记为 T，无风险利率记为 r，看涨期权的权利金记为 c，看跌期权的权利金记为 p。

2. 欧式期权和美式期权

根据可以行权的时间段，我们可以将期权分为欧式期权与美式期权两种。

其中，欧式期权规定期权买方只能在约定日期当日（称为行权日）选择是否行权；而美式期权允许买方可在约定日期之前的任何交易时段选择行权。本章我们主要对欧式期权定价进行建模。

17.1.3　影响期权合约定价的因素

如前所述，期权买方必须向卖方支付权利金才能拥有期权中所规定的权利，那么影响期权合约定价的因素有哪些呢？我们在这里对几个重要影响因素进行简要的分析。

标的资产价格： 对于看涨期权，标的资产价格越高，意味着期权买方可以以固定价格 K 买入一个更“值钱”的标的资产 S，因此期权价值也越高；同理，对于看跌期权，标的资产价格越高，意味着期权买方可以选择以固定价格卖出一个更“值钱”的标的资产 S，因此期权价值也越低。

期权行使价： 在行使期权时，期权行使价就是用以买卖标的资产的价格。在大部分交易的期权中，标的资产价格接近期权行使价。行使价格在期权合约中都有明确的规定。

合约到期日： 每一期权合约均会约定合约的到期日，如果超过这一期限，期权合约将失效。在多数情况下，当前日期距离合约到期日越长，意味着买方有更长的时间决定是否行权，那么期权价值也越大（无论该期权是看涨还是看跌，欧式还是美式）。

资产收益率的波动率：资产收益率的波动率越高，资产价格越有可能处于有利于期权持有者的状态，期权价值也越高。

17.1.4 BSM期权定价模型

1. BSM 期权定价模型下的看涨期权定价公式

BSM 期权定价模型是由费希尔·布莱克、迈伦·斯科尔斯和罗伯特·默顿三位美国学者提出的期权定价模型。斯科尔斯和默顿两人共享了 1997 年的诺贝尔经济学奖，布莱克在颁奖前一年去世而未能获此殊荣。根据 BSM 模型，欧式看涨期权的定价公式如下：

$$C_0=S_0N(d_1)-Ke^{(-rT)}N(d_2)$$

其中，$d_1=\left[\ln\left(\frac{S_0}{K}\right)+(r+0.5\sigma^2)T\right]/(\sigma\sqrt{T})$，$d_2=d_1-\sigma\sqrt{T}$,$N()$ 代表正态分布的累计函数，C_0 代表期权价值，K 代表期权执行价格，S_0 代表金融资产现价，T 代表期权距离有效期的时间，r 代表市场无风险利率，σ 代表股票回报的波动率，即标准差。

上述看涨期权的定价公式的证明是比较复杂的，本文不做展开，感兴趣的读者可查阅衍生品定价的相关教材。但从上述公式中不难看出，前文所述的几个影响期权定价的因素是符合我们的预先判断的。

2. BSM 期权定价模型的假设条件

在运用 BSM 期权定价模型的时候，必须明确该模型的成立是基于以下五个假设条件的。

第一，标的资产价格变化服从对数正态分布。

第二，在期权有效期内，无风险利率是不变的常数。

第三，不考虑市场的税收和交易成本。

第四，标的资产在期权有效期内没有红利及其他所得。

第五，所考查的期权是欧式期权。

17.1.5 期权的风险指标

通过对影响期权价格的因素进行分析，在假定其他影响因素不变的情况下，可以量化单一因素对期权价格的动态影响。我们用希腊字母来表示某个风险因素的期权价值变化的影响，包括 delta、gamma、theta、vega、rho 等。对于期权交易者来说，了解这些指标，更容易掌握期权价格的变动，有助于衡量和管理期权的风险。这里就本章涉及的几个希腊字母进行简单的介绍。

delta 值：衡量标的资产价格变动时期权价值变动的百分比。

gamma 值：衡量标的资产价格变动时，期权 delta 值的变化幅度。

vega 值：衡量期权价值对标的资产价格波动率变动的敏感度，反映当波动率变化一个单位时（通常用 1% 来衡量），期权价格理论上的变化。

17.2 上证50ETF与上证50ETF期权

上证 50ETF 是国内最具代表性的蓝筹指数之一，同时是境内首只交易型开放式指数基金（ETF）的跟踪标的。我们这里选取了一只追踪上证 50 指数的 ETF 基金，其二级市场交易代码为 510050，买卖申报数量为 100 份或其整数倍，申报价格最小变动单位为 0.001 元，不用交印花税。

从交易系统上可查询该上证 50ETF 基金的基本信息，如表 17.1 所示。

表 17.1　上证 50ETF 基金的基本信息

基金代码	510050
投资类型	股票型
设立日期	2004-12-30
托管人	中国工商银行股份有限公司
基金简称	50ETF
基金类型	ETF
基金经理	张某某
管理人	华夏基金管理有限公司
投资目标	紧密跟踪标的指数，追求跟踪偏离度和跟踪误差最小化
投资策略	采取完全复制法，即完全按照标的指数的成份股组成及其权重构建基金股票投资组合，并根据标的指数成份股及其权重的变动进行相应调整。但在因特殊情况（如流动性不足）导致无法获得足够数量的股票时，基金管理人将搭配使用其他合理方法进行适当的替代
业绩比较基准	上证 50 指数
风险收益特征	本基金属于股票基金，风险与收益高于混合基金、债券基金与货币市场基金。本基金为指数型基金，采用完全复制策略，跟踪上证 50 指数，是股票基金中风险较低、收益中等的产品

表 17.2 显示了该上证 50ETF 基金当天的实时交易信息，包括开盘价、最高价、最低价、成交量、成交金额等市场行情信息。

表 17.2　上证 50ETF 基金的交易信息

序号	代码	名称	现价 / 元	涨跌 / 元	涨跌幅 /%	今开 / 元	最高价 / 元	最低价 / 元	成交量 / 张	成交金额 / 元	期权状态
1	510050	50ETF	2.476	0.010	0.41	2.479	2.486	2.472	3.08 亿	7.46 亿	上市

上证 50ETF 期权是我国第一只股票期权，其标的资产为表 17.1 中介绍的代码为 510050 的上证 50ETF。表 17.3 截取了到期日为 2019 年 1 月 23 日各行权价的认购和认沽期权价格。表中左半部分是认购期权，即看涨期权的相关信息；右半部分是认沽期权，即看跌期权的相关信息；中间一列为期权对应的行权价。

表 17.3　上证 50ETF 的交易信息

最新价 / 元	涨跌 / 元	涨跌幅 /%	成交量 / 张	持仓量 / 张	隐含波动率 /%	行权价 / 元	最新价 / 元	涨跌 / 元	涨跌幅 /%	成交量 / 张	持仓量 / 张	隐含波动率 /%
2019 年 01 月（到期日 2019-01-23；剩余 56 个自然日，39 个成交日；合约乘数 10 000）												
0.254 9	0.002 8	1.11	229	178	26.09	2.250	0.012 1	−0.004 8	−28.40	8 543	7 564	21.83
0.213 3	0.002 7	1.28	141	131	25.28	2.300	0.020 2	−0.005 2	−20.47	5 491	4 611	21.84
0.174 7	0.002 2	1.28	170	130	24.74	2.350	0.031 4	−0.006 7	−17.59	2 819	2 348	21.79

续表

最新价 / 元	涨跌 / 元	涨跌幅 /%	成交量 / 张	持仓量 / 张	隐含波动率 /%	行权价 / 元	最新价 / 元	涨跌 / 元	涨跌幅 /%	成交量 / 张	持仓量 / 张	隐含波动率 /%
0.141 3	0.002 7	1.95	387	252	24.38	2.400	0.046 9	−0.008 1	−14.73	3 680	2 954	21.86
0.111 3	0.002 2	2.02	1 247	802	24.07	2.450	0.066 4	−0.008 8	−11.70	1 493	1 155	21.67
0.085 0	0.000 7	0.83	2 741	1 827	23.78	2.500	0.090 6	−0.009 3	−9.31	1 940	1 431	21.44
0.063 4	−0.000 7	−1.09	1 556	1 058	23.62	2.550	0.119 3	−0.009 3	−7.23	455	275	21.21
0.046 8	−0.000 3	−0.64	4 172	2 830	23.44	2.600	0.153 3	−0.009 6	−4.13	161	114	20.83
0.032 9	−0.000 1	−2.95	8 016	6 810	23.14	2.650	0.187 5	−0.009 6	−4.87	531	418	20.16

17.3 项目的实现

本节我们开始编写以上证 50ETF 基金为标的资产的认购期权（看涨期权）定价的 Python 代码。我们通过交易系统查询的数据对这只基金期权的内部定价进行模拟，并计算模拟定价下的希腊字母值，将其与市场的真实值进行对比。

17.3.1 工具包的导入

在编写主程序之前，我们先将编写过程中会用到的工具包全部导入 Python。

```
"""
编写者：高顿财经研究院
日期：某年某月某日
功能：上证 50ETF 基金期权定价与分析
"""

import numpy as np
import pandas as pd
import matplotlib.pyplot as plt
from scipy import stats
```

提示

scipy.optimize 是用于最优方程求解的一个科学计算工具包，我们在本章与下一章都会用到。

17.3.2 看涨期权的定义

在 Python 程序中，我们把看涨期权定义为一个类，其包含影响期权合约的关键因素，如行使价格、到期日期、波动率等变量，以及与期权合约相关的方法，如计算现值，计算 delta 值、vega

值等风险值。这样定义的好处在于定义这个类后，每次创建一个新的期权只用初始化期权类型的变量，就能够查看或调用期权的具体信息，如到期日期、波动率等特殊属性，并且能调用计算期权的现值和风险值等方法。

1. 期权类的定义

首先我们定义一个看涨期权类，其名称为 call_option。

```
12 class call_option():
```

2. 期权类的创建方法定义及变量

__init__() 是类的一个特殊创建函数，一旦我们在主程序定义一个看涨期权类变量，Python 就会自动运行 __init__() 函数，并会自动将该函数中的参数定义为看涨期权类的基本属性。看涨期权类包含标的股票现价 S_0、期权行权价 K、合约起始日期 Pdate 和终止日期 Mdate、无风险利率 r 和波动率 sigma。

知识链接

__init__() 函数的参数 self 必须位于第一个且是不可缺少的，其指向一个实例本身。相关知识可参看面向对象的相关章节（第 12 章）。

```
13     def __init__(self,S0,K,Pdate,Mdate,r,sigma):
14         self.S0=S0
15         self.K=K
16         self.Pdate=Pdate
17         self.Mdate=Mdate
18         self.r=r
19         self.sigma=sigma
```

3. 计算期权类的到期时间

我们构建名为 ttm(time to maturity) 的方法用于计算看涨期权合约的剩余时间长度，代码如下：

```
21     def ttm(self):
22         if self.Pdate>self.Mdate:
23             raise ValueError(" 错误：合约起始日迟于到期日！ ")
24         else:
25             return (self.Mdate-self.Pdate).days/365.
```

第 22 行和第 23 行，我们加入了一个异常处理的判断，如果期权合约的起始日迟于到期日，那么就向用户提示错误。

第 25 行，该函数的返回值为合约结束日期与起始日期之差除以 365，以年为单位衡量期权合约的到期时间。

4. 计算 d_1 与 d_2

在 BSM 期权定价公式中，d_1 和 d_2 是在后文计算现值或者风险值时需要用到的分位数，其公式如下：

$$d_1=\left[\ln\left(\frac{S_0}{K}\right)+(r+0.5\sigma^2)T\right]/(\sigma\sqrt{T})$$

$$d_2=d_1-\sigma\sqrt{T}$$

根据公式，我们定义计算 d_1 与 d_2 的函数，方便后面编程需要时直接调用。

```
27      def d1(self):
28          ttm=self.ttm()
29          return((np.log(self.S0/self.K)+(self.r+0.5*self.sigma**2)*ttm)/(self.sigma*np.sqrt(ttm)))
30
31      def d2(self):
32          ttm=self.ttm()
33          return((np.log(self.S0/self.K)+(self.r-0.5*self.sigma**2)*ttm)/(self.sigma*np.sqrt(ttm)))
```

5. 期权现值计算方法

根据 BSM 看涨期权的定价公式，我们同样可以定义一个计算期权现值的函数 pv_value()。

```
35      def pv_value(self):
36          d1=self.d1()
37          d2=self.d2()
38          T=self.ttm()
39          value=(self.S0*stats.norm.cdf(d1,0.0,1.0)-self.K*np.exp(-self.r*T)*stats.norm.cdf(d2,0.0,1.0))
40          return value
41
```

第 39 行我们用到了 scipy 库下的 norm.cdf() 函数。scipy 库下的 stats.norm.cdf() 函数用于计算累积正态分布值 cdf(*x*, loc=0, scale=1)，它一共有三个参数，第一个 *x* 是要输入的条件数然后返回 *x* 的概率，第二个 loc 是正态分布的均值，对应整体分布的中心，第三个 scale 是标准差，所以这里我们用 loc=0 和 scale=1 代表采用标准正态分布。

6. 期权 delta 值计算方法

根据 BSM 期权定价模型的理论，欧式看涨期权 delta 值就是 $N(d_1)$，因此我们可以定义计算期权 delta 值的函数如下：

```
42      def delta(self):
43          return stats.norm.cdf(self.d1(),0.0,1.0)
```

7. 期权 vega 值计算方法

欧式看涨期权 vega 值相当于期权定价公式对波动率求导，其计算公式如下：

$$vega=S_0N'(d_1)\sqrt{T}$$

其中，$N'(d_1)$ 是关于价格一阶导的函数，我们可以利用 scipy 下的 pdf() 方法计算。

```
45      def vega(self):
46          return self.S0*stats.norm.pdf(self.d1(),0.0,1.0)*np.sqrt(self.ttm())
```

8. 期权 gamma 值计算方法

期权 gamma 值是期权价格关于股票价格变化的二阶导数，衡量 delta 值关于股票价格变化的程度，其计算公式为：

$$gamma = N'(d_1)/(S_0\sigma\sqrt{T})$$

其中，σ 为股票的波动率。

```
    def gamma(self):
        return stats.norm.pdf(self.d1(),0.0,1.0)/(self.S0*self.sigma*np.sqrt(self.ttm()))
```

17.3.3 期权的初始化

至此，我们已完成期权类的定义，接下来可以开始实例化上证 50ETF 期权。在实例化之前，要先设定期权的所有参数，这些参数都是市场上的真实数据。根据从表 17.2 截取的市场交易信息，我们可以定义标的资产股票的价格 S0 为 2.47，行权价 K 为 2.5，假定无风险利率 r 为 4%，波动率 sigma 为 20%。此外，我们利用 pd.datetime() 函数分别定义初始日期与结束日期为 2018 年 11 月 28 日与 2019 年 1 月 23 日。

```
pricing_date=pd.datetime(2018,11,28)
maturity_date=pd.datetime(2019,1,23)
S0=2.47
K=2.5
r=0.04
sigma=0.2
```

定义了参数值和类后，我们可以开始实例化第一个股票期权 c_eur。

```
c_eur=call_option(S0,K,pricing_date,maturity_date,r,sigma)
```

17.3.4 实例化运用

我们将前面分段编写的代码合并，运用到真实的金融市场之中。

【代码示例 17.1】BSM 看涨期权定价模型 17.1_calloption.py。

```
"""
编写者：高顿财经研究院
日期：某年某月某日
功能：上证 50ETF 基金欧式看涨期权实例运用
"""

import numpy as np
import pandas as pd
import matplotlib.pyplot as plt
from scipy import stats

```

```
class call_option:
    def __init__(self,S0,K,Pdate,Mdate,r,sigma):
        self.S0=S0
        self.K=K
        self.Pdate=Pdate
        self.Mdate=Mdate
        self.r=r
        self.sigma=sigma

    def ttm(self):
        if self.Pdate>self.Mdate:
            raise ValueError(" 错误：合约起始日迟于到期日！ ")
        else:
            return (self.Mdate-self.Pdate).days/365.

    def d1(self):
        ttm=self.ttm()
        return((np.log(self.S0/self.K)+(self.r+0.5*self.sigma**2)*ttm)/(self.sigma*np.sqrt(ttm)))

    def d2(self):
        ttm=self.ttm()
        return((np.log(self.S0/self.K)+(self.r-0.5*self.sigma**2)*ttm)/(self.sigma*np.sqrt(ttm)))

    def pv_value(self):
        d1=self.d1()
        d2=self.d2()
        T=self.ttm()
        value=(self.S0*stats.norm.cdf(self.d1(),0.0,1.0)-self.K*np.exp(-self.r*T)*stats.norm.cdf(self.d2(),0.0,1.0))
        return value

    def delta(self):
        return stats.norm.cdf(self.d1(),0.0,1.0)

    def vega(self):
        return self.S0*stats.norm.pdf(self.d1(),0.0,1.0)*np.sqrt(self.ttm())

    def gamma(self):
        return stats.norm.pdf(self.d1(),0.0,1.0)/(self.S0*self.sigma*np.sqrt(self.ttm()))

pricing_date=pd.datetime(2018,11,28)
maturity_date=pd.datetime(2019,1,23)
```

```
S0=2.47
K=2.5
r=0.04
sigma=0.2

c_eur=call_option(S0,K,pricing_date,maturity_date,r,sigma)
```

初始化第一个看涨期权之后，我们就可以调用看涨期权类下的方法计算期权的现值价格。在文本编辑器中我们先运行以上文件代码，然后在运行对话框内输入以下代码，调用显示结果。

```
In [1]: c_eur.pv_value()
Out[1]: 0.07027387398185203
```

在计算出期权的现值价格之后，我们可以将其与实际市场上的价格进行对比，如表 17.4 所示。不难发现，根据理论计算出的期权价与实际市场价格相比存在一定误差。产生误差的原因是多方面的，例如假定的波动率和无风险利率与真实数据有一定出入，真实市场的期权价格存在折价或溢价的情况，等等。

表 17.4　期权的市场交易价格

最新价 / 元	涨跌 / 元	涨跌幅 /%	成交量 / 张	持仓量 / 张	隐含波动率 /%	行权价 / 元
2019 年 01 月（到期日 2019-01-23；剩余 56 个自然日，39 个交易日；合约乘数 10 000）						
0.254 9	0.002 8	1.11	229	178	26.09	2.250
0.213 3	0.002 7	1.28	141	131	25.28	2.300
0.174 7	0.002 2	1.28	170	130	24.74	2.350
0.141 3	0.002 7	1.95	387	252	24.38	2.400
0.111 3	0.002 2	2.02	1 247	802	24.07	2.450
0.085 0	0.000 7	0.83	2 741	1 827	23.78	2.500
0.063 4	−0.000 7	−1.09	1 556	1 053	23.62	2.550
0.046 8	−0.000 3	−0.64	4 172	2 830	23.44	2.600
0.032 9	−0.001 0	−2.95	8 016	6 810	23.14	2.650

接下来我们对该看涨期权的风险进行评估，即调用相关函数计算期权的希腊字母值，具体操作如下：

```
In [2]: c_eur.delta()
Out[2]: 0.4854024942636582

In [3]: c_eur.vega()
Out[3]: 0.3857125230129515

In [4]: c_eur.gamma()
Out[4]: 2.060367423830431
```

我们把三个计算出的理论希腊字母值与真实的市场信息进行对比，如表 17.5 所示。

表 17.5　期权市场信息

50ETF 购 12 月 2.50			10001313
0.059 0	+0.004 0 +7.27%	隐含波动率	24.78%
	价格 / 元	量 / 手	隐含波动率
卖五	0.059 4	22	24.98%
卖四	0.059 3	62	24.94%
卖三	0.059 2	20	24.90%
卖二	0.059 1	10	24.87%
卖一	0.059 0	28	24.83%
买一	0.058 7	2	24.72%
买二	0.058 6	48	24.68%
买三	0.058 5	23	24.65%
买四	0.058 4	11	24.61%
买五	0.058 3	11	24.57%
昨结	0.055 0	开盘	0.061 3
最高	0.062 9	最低	0.057 3
均价	0.059 3	振幅	10.18%
总手	7.16 万	现手	2
持仓	120 103	增仓	+22 943
外盘	31 670	内盘	39 884
总额	4 279.73 万	今结	—
涨停	0.298 2	跌停	0.000 1
标的代码	510050	期权类型	认购
标的权价	2.476 0	行权价	2.500 0
价值状态	虚值	行权方式	欧式
上市日	20180426	到期日	20181226
剩余自然日	28	剩余交易日	20
标的 30 日波动率	27.92%	标的 60 日波动率	28.02%
标的 90 日波动率	26.16%	合约系数	10 000
内在价值	0.000 0	时间价值	0.059 0
实际杠杆值数	19.97	保证金	3 169.20
delta	0.475 7	gamma	2.072 3
vega	0.002 7	Theta	−0.001 4
Rho	0.000 9	无风险利率	2.50%

通过与真实信息对比，我们可以发现 delta 和 gamma 的理论值与真实值相近，而 vega 的理论

值与真实值有较大差距。这是因为，我们假定的波动率 20% 和市场真实波动率存在一定差距。

17.3.5　风险分析

1. 期权价格关于行权价格的变化

我们接着对比一系列不同行权价格下的看涨期权价格。从上文表 17.3 的市场交易信息数据中可以获取对应的一系列行权价格下的期权交易价格。

首先我们创建一个期权图像输出的方法，通过图像的输出能够更加直观地观测期权价格的变化。

```
In [5]:def option_graph(x,y):
   ...: plt.figure(figsize=(8,5))
   ...: plt.plot(x,y)
   ...: plt.grid(True)
```

随后，我们利用 option_graph() 函数可以绘制出看涨期权的图像。

```
In [6]: K1=np.linspace(2.25,2.65,80)
   ...: c_eur1=call_option(S0,K1,pricing_date,maturity_date,r,sigma)


In [7]: c_eur1.pv_value()
Out[7]:
array([0.24270829, 0.23823995, 0.23379956, 0.22938804, 0.2250063,
0.22065523, 0.21633574, 0.21204873, 0.20779512, 0.20357578,
0.19939162, 0.19524352, 0.19113234, 0.18705896, 0.18302423,
0.17902897, 0.17507403, 0.1711602, 0.16728827, 0.16345901,
0.15967317, 0.15593148, 0.15223464, 0.14858333, 0.14497821,
0.14141989, 0.13790899, 0.13444606, 0.13103165, 0.12766626,
0.12435037, 0.12108443, 0.11786885, 0.114704, 0.11159021,
0.10852781, 0.10551706, 0.10255819, 0.09965141, 0.09679687,
0.0939947, 0.091245, 0.0885478, 0.08590314, 0.08331099,
0.0807713, 0.07828397, 0.07584887, 0.07346585, 0.07113472,
0.06885524, 0.06662715, 0.06445015, 0.06232393, 0.06024813,
0.05822235, 0.0562462, 0.05431921, 0.05244093, 0.05061087,
0.04882849, 0.04709326, 0.04540461, 0.04376195, 0.04216468,
0.04061217, 0.03910378, 0.03763884, 0.03621667, 0.03483659,
0.03349789, 0.03219986, 0.03094176, 0.02972286, 0.02854241,
0.02739967, 0.02629386, 0.02522424, 0.02419002, 0.02319045])
```

在 In[6] 中，我们利用 linspace() 函数产生了一系列行权价格 K，然后计算每一个 K 对应的期权现值，得到一个关于看涨期权价格的列表。最后，我们调用 option_grapy() 函数输出看涨期权价格，如图 17.1 所示。图 17.1 的横轴是行权价格，纵轴是期权价格。从图像可以看出，随着行权价格降低，期权价格上升。

```
In [8]: option_graph(Kl, c_eurl.pv_value())
```

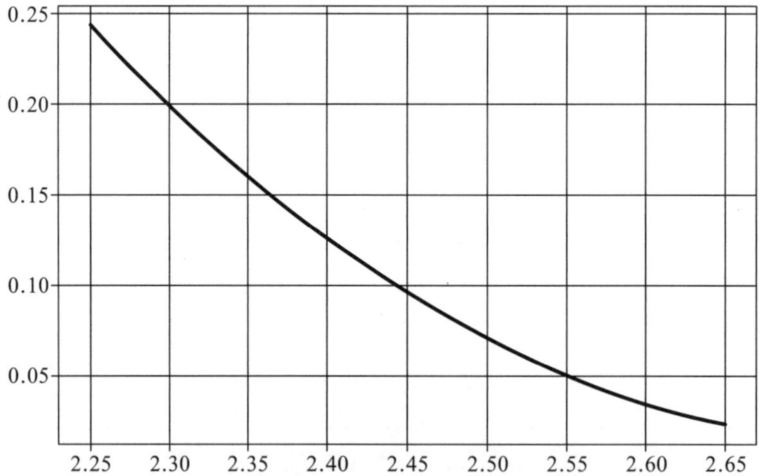

图 17.1　期权价格与行权价格关系变化图

2. 期权 delta 值关于行权价格的变化

对于一系列不同的行权价格，调用一次 delta() 方法就能算出所有期权 delta 值。

```
In [9]: c_eur1.delta()
Out[9]:
array([0.90461985, 0.89966406, 0.89453467, 0.88923036, 0.88375005,
0.8780929, 0.87225832, 0.86624601, 0.86005592, 0.85368827,
0.84714359, 0.84042267, 0.83352658, 0.82645671, 0.81921472,
0.81180256, 0.80422248, 0.79647701, 0.78856898, 0.7805015,
0.77227795, 0.76390201, 0.7553776, 0.74670892, 0.73790043,
0.72895684, 0.71988307, 0.71068432, 0.70136596, 0.6919336,
0.68239303, 0.67275024, 0.66301139, 0.65318278, 0.64327089,
0.63328229, 0.6232237, 0.61310194, 0.6029239, 0.59269657,
0.58242697, 0.5721222, 0.56178935, 0.55143555, 0.54106792,
0.53069356, 0.52031957, 0.50995296, 0.49960071, 0.48926973,
0.47896684, 0.46869876, 0.45847209, 0.44829334, 0.43816885,
0.42810485, 0.41810738, 0.40818235, 0.39833549, 0.38857232,
0.37889821, 0.36931831, 0.35983758, 0.35046077, 0.3411924,
0.3320368, 0.32299806, 0.31408004, 0.3052864, 0.29662054,
0.28808565, 0.27968467, 0.27142034, 0.26329514, 0.25531133,
0.24747095, 0.2397758, 0.23222748, 0.22482734, 0.21757654])
```

通过 option_graph() 函数将一系列期权 delta 值的变化画出，如图 17.2 所示（横轴表示行权价格，纵轴表示期权 delta 值）。观察图 17.2，我们可以看出图像接近正态分布累计函数。当行权价格较低时，delta 值趋于 1，此时期权处于实值状态，标的资产价格每上升 1 元，期权价格也上升将近 1 元；反之，如果行权价格很高，delta 值则趋于 0，此时期权处于虚值状态，即便标的资产价格有微小上升，期权价格仍然趋近于 0。

```
In [10]: option_graph(K1, c_eur1.delta())
```

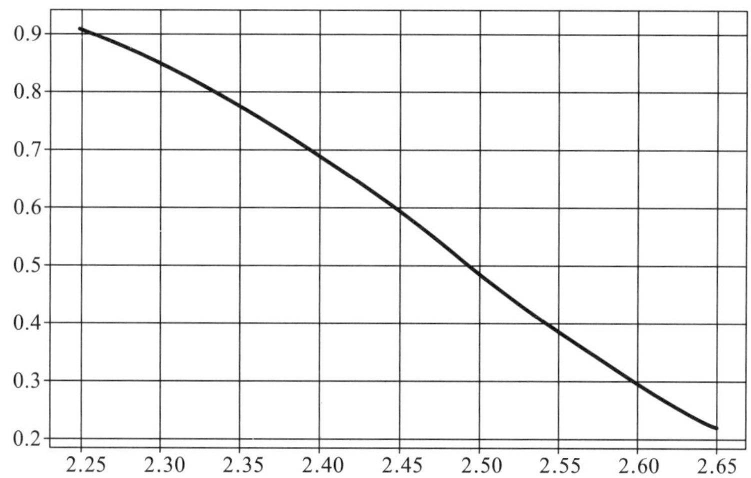

图 17.2　期权 delta 值与行权价格关系变化图

3. 期权 gamma 值关于行权价格的变化

期权是一个非线性变化的金融产品。我们接下来绘制 gamma 值（关于标的资产价格的二阶导数）的图像，gamma 值在对冲策略中是一个重要指标。

```
In [11]: c_eur1.gamma()
Out[12]:
array([0.87606596, 0.90920489, 0.94274491, 0.97664484, 1.01086155,
1.04535011, 1.08006384, 1.11495442, 1.14997207, 1.1850656,
1.22018259, 1.25526952, 1.29027191, 1.3251345, 1.35980137,
1.39421611, 1.42832204, 1.46206228, 1.49537999, 1.52821855,
1.56052166, 1.5922336, 1.62329932, 1.65366467, 1.68327652,
1.71208295, 1.74003342, 1.76707887, 1.79317191, 1.81826698,
1.84232043, 1.86529068, 1.88713834, 1.90782634, 1.92731997,
1.94558707, 1.962598, 1.97832584, 1.99274634, 2.00583807,
2.01758241, 2.02796358, 2.03696872, 2.04458785, 2.05081388,
2.05564266, 2.05907288, 2.06110611, 2.06174675, 2.06100196,
2.05888166, 2.0553984, 2.05056735, 2.04440621, 2.03693512,
2.02817654, 2.01815522, 2.00689804, 1.99443395, 1.9807938,
1.96601028, 1.95011779, 1.93315229, 1.91515119, 1.89615325,
1.87619841, 1.8553277, 1.83358307, 1.81100733, 1.78764393,
1.76353691, 1.73873075, 1.71327024, 1.68720035, 1.66056616,
1.6334127, 1.60578485, 1.57772723, 1.54928414, 1.52049938])
```

计算出一系列期权 gamma 值之后，我们将 gamma 值通过图像输出，如图 17.3 所示（横轴表示行权价格，纵轴表示期权 gamma 值）。图 17.3 中的曲线近似正态分布的概率密度函数。在行权价格接近股票价格时函数达到最高峰值，而在两边时处于低峰。这也符合理论上推导的情况和市场的实际情况。

```
In [13]: option_graph(K1, c_eur1.gamma())
```

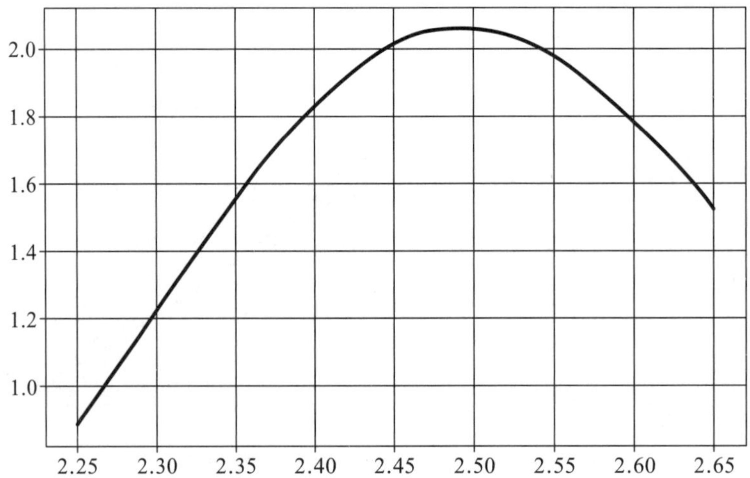

图 17.3 期权 gamma 值与行权价格关系变化图

4. 期权 vega 值关于行权价格的变化

对期权价格影响很大的因素之一就是标的资产的波动率，我们同样计算出一系列期权行权价格下的 vega 值。

```
In [14]: c_eur1.vega()
Out[14]:
array([0.16400454, 0.17020834, 0.17648722, 0.18283348, 0.18923904,
0.1956955, 0.2021941, 0.20872582, 0.21528133, 0.22185103,
0.22842513, 0.23499361, 0.24154625, 0.24807273, 0.25456256,
0.2610052, 0.26739002, 0.27370639, 0.27994366, 0.28609122,
0.29213855, 0.2980752, 0.30389088, 0.30957545, 0.31511896,
0.32051169, 0.32574417, 0.33080723, 0.335692, 0.34038994,
0.34489288, 0.34919304, 0.35328305, 0.35715596, 0.36080528,
0.36422499, 0.36740953, 0.37035387, 0.37305347, 0.37550432,
0.37770292, 0.37964634, 0.38133215, 0.3827585, 0.38392405,
0.38482802, 0.38547018, 0.38585081, 0.38597074, 0.38583131,
0.38543438, 0.38478229, 0.38387789, 0.38272449, 0.38132586,
0.37968621, 0.37781016, 0.37570275, 0.3733694, 0.37081589,
0.36804833, 0.36507316, 0.36189712, 0.35852722, 0.35497069,
0.35123503, 0.34732792, 0.3432572, 0.33903089, 0.33465713,
0.33014416, 0.32550031, 0.32073395, 0.31585352, 0.31086745,
0.30578417, 0.30061207, 0.29535953, 0.29003482, 0.28464615])
```

在计算出一系列 vega 值之后，将这一系列 vega 值通过图画方法输出，如图 17.4 所示（横轴表示行权价格，纵轴表示期权 vega 值）。可以从图 17.4 中观测到，vega 值在行权价格接近标的资产价格时影响是最大的。这是因为，此时看涨期权徘徊在虚值与实值之间，标的资产价格的变动对期权价格影响较大。

```
In [15]: option_graph(K1,c_eur1.vega())
```

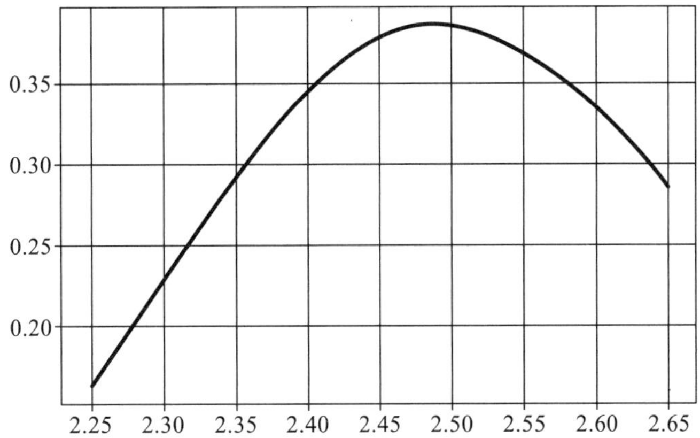

图 17.4　期权 vega 值与行权价格关系变化图

17.4　总结

本章我们借助 Python 中的类这一强大编程工具，实现了 BSM 期权定价模型。通过类的实例化，我们可以非常便捷地对欧式看涨期权进行定价，并考察了不同行权价格下看涨期权价格的变化。此外，我们还通过希腊字母值来分析期权的风险，并考察了不同行权价格下希腊字母值的变化。

第 18 章　寻找最优投资组合

18.1　理论模型

18.1.1　背景知识

长期以来，名言“智者不会把所有鸡蛋放在同一篮子里”被奉为投资理念中的核心思想之一。通俗地讲，该理念强调的是不要把所有的家当押宝在同一处，若运用在投资上，意味着我们应当通过多样化配置资产的方式来分散风险。这也是现代投资组合理论的基本思想。

根据现代投资组合理论，理性投资者的投资目标是在追求高期望收益的同时尽可能地规避风险。具体而言，在投资者所有的可行投资组合中，在期望收益率给定时，投资者会寻求风险最小的投资组合；或者在风险给定时，投资者会寻求预期收益率最高的投资组合。按照上述标准，我们可以找到一系列满足以下条件的投资组合，即不存在其他的比其预期收益率更高和风险更小的投资组合。我们称这样的一组投资组合为有效投资组合，满足这一条件的证券组合集称为有效集或有效前沿。探索如何找到这样一组投资组合就是我们这一章项目所要实现的目标。

18.1.2　马科维茨的均值-方差模型

我们这里简要地介绍一下构建有效前沿的经典模型——马科维茨的均值-方差模型。我们利用该模型能够解出最优投资组合的资产配置比例，从而找到最优投资组合。在这一模型中，我们用收益率的均值代表期望收益率，用收益率的标准差代表资产的风险。

为了理解这一模型，我们先来看投资组合只包含两个风险资产的情形。假设投资者仅可以投资资产 A 和资产 B 两种资产。其中，资产 A 的收益率是 R_A，期望收益率为 $E(R_A)$，标准差为 $\sigma(R_A)$；资产 B 的收益率为 R_B，期望收益率为 $E(R_B)$，标准差为 $\sigma(R_B)$。假设这两个资产收益率之间的相关系数是 ρ，投资者在资产 A 上的配置权重为 w_A，在资产 B 上的配置权重为 w_B。于是，我们可计算整个投资组合的期望收益率 $E(R_p)$ 和标准差 $\sigma(R_p)$：

$$E(R_p)=w_A E(R_A)+w_B E(R_B)$$

$$\sigma(R_p)=\sqrt{w_A^2\sigma^2(R_A)+w_B^2\sigma^2(R_B)+2w_A w_B\sigma(R_A)\sigma(R_B)\rho(R_A,R_B)}$$

这里我们不妨利用第二个公式来探讨一下相关系数 ρ 对投资组合标准差的影响。

当 $\rho=1$ 时（相当于把鸡蛋放在了同一篮子里），资产 A 和资产 B 的收益率呈完全线性正相关，收益率的变动方向一致，此时投资组合的标准差可化简为：

$$\sigma(R_p)=\sqrt{w_A^2\sigma_A^2+w_B^2\sigma_B^2+2w_A w_B\sigma_A\sigma_B}=w_A\sigma_A+w_B\sigma_B$$

此时，构建投资组合的风险为不同资产的标准差加权求和，把完全正相关的两个资产放在一起，并不能起到降低风险的作用。

当 $\rho<1$ 时（相当于把鸡蛋放在了不同篮子里），资产 A 和资产 B 的收益率不是完全正相关，此时组合的标准差为：

$$\sigma(R_p)=\sqrt{w_A^2\sigma_A^2+w_B^2\sigma_B^2+2w_A w_B\rho\sigma_A\sigma_B}<w_A\sigma_A+w_B\sigma_B$$

可以看出，此时组合的风险降低了，从而达到分散风险的目的。特别要指出的是，如果把完全线性负相关的两个资产组合到一起，投资组合的风险能够最大幅度地降低。故而，通过适当的配比甚至可以构建出一个无风险的组合。

我们现在来考虑另一个问题：当两个资产收益率间的相关系数 ρ 已知时，通过改变两个资产的权重 w_A、w_B，我们可以得到一系列相应的新组合，如图 18.1 所示。图 18.1 中，横坐标代表风险（即收益率的标准差），纵轴代表期望收益。图中的点 A 与点 B 分别代表了按 100% 权重配置资产 A 或资产 B 时的期望收益及其对应的风险。当 $\rho=1$ 时，它们按照不同权重形成的一系列新组合位于连接 AB 两点的直线上。当 $\rho<1$ 的时候，这一系列组合构成的是一条曲线（ρ 取不同值时，曲线弯曲程度不同）。当 $\rho=-1$ 时，这一系列组合构成的是一条折线。

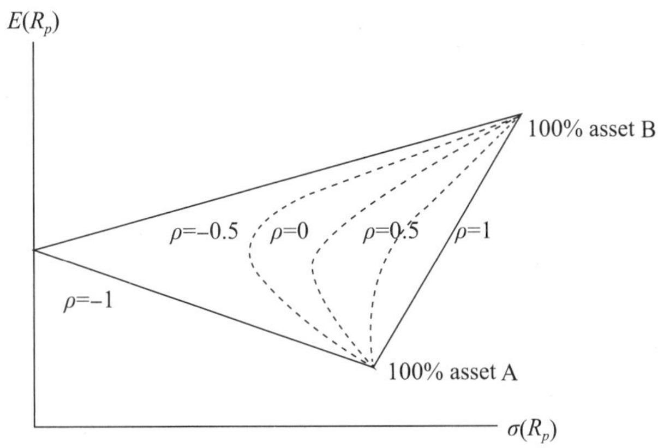

图 18.1　不同相关系数下对应的投资组合可行集

接下来考虑一般化的情况，假设市场上有 N 个风险资产可以选择，也可以写出整个资产组合对应的期望收益率和标准差：

$$E(R_p)=\sum_{i=1}^{N}w_iE(R_i)$$

$$\sigma^2(R_p)=\sigma^2(\sum_{i=1}^{N}w_iR_i)=\sum_{i=1}^{N}w_i^2\sigma^2(R_i)+\sum_{i\neq j}^{N}w_iw_j\sigma(R_i,R_j)$$

其中，$\sum_{i=1}^{N}w_i=1$。给定了各个风险资产的配置比重后，资产组合的标准差和期望收益率就被确定了，在标准差-期望收益率的图上表现为一个点。所有可行的投资组合对应了图上的一个区域，对于这个区域来说，如果有两个点对应的期望收益是相等的，那么左边点对应的标准差更小，即收益相同的情况下所承受的风险更小，所以左侧的点更优。对于整个区域而言，区域左侧的边界更优，我们把这一边界叫作全局最小方差前沿（图 18.2 中的虚线加上实线部分）。

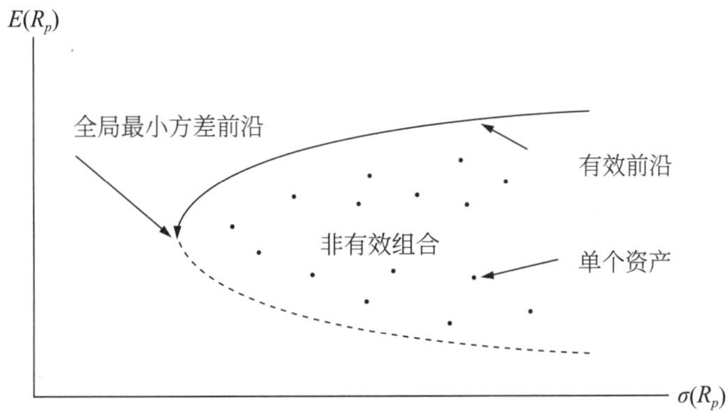

图 18.2　多个风险资产构建的资产组合

在全局最小方差前沿上，如果有两个点对应的标准差相同，显然上方的点对应的期望收益大，所以理性的投资者会选择全局最小方差前沿的上半部分，这部分叫作有效前沿。有效前沿上的各投资组合也就是我们最终寻求的最优投资组合。

要实现上述模型需要计算机具有一定的算力。在马科维茨生活的时代，计算机尚未普及，但是我们今天可以用 Python 来实现该模型，寻找并描绘出这一有效前沿。

至此，我们已经明确了 N 种风险资产构成的有效前沿。实际上我们还需要考虑一种常见的资产——无风险资产（如国债）。接下来，我们考虑将无风险资产加入投资组合中。因为无风险资产的收益率是确定的，所以其收益率的标准差是 0，位于标准差－收益率坐标轴的 y 轴上，同时，无风险资产和任何风险资产的相关系数都是 0。在坐标轴中，风险资产和无风险资产构成的资产组合位于两者的连线上。于是，风险资产的有效前沿上的资产组合可以再与无风险资产组合，就像图 18.3 中直线上的点。注意图 18.3 中的直线与有效前沿相切。这是因为我们要在可行集的范围内让风险厌恶型投资者的效益最大化。我们称这条直线为资本市场线（Capital Market Line, CML）。

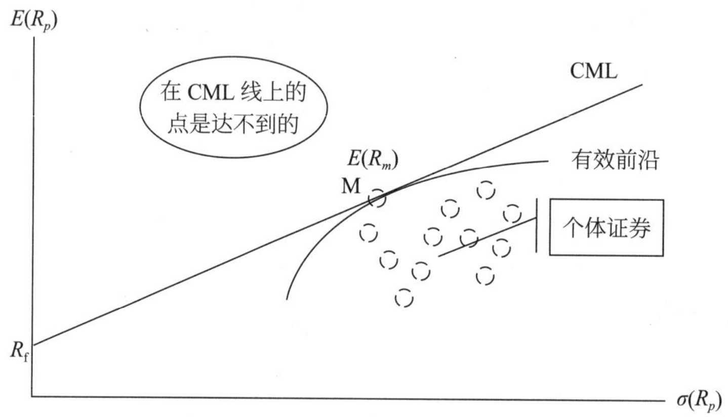

图 18.3　考虑无风险资产构建的资本市场线

18.2 模型的实现

18.2.1 导入模块

实现模型的第一步是导入接下来我们需要用到的模块。在金融编程中，我们应当多加利用各种模块中已经编写好的函数。在本程序中我们一共导入了四个模块。其中，NumPy、Matplotlib 与 Pandas 模块在前文中已有详细介绍。Scipy 模块中有许多与统计相关的子模块。其中，scipy.optimize 模块包含了我们解方程时需要运用到的最优化方法，scipy.interpolate 模块包含我们对数据做插值预测时所要用到的功能。

```
"""
编写者：高顿财经研究院
日期：某年某月某日
功能：依据马科维茨理论寻找最优投资组合
"""
```

```
import numpy as np
import matplotlib.pyplot as plt
import pandas as pd
import scipy.optimize as sco
import scipy.interpolate as sci
plt.rcParms['font.sans-serif']='simHei'
```

18.2.2 导入数据

导入模块之后，我们将本项目需要的数据读入程序。我们的原始数据存放在 pre.csv 中，里面包含三只股票的历史每日收益率（%），如图 18.4 所示。

	A	B	C	D
1	date	601939.SH	600104.SH	600519.SH
2	20160718	1.77	3.22	-0.41
3	20160715	1.6	1.37	0.14
4	20160714	-0.99	-0.75	-0.03
5	20160713	2.22	-1.98	-2.32
6	20160712	3.13	8.5	3.04
7	20160711	1.05	1.06	1.69
8	20160708	-1.25	-0.25	-2.21
9	20160707	0	0.33	-0.09
10	20160706	0	0	5.53
11	20160705	0.21	-0.09	2.27
12	20160704	0.84	3.83	2.7
13	20160701	0.21	0.44	0.15
14	20160630	0.21	0.59	1.3
15	20160629	0.2	0.45	-0.01
16	20160628	0.2	-0.35	0.18
17	20160627	0.6	0.5	5.08
18	20160624	-1	-0.89	-0.97
19	20160623	0.8	-0.78	-0.72
20	20160622	0.61	0.49	1.69
21	20160621	0.41	0	-0.83
22	20160620	0.41	0.55	-0.77
23	20160617	0.2	0.25	1.55

图 18.4　三只股票的历史收益率

```
13  # 银行股：601939.SH; 建设银行
14  # 汽车股：600104.SH; 上汽集团
15  # 白酒股：600519.SH; 贵州茅台
16  data=pd.read_csv('pre.csv',index_col=0)
17  symbols=data.columns
18  num=len(symbols)
19  data=data.dropna()
20  rets=data/100.0
```

第 13 行至第 15 行注释说明了本程序将要使用的分属于三个行业的三只股票及它们对应的代码：建设银行、上汽集团与贵州茅台。

第 16 行，我们利用 pd.read_csv 命令导入数据，设置 index_col=0，即读取数据的第一列为索引，其中第一列为日期。

知识链接

有关 pd.read_csv 命令的使用方法可参看第 15 章。注意，这里调用命令时我们只需要输入地址参数，其他参数采用默认取值即可。

第 17 行，我们将三只股票的代码存放在变量 symbols 中，如果对 symbols 输出，可以得到以下的结果：Index(['601939.SH', '600104.SH', '600519.SH'], dtype='object')，内容分别为三只股票的代码。

第 18 行，用 len() 函数得到股票的个数，并将其数值存放在变量 num 当中。

第 19 行，用 dropna() 命令把 data 中含有空值的行都删掉。注意，只要一行内有空值就整行删除。

提示

此处为了简便演示，我们直接丢弃空行。在实际操作中，不能简单地把空行删掉，必须进行适当的数据处理。

第 20 行，我们把 data 中的所有数据都除以 100，结果以小数的形式存放在变量 rets 中，这是因为原始数据 data 存放的是没有百分号的收益率。

18.2.3 投资组合产品的权重模拟

```
22  # 权重模拟
23  # 通过 10000 次模拟，产生各种可能配比的投资组合
24  prets=[]
25  pvols=[]
26  I=10000
27  rets_mean_year=rets.mean()*252
28  rets_cov_year=rets.cov()*252
29  
30  for p in range(I):
31          weights=np.random.random(num)
32          weights/=np.sum(weights)
33          prets.append(np.sum(rets_mean_year*weights))
34          pvols.append(np.sqrt(np.dot(weights.T,np.dot(rets_cov_year,weights))))
35  prets=np.array(prets)
36  pvols=np.array(pvols)
```

第 24 行，创建一个空的序列 prets，用以存放每次模拟投资组合的年化收益率。

第 25 行，创建一个空的序列 pvols，用以存放每次模拟投资组合的年化标准差。

第 26 行，I=10000 代表模拟次数。我们通过随机数构建各种权重配比的投资组合产品，从而形成一个投资组合的可投资区域。

第 27 行，求出三只股票过去的年化收益率。

第 28 行，求出三只股票过去的年化协方差。

第 30 行，进行 10 000 次的模拟。

第 31 行，用 NumPy 包下的 random() 方法产生随机数。

第 32 行，对随机数进行标准化，使每次产生的三个随机数的和为 1。这是因为，我们对三只股票不进行杠杆投资，所以股票对应的权重之和为 1。

第 33 行，用对应的权重乘以对应股票的年化收益率，再求和，可以得到一个投资组合的年化收益率。每做一次权重的模拟，我们就将按该权重配比的投资组合年化收益率结果放入 prets 序列。

第 34 行，用协方差矩阵乘以权重可以得到一个投资组合的方差，再开根号求得对应配置的标准差。每做一次模拟，将投资组合的年化标准差结果放入 pvols 序列。

第 35 行至第 36 行，我们分别将两组序列 prets 与 pvols 转化为数组形式存储（便于进行两者之间的运算）。

在完成了组合投资的资产模拟之后，我们将所有的投资组合都画在图像上，输出的结果就是三只股票对应的可投资区域，称为可行域（图 18.5）。

```
38  # 画可行域
39  plt.figure(figsize=(8,5))
40  plt.scatter(pvols,prets,c=prets/pvols,marker='o')
41  plt.grid(True)
42  plt.xlabel(' 标准差（风险）')
43  plt.ylabel(' 期望收益率 ')
44  plt.colorbar(label=' 期望收益率 / 标准差 ')
```

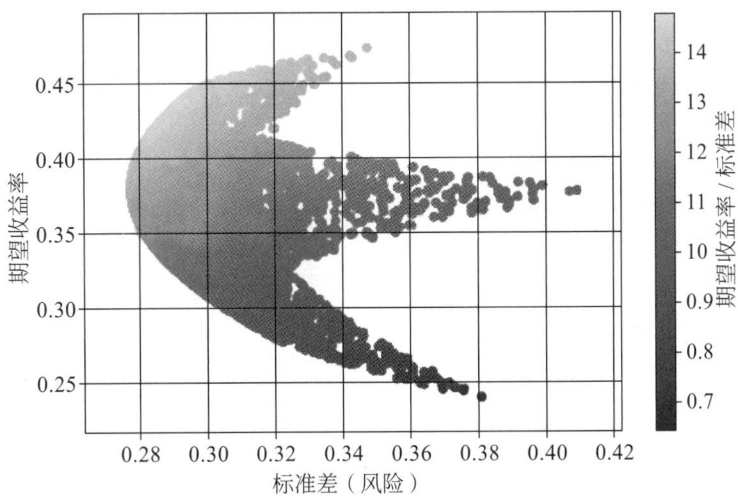

图 18.5 模拟生成的投资组合的可行域

第 39 行，我们通过 figsize 参数设置图像的大小。

第 40 行，将投资组合的标准差作为横轴坐标，预期收益率作为纵轴坐标，画出散点图。其中，参数 c 代表 color（颜色），设为 prets/pvols，我们会计算每一散点对应的 prets/pvols 数值，散点颜色的不同代表其数值的大小（可参看图 18.5 右边的刻度表）。

第 41 行，设置背景网格。

第 42 行，设置 x 轴标题，为标准差（风险）。

第 43 行，设置 y 轴标题，为预期收益率。

第 44 行，设置彩点刻度的标题，为预期收益率 / 标准差。

提示

上述代码在不同电脑上产生的随机数是不一样的，导致每个人产生的投资组合不同，所以每个人的投资组合可行域图像也是不同的。

18.2.4 确定投资组合的有效前沿

有了投资组合的可行域之后，我们要在可行域的左上方画出有效前沿边界。有效前沿边界上的点是在相同的标准差下，收益最高的投资组合，下文的代码就是基于这个思想寻找有效前沿边界。

我们先编写寻找有效前沿边界将运用的一些函数。

```
''' 最优组合 '''
def func_stats(weights,rets):
    weights=np.array(weights)
    pret=np.sum(rets.mean()*weights)*252
    # 投资组合的收益率
    pvol=np.sqrt(np.dot(weights.T,np.dot(rets.cov()*252,weights)))
    # 投资组合的标准差
    return np.array([pret,pvol,pret/pvol])

def func_min_sr(weights,rets):
    return-func_stats(weights,rets)[2]

def func_min_variance(weights,rets):
    return func_stats(weights,rets)[1]**2

def func_min_vol(weights,rets):
    return func_stats(weights,rets)[1]

# 求最大收益波动率比率 :
cons=({'type':'eq','fun':lambda x:1-np.sum(x)})
bnds=tuple((0,1) for x in range(num))
opts=sco.minimize(lambda x:func_min_sr(x,rets),num*[1.0/num,],method='SLSQP',bounds=bnds,constraints=cons)
opt_sr_weights=opts['x'].round(3)
```

第 47 行至第 53 行，我们编写了 func_stats() 函数。该函数的返回值分别是一个投资组合的收益率、标准差和收益率除以标准差的商。该函数计算收益率和标准差的方式与第 33 行、第 34 行类似，此处不再赘述。

第 55 行至第 56 行，func_min_sr() 方法是通过 func_stats() 方法得到了收益率与标准差之比，func_stats [0] 返回对应 [pret,pvol,pret/pvol] 的收益率 prets，func_stats [1] 返回的是标准差 pvol，func_stats [2] 返回的是收益率与标准差之比 pret/pvol，我们加负号取相反数，用于后文计算最小值。

第 58 行至第 59 行，func_min_variance() 方法通过 func_stats() 方法返回投资组合的方差。

第 61 行至第 62 行，func_min_vol() 方法通过 func_stats() 方法返回投资组合的标准差。

第 65 行至第 68 行，我们计算出在模拟的 10 000 次情形中，能够获得最大收益率与标准差之比的投资组合。这几行代码看上去较为复杂，接下来我们逐一进行解析。

先看第 67 行。sco.minimize() 是科学计算包下计算最小值的一个函数。其中，该函数的第一个参数 lambda x 是一个匿名函数，这在第 8 章有讲解，此函数的目的是确定目标函数是 func_min_sr(x,rets)，即负的收益率与标准差之比（负收益率与标准差率之比的最小值，即收益率与标准差之比的最大值）。由于该目标函数只用一次，因此使用匿名函数来简化代码。

迭代的初始值为 num*[1.0/num,]，我们的初始参数为（1/3，1/3，1/3）。参数 method 的取值 'SLSQP' 代表一种迭代的求最小值的方法，为最小二乘法，此处不展开讲解。参数 bnds 用于设置变量的取值范围（第 66 行我们将取值范围设置在 0 到 1 之间），tuple 是取元组，因为组合中有三只股票，所以 num 是 3，每一只股票的取值范围在 0 到 1 之间，一共有三个这样的元组，即一个元组里面有三个元组。参数 cons 用于设置最小化问题的约束条件（第 65 行表明约束条件的种类（type）为 eq，eq 是 equation 的缩写，代表其是等式；fun 是函数，代表三个权重之和是 1，即不使用杠杆且将资金全部都投出去）。

第 68 行，opts['x'] 就是最优化方法计算出来的最小值，x 代表资产配置的权重，round(3) 代表保留三位小数。

金融助手

我们可以将上文所求公式简化为下列数学公式：

目标函数：$y=\min(x_0r_0+x_1r_1+x_2r_2)$

约束条件：$0=1-x_0-x_1-x_2=1-\sum_{i=0}^{2}x_i$

取值范围：$0\leqslant x_0\leqslant 1$，$0\leqslant x_1\leqslant 1$，$0\leqslant x_2\leqslant 1$

例如，我们求二次方程 $y=(x-5)^2$ 的最小值，可以用以下方法求解：

```
In [1]: opts=sco.minimize(lambda x:(x-5)**2,6,method='SLSQP')
In [2]: opts.x
Out[2]: array([5.])
```

lambda x:(x-5)**2 就是方程 $y=(x-5)^2$，x_0 初始值为 6，通过最小二乘法可以求得这个方程是 $x=5$ 的时候有最小值。

我们可以在运行框内调用 opt_sr_weights 值，查看三只股票的投资权重。

```
In [3]: opt_sr_weights
Out[3]: array([0. ,0.312,0.688])
```

从运行结果可以看出，不投资建设银行，当上汽集团的配置比例为 31.2%，贵州茅台的配置比例为 68.8% 时能够获得最大的收益波动比。

接下来，我们通过循环求出每个收益率对应的最小标准差。

```
71 # 有效前沿
72 ret_min=min(prets)
73 ret_max=max(prets)
74 vol_min=min(pvols)
75 ind_min_vol=np.argmin(pvols)
76 ret_start=prets[ind_min_vol]
77
78 trets=np.linspace(ret_start,ret_max,100)
79 tvols=[]
80 for tret in trets:
81     cons=({'type':'eq','fun':lambda x: func_stats(x,rets)[0]-tret},
82           {'type':'eq','fun':lambda x: 1-np.sum(x)})
83     res=sco.minimize(lambda x: func_min_vol(x,rets),num*[1.0/num],method='SLSQP',bounds=bnds,constraints=cons)
84     tvols.append(res['fun'])
85 tvols=np.array(tvols)
```

第 72 行和 73 行，ret_min 与 ret_max 分别用于存储所有投资组合的收益率里的最小收益率和最大收益率。

第 74 行，vol_min 用于存储所有投资组合中的最小标准差。

第 75 行，np.argmin() 用于得到所有投资组合的最小标准差在数组中所对应的索引值，我们将其索引值存储在变量 ind_min_vol 中。

第 76 行，通过投资组合的最小标准差在数组里对应的索引获取其对应的收益率，并将其存放在 ret_start 中。

提示

第 75 行和第 76 行实际上得到的是**可行域内最左边的点**，即图 18.2 中最左侧的点。

第 78 行，设置目标收益率数组，从 ret_start 到最大收益率的一个数组，分别设置 100 个点，用于后面的循环。

第 79 行，设置空数组，用于存放每次获取的投资组合标准差。

第 81 行和 82 行，设置约束条件，第 82 行与第 65 行的功能一样，第 81 行的约束目的是控制每次投资组合的收益率，其思想是每次都在同一个收益率水平上寻找最小的标准差。

第 83 行与第 67 行类似，是用同一个方法解最小值，把解出的标准差最小值存入变量 res 中。

第 84 行，将每次在一定收益率下求出的最小标准差存入 tvols 数组。

第 85 行，将 tvols 转化成数组类型，便于后面的计算。

找到给定收益率下对应的最小标准差后，我们接下来就可绘制出有效前沿，如图 18.6 所示。

```
# 画有效前沿
plt.figure(figsize=(8,4))
plt.scatter(tvols,trets,c=trets/tvols,marker='x')
plt.grid(True)
plt.xlabel(' 标准差（风险）')
plt.ylabel(' 期望收益率 ')
plt.colorbar(label=' 期望收益率 / 标准差 ')
plt.title(' 有效前沿 ')
```

上面的操作与前文类似，读者可自行尝试，这里不再赘述。

然后将计算出的目标收益率和对应的标准差输出为图像，画出有效前沿曲线。

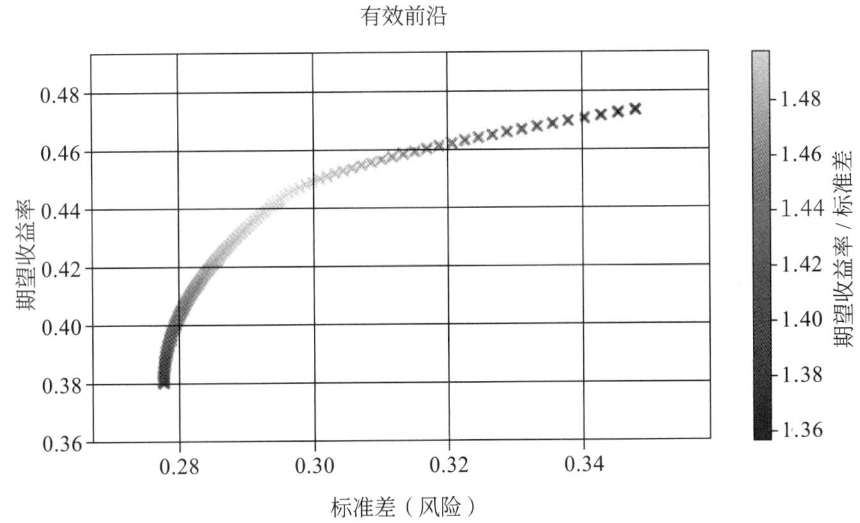

图 18.6　投资组合的有效前沿

18.2.5　加入无风险资产后的最优市场组合

接下来，我们将无风险资产加入投资组合中。假设无风险利率为 5%。如前文理论部分所述，我们的目标是寻求一条经过无风险资产区域且与有效前沿曲线相切的直线。这是因为，在有效前沿上所有的投资组合中，与该直线相切的切点所对应的投资组合的夏普比率最高。

具体实现过程如下：

```
# 市场组合
ind=np.argmin(tvols)
evols=tvols[ind:]
erets=trets[ind:]
tck=sci.splrep(evols,erets)

```

```
102 def func_ef(x,tck):
103     return sci.splev(x,tck,der=0)
104
105 def func_def(x,tck):
106     return sci.splev(x,tck,der=1)
107
108 def func_equation(p,tck,rf=0.05):
109     eq1=rf-p[0]
110     eq2=rf+p[1]*p[2]-func_ef(p[2],tck)
111     eq3=p[1]-func_def(p[2],tck)
112     return eq1,eq2,eq3
113
114 opt=sco.fsolve(lambda s:func_equation(s,tck),[0.05,0.2,0.2],xtol=1e-05)
```

第 97 行，获取最小标准差在数组中的索引值 ind。

第 98 行至第 99 行，利用最小标准差的索引值 ind 获取 tvols 标准差数组从 ind 开始到最后一位的所有标准差，同时从 trets 数组中获取每个标准差对应的收益率。

第 100 行，因为 evols 对应 x 轴坐标，erets 对应 y 轴坐标，运用 scipy 数据包 sci.splrep 下的插值方法，获取模拟出的点的横纵坐标并存入变量 tck 中。

第 102 行至 112 行，是运用多项式插值的方法模拟出 $y=ax+b$ 这个公式的 a 和 b 的系数。der 是多项式插值方法的阶，der 必须小于或等于数据点的个数。其中 func_ef 是一个插值系数的数组，func_def 求出的是一阶多项式插值的系数 b，然后将求出的系数放入 func_equation 求 $y-ax-b$ 的值。我们的目的是用第 114 行 fsolve 求最小值。

第 114 行，sco.fsolve 是一个方程的求根方法。我们解方程 func_equation 为 $F(x)=y-ax-b$，求出 $F(x)=0$ 的解，目的是找出最优配置的解。返回结果中，第一个数是截距项，然后是对应的横纵坐标值，这里 [0.05,0.2,0.2] 是我们要带入 $F(x)$ 公式计算初始化的参数，xtol 是我们设定的能接受的误差范围。

金融助手

如果称 der=0 为 0 阶多项式插值，即一条水平线。在给定坐标点（1, 5）时，我们用 0 阶多项式插值预测的结果是一条经过（1, 5）的 $y=5$ 的水平线。我们如果要预测下一个数，无论预测多少次，全是 5。

如果称 der=1 为 1 阶多项式插值，即一条表达式为 $y=ax+b$ 的直线。在给定坐标点（1, 5）、（2, 8）时，我们用 1 阶多项式插值预测的结果是一条经过（1, 5）与（2, 8）的 $y=3x+2$ 的直线。我们如果要预测下一个数，无论预测多少次，全是在该直线上。

最后，我们将投资组合的可行域、有效前沿和市场组合的直线输出在同一个图像上，如图 18.7 所示。

```
# 画图
plt.figure(figsize=(8,4))
# 可行域
plt.scatter(pvols,prets,c=(prets−0.01)/pvols,marker='o')
# 有效前沿
plt.plot(evols,erets,'g',lw=2.0)
# 切点
plt.plot(opt[2],func_ef(opt[2],tck),'r*')
# 市场组合
cx=np.linspace(0.0,max(pvols))
plt.plot(cx,opt[0]+opt[1]*cx,lw=1.5)
# 图像背景
plt.grid(True)
plt.axhline(0,color='k',ls='--',lw=2.0)
plt.axvline(0,color='k',ls='--',lw=2.0)
plt.xlabel(' 标准差 ( 风险 )')
plt.ylabel(' 期望收益率 ')
```

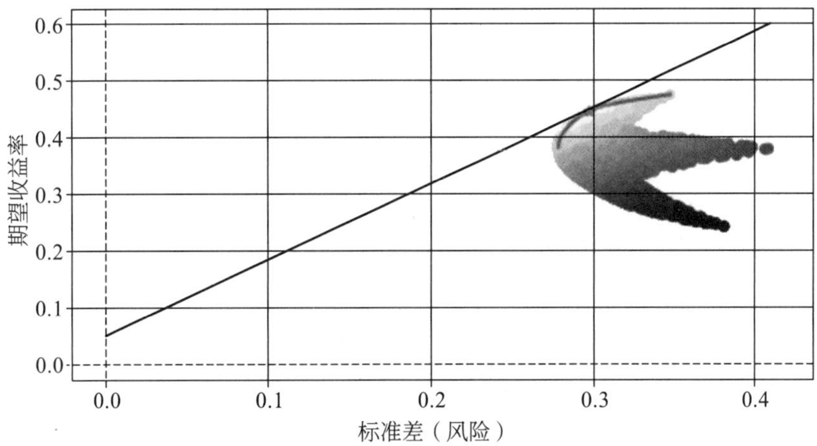

图 18.7　Python 生成的资本市场线

18.2.6　最优组合的资产配置

有了最优资产组合的风险波动率和收益率之后，我们可以反向求出最优资产组合的资产配置权重。

```
#w 代表权重
tpr=func_ef(opt[2],tck)
cons=({'type':'eq','fun':lambda x: func_stats(x,rets)[0]−tpr},
              {'type':'eq','fun':lambda x: 1−np.sum(x)})
bnds=tuple((0,1) for x in range(num))
res=sco.minimize(lambdax:func_min_vol(x,rets),num*[1.0/num],method='SLSQP',bounds=bnds,constraints=cons)
```

```
140 optwei=[]
141 optwei.append(res.x.round(3))
```

第 135 行，opt[2] 是最优配置的横坐标，代入前文编写的 func_ef() 函数返回其对应的纵坐标点。

第 136 行，cons 是约束条件，第一个约束条件是通过 func_stats() 方法求出的收益率要等于最优配置的收益率 tpr，第二个约束条件是三只股票的权重值和为 1。

第 138 行，bnds 用于设置取值范围，权重取值范围在 0 至 1 之间。

第 139 行，通过最优化方法求出资产配置的权重，与第 68 行的方法一样，请参照前文对第 68 行的解释。

第 140 行，先设置一个空的数组 optwei 用于存放权重的配置。

第 141 行，将权重配置存放在 optwei 里，res 是最优化方法的返回值，其包含不止一个权重的信息，res.x 是权重的值，round(3) 代表只显示到小数点后 3 位。

最后我们调用 optwei 变量，将配置结果输出：

```
In [4]: optwei
Out[4]: [array([0. , 0.301, 0.699])]
```

我们先记录下切点作为我们的最优点投资组合，通过求得的最优切点的收益率反求投资比例系数，这里的结果：建设银行为 0，上汽集团为 30.1%，贵州茅台为 69.9%。

我们通过以上的数据可以推断出：基于 2014 年 7 月到 2016 年 7 月的数据，我们的最优投资组合配置如表 18.1 所示。

表 18.1　最优投资组合配比

资产	投资比例 /%
建设银行	0
上汽集团	30.1
贵州茅台	69.9

18.3　总结

我们在这一章节学习了如何根据市场中资产的历史收益率计算资产组合的有效前沿，以及给定无风险利率后，如何生成最优的资产组合。这一过程为我们的投资决策提供了切实的理论依据，让我们在实现最大化收益的同时承担的风险最小化。理解马科维茨的均值-方差模型对于金融实战尤为重要。读者可以尝试在市场组合的直线上寻找符合自己目标的投资组合，并输出无风险资产与风险资产组合的资产配置。